农村随迁老人城市适应与社会支持研究

李 旻 王康康 著

科 学 出 版 社
北 京

内 容 简 介

本书聚焦于提高农村随迁老人在城市中的适应水平，这是应对中国新型城镇化和老龄化挑战的关键。这些老人作为特殊弱势群体，在城市适应上面临诸多挑战。本书基于相关理论运用公开和调研数据，通过多种计量方法，得出以下结论：社会支持显著提升农村随迁老人的城市适应能力，尤其在适应水平较高的个体中。社会支持通过增强多维城市可行能力，如增加闲暇时间、增加收入、减少负面情绪、提高城市生活能力和安全感，进一步促进农村随迁老人的城市适应能力。此外，农村随迁老人的社会支持需求多样，需针对性优化支持内容和社区治理。本书的研究创新在于构建了适应农村随迁老人特征的城市适应指标和分析框架，为政策制定提供了新视角，以促进健康老龄化和经济社会协调发展。

本书适合经济学、人口学和社会学相关专业师生、研究人员、政府相关的职能部门工作者阅读。

图书在版编目（CIP）数据

农村随迁老人城市适应与社会支持研究 / 李旻，王康康著. -- 北京：科学出版社，2025.3. -- ISBN 978-7-03-079293-8

I. F299.21

中国国家版本馆 CIP 数据核字第 2024S7G252 号

责任编辑：陶　璇 / 责任校对：姜丽策
责任印制：张　伟 / 封面设计：有道文化

科 学 出 版 社 出版
北京东黄城根北街 16 号
邮政编码：100717
http://www.sciencep.com
北京中石油彩色印刷有限责任公司印刷
科学出版社发行　各地新华书店经销
*
2025 年 3 月第 一 版　开本：720×1000　B5
2025 年 3 月第一次印刷　印张：11 3/4
字数：240 000
定价：**130.00 元**
（如有印装质量问题，我社负责调换）

前　　言

　　完成这本书的研究和撰写是一项充满挑战但也充满收获的任务。在研究中，我们深刻体会到社会支持在农村随迁老人城市适应中的关键作用。政府、社区和家庭的支持构成了一个多层次、多维度的支持体系，为农村随迁老人提供了必要的支持和依托。这也使我们认识到，要提升农村随迁老人的城市适应，需要建立一个全方位、多元化的社会支持网络，以更好地满足农村随迁老人的需求。

　　中国新型城镇化建设的蓬勃发展伴随着老龄化问题的不断加剧，农村随迁老人成为这一流动社会中备受关注的特殊群体，其在城市生活中的适应问题引起了广泛的关注。由于缺乏足够的社会支持、原有社会关系的破裂以及个体适应能力的减退，他们面临着严峻的城市适应困境。这一问题不仅直接影响了农村随迁老人的生活质量和幸福感，更对城市社会的稳定和可持续发展构成了一项重要挑战。因此，深入研究农村随迁老人的城市适应问题，寻找提高其适应水平的有效途径，已成为当前亟待解决的重要问题。本书的研究旨在对提升农村随迁老人在城市中的适应水平提供重要的理论和实践指导。

　　首先，通过综合运用社会支持理论、社会适应理论等构建了新的分析框架。本书致力于深入挖掘农村随迁老人适应城市生活的内在逻辑和机制。通过对社会支持对农村随迁老人城市适应的影响进行实证检验，本书揭示了社会支持在提高农村随迁老人城市适应水平方面的积极作用，发现政府、社区和家庭三方支持的多元体系在促进农村随迁老人城市适应过程中发挥着重要作用，并明确了不同社会支持内容的有效路径。在此基础上，本书强调多维城市可行能力的机制作用，旨在提高农村随迁老人的城市适应水平，促进新型城镇化的发展，实现以人为核心的城镇化。这一研究框架为拓展社会支持理论在流动人口城市适应领域的应用提供了新的理论视角，同时为更广泛的社会适应理论提供了实证支持。

　　其次，通过明确农村随迁老人的社会支持需求层次，本书提出了提高农村随迁老人城市适应的对策建议，为政策制定者制定更有针对性的政策提供了依据。通过深入了解农村随迁老人的特征和需求，可以更有针对性地提供社会支持，帮助他们更好地融入城市生活，实现"此心安处是吾乡"的追求。同时，本书的实证成果对于流动中国背景下政府建设和社区治理具有实质性的参考和借鉴意义。在新型城镇化建设的进程中，政府需要面对众多挑战，特别是涉及农村随迁老人这一特殊群体的社会适应。通过本书的研究成果，我们为政府提供了数据支持，为其制定差异化政策、优化社会支持体系、加强城市社区基层治理等提供了实用的建议。这将有助于政府更有针对性地推动城镇化进程，促进社会的和谐稳定发展。

最后，农村随迁老人的城市适应问题不仅是一个学术研究的话题，更是社会关注的焦点。通过共同努力，我们希望可以为他们提供更好的支持和关怀，共同推动城市社会的和谐发展。感谢所有在研究中支持和协助过我们的人，你们的贡献是本书研究取得成果的重要保障。希望未来的工作中，我们能够进一步深化对农村随迁老人问题的研究，为社会提供更多有益的知识和实践经验。感谢所有参与本书研究和撰写的人员，感谢他们的辛勤工作和宝贵意见。本书前五章由铜陵学院王康康博士撰写，约 16 万字，后三章由大连民族大学李旻教授撰写，约 6 万字。我们希望这本书能够为理论研究和实际工作提供有益的启示，推动关于农村随迁老人城市适应问题的更多深入探讨。希望我们的努力能够为构建更加包容、和谐的城市社会贡献一份力量。

本书是国家自然科学基金面上项目"农村随迁老人城市适应与差异化社会支持影响机理及效应研究"（72073099）与辽宁省社会科学规划基金"人口老龄化背景下城乡老年人家庭非正式照料及政策支持研究"（L22BGL018）的阶段成果。

本书受到的项目资助如下。

（1）国家自然科学基金面上项目："农村随迁老人城市适应与差异化社会支持影响机理及效应研究"（72073099）。

（2）辽宁省社会科学规划基金："人口老龄化背景下城乡老年人家庭非正式照料及政策支持研究"（L22BGL018）。

（3）辽宁省社会科学界联合会 辽宁省民族和宗教事务委员会联合课题："城乡融合背景下东北各民族交往交流交融的理论与实践研究"（2023lsllhwtkt-07）。

（4）辽宁省教育厅高等学校基本科研项目（创新发展项目）："新质生产力推进银发经济高质量发展的路径选择与提升策略"（LJ132412026003）。

（5）辽宁省经济社会发展研究课题："新质生产力背景下辽宁省银发经济高质量发展的研究"（2025lslybwzzkt-157）。

（6）中央高校基本科研项目："数字化转型对企业国际竞争力的影响"（04442024033）。

（7）大连市社科院课题："大连市老年人口红利开发研究"（2024dlsky022）。

目　　录

第1章

绪　论

1.1　研究背景与研究意义

1.1.1　研究背景

1. 现实背景

（1）农村随迁老人是时代的产物。改革开放以来，中国发生了全面而迅速的历史性、系统性变革，在工业化和城镇化的双重驱动下，中国由"乡土中国"向"城乡中国"转变，这一过程背后引发了一系列引人瞩目的全国性社会现象（刘守英和王一鸽，2018）。其中，伴随着家庭分离的大规模农村劳动力迁移现象甚至在国际学界和组织中引起了重视，老龄化和少子化使得农村老人异地养老需求和城市子女隔代照料需求激增，农村随迁老人正是产生于这一背景下的不可忽视的群体。中国新型城镇化呼吁农业转移人口家庭化迁移，中国快速发展的老龄化进程也需要农村老人随子女入城生活，需要提高农村随迁老人福利。联合国（United Nations，UN）在《2023 年世界社会报告：在老龄化的世界里不让任何一个人掉队》（*World Social Report 2023：Leaving No One Behind in an Ageing World*）[①]中呼吁，为了实现可持续未来，为不断老龄化的全球人口提供支持，必须优先考虑老年人的权利和福祉。根据《中华人民共和国 2022 年国民经济和社会发展统计公报》，中国 65 岁及以上的人口比重为 14.9%[②]，已达到世界卫生组织（World Health Organization，WHO）和联合国对人口老龄化阶段划分为中度

---

① World Social Report 2023: Leaving No One Behind in an Ageing World，https://www.un.org/development/desa/dspd/wp-content/uploads/sites/22/2023/01/2023wsr-fullreport.pdf[2023-10-01].

②《中华人民共和国 2022 年国民经济和社会发展统计公报》，https://www.gov.cn/xinwen/2023-02/28/content_5743623.htm[2023-02-28]。

老龄化社会的标准，即 65 岁及以上人口比重超过 14%（Tahara，2016）[①]，这标志着中国社会由老龄化社会正式转变为中度老龄化社会或者老龄社会，更为严峻的现实是，预计 2035 年中国将进入，并将长期处于重度老龄化社会（宋健，2023）。随着身体机能和认知功能因年龄增加变差和衰退，农村随迁老人群体的城市适应问题越发严峻。

（2）提高农业转移人口的市民化质量是工作重心。当前中国二元经济结构的核心是剩余劳动力的转移，消除农村剩余劳动力、实现农业转移人口的市民化、提高新移民城市适应是以城乡互补、全面融合、共同繁荣为特征的一元经济结构形成的最基本的标志（邓宏图和马太超，2023；李克强，1991）。2016 年《中华人民共和国国民经济和社会发展第十三个五年规划纲要》提出，推进新型城镇化要"坚持以人的城镇化为核心""加快农业转移人口市民化"，"推进有能力在城镇稳定就业和生活的农业转移人口举家进城落户，并与城镇居民享有同等权利和义务"。由此可知，实现农村随迁老人群体的城市适应和社会融入是市民化的前提条件，是中国新型城镇化战略中"人的城镇化"的核心内容之一。2022 年中国国家发展和改革委员会在《"十四五"新型城镇化实施方案》[②]和《2022 年新型城镇化和城乡融合发展重点任务》[③]，以及中国共产党二十大报告中明确将促进农业转移人口融入城市继续作为新型城镇化的首要任务，继续坚持新型城镇化以人为核心的理念，制度上深化户籍改革，硬件上对服务设施进行适老化改造，以农业转移人口市民化质量的提高为工作重心，这与国际上超越 GDP 运动，从衡量经济生产转向衡量人民福祉的号召相一致，因此农村籍老人随子女迁入城市，与生活在城市里的子女共同生活是顺应社会发展的选择，而政府、社区和家庭协同提高其城市适应水平是让其安享晚年、稳定农业转移人口就业、推动新型城镇化建设和构建和谐社会的应有之义。

（3）研究农村随迁老人城市适应问题符合积极应对老龄化的国家战略。老有所养、老有所依、老有所乐、老有所安，让所有老年人都能有一个幸福美满的晚年是中国政府的重要责任。2021 年中共中央、国务院印发《关于加强新时代老龄工作的意见》[④]，提出着力构建老年友好型社会、完善老年人健康支撑体系等

① 世界卫生组织和联合国依据标准将人口老龄化划分为三个阶段或等级，分别是 65 岁及以上人口比重超过 7%称为轻度老龄化社会（ageing society）；65 岁及以上人口超过 14%是中度老龄化社会（aged society）；65 岁及以上人口比重超过 21%为重度老龄化社会（super-aged society）。

②《"十四五"新型城镇化实施方案》，https://www.gov.cn/zhengce/zhengceku/2022-07/12/5700632/files/7e5eda0268744bebb5c1d4638e86f744.pdf[2023-09-11]。

③《国家发展改革委关于印发〈2022 年新型城镇化和城乡融合发展重点任务〉的通知》，https://www.gov.cn/zhengce/zhengceku/2022-03/22/content_5680416.htm[2023-09-11]。

④《中共中央 国务院〈关于加强新时代老龄工作的意见〉》，https://www.gov.cn/gongbao/content/2021/content_5659511.htm?eqid=e66062ae00067d630000000464807c06[2023-06-11]。

任务，提升老年人的获得感、幸福感、安全感，2022 年中国共产党二十大报告进一步明确应对老龄化的国家战略相关部署，无不凸显中国政府和中国共产党对老年群体的重视程度。农村老人随子女由农村走向城市是中国特色城镇化的必经之路。随着中国城镇化进程的深入推进，农业转移人口家庭结构由"核心化"向"扩展化"转变，老人随子女一起流动的家庭正逐渐增多（周静和高颖，2021），《中国流动人口发展报告 2018》显示，中国老年流动人口数量持续上升。该报告显示中国 2015 年老年流动人口近 1304 万人，占全国 2.47 亿流动人口的 5.3%，流动老人中专程来照顾晚辈和与子女团聚养老的老年人约占 68%，由此可见，流动老人中的随迁老人数量较为庞大，且未来流动老年人口的规模还将进一步扩大。

（4）农村随迁老人城市适应困难成为公认的普遍性难题。农村随迁老人进入城市以后，原有的社会关系因时空转移不再或很少发挥原有的作用。"入城"作为农村随迁老人重大的"生活事件"，不仅仅是从农村进入城市所发生的地理空间变化，而且要面对全新的居住环境、生活环境、社会交往环境、制度和文化环境，惯习的滞后以及已有的手头库存知识与情境不匹配是致使农村随迁老人出现城市适应问题的重要原因（孙丽和包先康，2020），农村随迁老人需要改变原有的价值观念、行为规范，掌握新的与城市场域匹配的价值标准和规范，远去的"土地"不仅仅是物质和空间的概念，更承载着农村老人大半辈子的辛勤和汗水，"故土难离，浓浓乡愁"便是农村随迁老人挥之不去的思念。农村随迁老人作为农村户籍的群体，长期生活在农村，受教育程度普遍不高，随着年龄的增长生理功能也发生退行性变化，导致认知功能减退，因此面对充满"现代性"的"陌生人"的城市社会，有些不知所措。此外，社区意识被越来越多的社区居民所接受，并日益成为个体高度自主化选择的结果，通过自主选择，社区居民意图构建他们自己生活的意义（Wieviorka，2004），由此可以说农村随迁老人城市适应困难与其先入为主将自己定位于局外人、自我封闭、对现状承认和自我感知被歧视有关。作为"人的城镇化"中的最新组成部分，相关公共政策及基本公共服务亟须全面且有质量地覆盖到农村随迁老人这一群体上来，农村随迁老人需要社会各界的更多关注。农村随迁老人几乎无一例外会遭遇城市适应性问题（靳小怡和刘妍珺，2019）。受农村传统思想影响，农村随迁老人在新居住地还面临文化融合、身份认同等诸多问题，存在较为突出的心理失衡风险，是社会融入最为困难的群体。农村随迁老人入城后，"总在忙"，接送孩子，买菜做饭，更像保姆；"难交流"，语言不通更是导致社会隔阂，交流成大问题；"很孤独"，入城后远离了亲戚和原有邻居，子女忙于工作没时间给予情感慰藉；"智能鸿沟"，城市里各种智能化、电气化设备让农村随迁老人不知所措；"心难安"，身体机能衰退担心成为子女负担，又担心生病后报销困难，因此怕生病；"很迷茫"，养老金难以满足养老生活，对于回农村养老还是留在城里摇摆不定（赵丽和杨轶男，2021）。

由于配套政策措施极度缺乏，农村随迁老人成为国家新型城镇化战略目标中实现农民工及其家庭成员"人的城镇化"的难点之一。

（5）农村随迁老人城市适应困难成为经济社会协调发展的不利影响因素。早在2002年弱势群体作为一个正式概念首次进入中国国务院政府工作报告[①]，而农村随迁老人更是二元结构和流动中国背景下产生的特殊弱势群体（social vulnerable groups）。弱势群体的城市适应问题不仅直接关系这一群体的生存和发展，也直接或间接影响到中国社会的稳定和经济社会的可持续发展。目前农村随迁老人群体属于"集体沉默"群体、城市社会"隐形人"、家庭"局外人"，同时具备三重身份，第一层身份是农村户籍人口，第二层身份是流动人口，第三层身份是老年人。农村随迁老人的城市适应难题本质上属于"三农"问题的根本问题——农民问题，这包括了经济（货币效用）和非经济（非货币效用）因素在城市和农村生活中的显著差异。城市适应不足的农村随迁老人是隐形的"炸弹"，影响家庭和谐，影响城市社会稳定，此外，或产生三文鱼偏误（salmon bias）效应[②]（Abraído-Lanza et al.，1999），形成"主动空巢老人"（Wang et al.，2023），而缺乏日常照料和精神慰藉是造成农村老人自杀的主要原因（刘燕舞，2016；徐京波，2017），影响经济和社会协调发展。与此同时，不少城市政策制定者和城市居民常常将移民视为社会问题的"制造者"和福利资源的"掠夺者"，为流动人口适应问题带来新的障碍。此外，联合国大会2030年可持续发展目标要求增强所有人的权能和促进他们融入社会、经济和政治生活，推进包容和可持续的城市化，以及加强参与性、综合和可持续的人类住区规划管理[③]，聚焦经济社会的可持续发展。

（6）提高农村随迁老人城市适应有助于提升社会整体福利。在人口负增长时代和老龄化高速发展的背景下，农村老人随子女入城实现"老有所为"和"老有所养"，不仅有利于增加家庭整体福利，促进健康老龄化，而且客观上缓解了农村地区养老问题、推动了农村地区适度规模经营，有利于社会整体福利的改善。"老有所为"是老年经济学的核心，农村随迁老人在非市场劳动中的贡献不可忽视。诺贝尔经济学奖得主 Banerjee 和 Duflo（2019）在《好的经济学》（*Good Economics for Hard Times*）一书中认为移民不仅不会影响移居地的工作和降低当地人的工资，反而会增加消费，创造需求。根据人力资本外部性理论，农村随迁老人作为低技能者，在城市中还可以获得"人力资本外部性"，享受城市高技能者的知识溢出，从而有利于提高家庭产出和家庭效用。农村随迁老人是城市家庭

---

① 《2002年国务院政府工作报告》，https://www.gov.cn/premier/2006-02/16/content_201164.htm[2023-07-12]。

② 指流动人口因城市适应差或健康状况不佳返回流出地的现象。

③ 《变革我们的世界：2030年可持续发展议程》，https://sdgs.un.org/zh/2030agenda[2023-12-10]。

生产和经济社会发展的重要推动力量，在新型城镇化、人口老龄化、人口流动及三孩生育政策背景下，为家庭提供包括隔代照料在内的无酬家务劳动，能够有效缓解子女在城市的生活压力、工作压力，其良好的城市适应对提高城市运行效率和增强城市竞争力都有非常重要的作用，关系到中国城镇化顺利推进。

诚然，经济利益驱使下农村人口入城导致很多农村地区出现"空巢"村落和"空心化"现象。农村地区失去了主体，面临衰落的结局，农村老人入城更是加剧了农村地区的衰败和地区声誉损失，但农村的衰败并非全国性的，也并非一定对社会发展无益。从经济社会长远发展来看，社会问题宜疏不宜堵，只有让市场本身充分发挥对包括劳动力在内的生产要素自由流动的调节作用，才能从根本上解决发展不平衡不充分的经济问题和社会问题。农村随迁老人在城市生活、拥有良好的城市适应水平、享受"老有所养"是关系到社会发展全局和社会稳定和谐的"国之大者"，又是每个普通家庭的"家之小确幸"，有利于经济社会的协调发展。

经济社会发展的根本目的是不断提高人民生活质量和水平，实现全体中老年群体的健康老龄化和积极老龄化，实现老龄群体效用的提升，促进社会整体福利的增加，实现每个人的全面发展。在国家新型城镇化战略下和人口老龄化背景下，有效应对农村随迁老人城市适应困难问题，将"老有所为"和"老有所养"结合起来，应该是新时代解决发展不平衡和不充分问题的一个内容，因此回答"如何提高农村随迁老人城市适应"这一问题就成了当务之急。

2. 理论背景

学界长期以来为农村随迁老人城市适应提供的解释取向主要有代际关系理论、社会资本理论，以及社会支持理论。代际关系理论在中国的应用是假定父母与子代的代际关系属于"反馈模式"（陈卫和杜夏，2002），该模型基于交换的公平原则，亲代抚育子代，子代成年后再赡养年老的亲代，父母与子女之间的资源流动、互惠互助视为代际交换，农村随迁老人始终处于代际关系的影响下。因此，基于代际关系理论对农村随迁老人城市适应及相关问题进行了大量研究（Lee and Xiao，1998；Du，2013；Silverstein and Bengtson，1991；何惠亭，2014；崔烨和靳小怡，2016；张岳然等，2021；张红阳和赵煌，2022；杨爱水，2018；王建平和叶锦涛，2018；翟振武和冯阳，2023）。但值得注意的是，农村随迁老人长期面临城市适应困难的直接和显著的原因是他们的自身"被动迁移"属性（彭大松，2020），长期的"乡土性"无法适应城市里的"现代性"，原有关系网络失效，新关系网络难以建立，缺乏系统的社会支持措施，农村随迁老人不得不选择减少与外界接触，成为城市"陌生人"、家庭"局外人"。当前农村父母与子女之间的代际关系也不再平衡，付出和回报的均衡交换关系被打破，有关交换关系的维系力量和存在基础已经完全改变是造成这一现象的重要原因，如资源配置的改变与权力关系的转移，有关道德评价的社会舆论压力不复存在，以及民间信仰的衰落（朱静辉，2013；郭于华，2001），因此仅用该理论解释农村随迁老人城市适应受到挑战。

社会资本理论主要基于家庭关系变迁、邻里互助关系消退等因素解释农村随迁老人城市适应困境，并从构建新社会资本的角度出发提出提升农村随迁老人城市适应能力的对策，试图通过关系网络的认识揭示问题的本质。社会资本建立在稳定的社会关系基础上，随迁老人由农村进入城市，原有社会关系不再稳定，原有的社会资本无法有效发挥作用，特别是难以在新环境中建立社会网络，形成新的社会资本（冯伟林和李树苗，2016；蔡鹏飞，2020；郑玉，2012），"个体—组织—圈层"的互动和拓展的实践形式有利于流动人口新社会资本的逐步构建（史诗悦，2021），社会网络[①]的扩展也有利于流动人口的社会融入（陈典等，2021），因此由不同社会组织搭建不同类型的社会资本，进而对流动人口城市融入产生积极影响（彭灵灵和林蕾，2022）和扩大社会网络，是提高农村随迁老人城市适应能力的渠道。该类理论对城市适应研究具有一定的启示意义，在解释流动人口城市适应问题的研究中比较流行，虽然社会资本可以促进农村随迁老人城市适应能力（靳小怡和刘妍珺，2019），但这一解释取向在农村随迁老人的应用可能有待商榷。首先，社会资本涉及社区和地区层面的公民参与和信任，以及参与和信任如何促进个体对制度的信任，而在当下和未来很长一段时间内受教育水平低、权利意识低的农村随迁老人难以获得此权利；其次，构建新社会资本所需要的社会组织和圈层农村随迁老人也难以接触到。

社会支持理论在个体心理健康的研究中受到极大重视。社会支持对社会心理刺激（生活事件）具有调节作用，社会支持可以缓解人们在面对生活事件和挑战时的心理压力，对身心健康产生积极的影响。社会心理刺激与健康的关系是复杂的，受许多因素的调节和影响，如收入水平差异、民族差异、个体性格特质、体质差异等（Kessler et al.，1985）。研究发现，在同样大小的刺激作用下，对有些人可能产生严重的健康损害，但对有些人可能产生较轻的适应困难，对还有些人可能没有任何损害，这背后的原因就是社会支持的作用（肖水源和杨德森，1987）。不少学者研究发现社会支持与老年人健康水平呈正相关（陶裕春和申昱，2014；向运华和姚虹，2016；杜旻，2017；苏淑文，2019）。然而社会支持与城市适应的相关性研究却不多。学术界对农村随迁老人群体的研究也缺乏系统性，缺乏农村随迁老人群体准确的数据和合理的城市适应指标体系，有关农村随迁老人群体城市适应机制的研究也较少，将不同维度的社会支持整合纳入农村随

---

① Putnam（1995）对社会网络的内涵进行了界定，社会网络是社会资本的重要组成。

迁老人城市适应的研究更少。

农村随迁老人相关的研究问题自 2014 年以来受学术界高度重视,这与《国家新型城镇化综合试点方案》[①]的印发有密切关系,中国的国家治理术,往往采用抓试点、树典型的做法,以此来体现在某个特定历史时期国家意志和政策导向,从知网发文量便可看出端倪。截至 2023 年 10 月 9 日,知网共有 902 篇与农村随迁老人有关的文献。

社会支持理论提供了一个更为可靠的框架,克服了传统代际关系理论和社会资本理论在研究农村随迁老人城市适应时的局限性。从社会支持理论视角进行研究(周红云和胡浩钰,2017;张慧玲和李雅微,2018),主张从三方面入手提升社会支持对农村随迁老人城市适应的作用水平:一是通过加强政府支持,从政策调整入手,强化对农村随迁老人政策保障,增加农村随迁老人福利;二是发挥社区服务保障供给的主体作用,建立和完善医养结合的养老体系;三是发挥家庭的情感支持作用。

1.1.2 研究意义

本书基于社会支持理论,分析了不同来源社会支持、不同社会支持内容对农村随迁老人城市适应的差异化影响,有助于进一步丰富已有的相关理论,对农村随迁老人健康老龄化、积极老龄化及市民化等方面具有重要意义。

1. 理论意义

结合中国国情,聚焦作为隐形群体和弱势群体的农村随迁老人这一社会群体,拓展了老龄社会背景和流动中国背景下对农业转移人口城市适应和社会融入的分析视野。已有的少量农村随迁老人的研究多是针对某城市或社区的定性研究或对适应情况的简单描述统计分析,实证研究较少。以全国范围研究随迁老人社会适应的内在机理和实现路径具有理论意义。第一,从理论上揭示了农村随迁老人城市适应存在的问题,构建了社会支持与农村随迁老人城市适应的理论分析框架。第二,厘清了社会支持通过提高多维城市可行能力各机制变量进而提高农村随迁老人城市适应能力的作用路径,在一定程度上打开了过程黑箱,丰富了社会支持理论在流动人口城市适应方面的理论应用。第三,城市社区治理方面,明确了多维城市可行能力在各社会支持主体发挥作用中的桥接作用,在一定程度上丰富了城市社区治理中流动人口城市融入乃至城乡融合发展的研究内容,为优化城市社区治理、充分发挥各类社会支持主体对农业转移人口城市融入及市民化的支

---

① 《国家新型城镇化综合试点方案》,https://www.gov.cn/xinwen/site1/20150204/40201423027629790.pdf[2020-10-16]。

持作用提供了学理支撑。

2. 现实意义

（1）宏观层面。首先，农村随迁老人城市适应困难问题已经成为一种普遍的社会现象，重构或优化农村随迁老人社会支持体系，对破除农村随迁老人城市适应困境，小到一个家庭、一个社区的和谐共处，一个城市的繁荣，大到一个社会的经济健康发展、社会的良性发育和稳定，都有重要意义。其次，整个社会和国家关注、关爱农村随迁老人群体，给予其更多的支持和帮助，增强农村随迁老人的城市认同感和归属感，这不仅是健康老龄化、幸福老龄化、积极老龄化的必然要求，更是社会文明进步的标志，而健康老龄化能够通过降低医疗服务需求和医疗负担、增加劳动年限等，缓解社会经济压力，从而促进经济社会可持续发展。再次，家庭的和睦和团结可推动多孩政策的实施，缓解人口负增长的压力，为中国式现代化和经济高质量发展储备人力资本。最后，刻画农村随迁老人城市适应现状有助于更全面具体地把握该群体实际的适应情况和适应特点，有助于为相关政策的制定提供可参考的实际依据。

（2）微观层面。相关研究的建议关系到农村随迁老人个人生活品质的提高，有助于促进农村随迁老人融入当地社会，完成城市人的转变，促进家庭和睦。在子女面临的资金和时间约束下，老人的代际支持可有效缓解子女抚育多孩的压力，从而提高家庭幸福感。农村随迁老人适应城市生活，融入城市社会，成为"城市人"也有利于农村土地流转和退出，从而在一定程度上缓解农村人多地少的现状，促进土地适度规模经营。

（3）政策意义。相关研究有助于决策部门掌握农村随迁老人特征、城市适应困境，为政府制定、完善提升农村随迁老人城市适应能力的管理政策提供重要理论及经验依据，促进农村随迁老人城市适应速度以及提高农村随迁老人城市适应水平，加快农村随迁老人融入城市和市民化进程，有利于社会经济协调发展。

1.2　研究目标与内容

1.2.1　研究目标

本书是在中国新型城镇化建设、快速老龄化社会的背景下，研究农村随迁老人城市适应问题。基于社会支持理论、家庭生产理论、社会适应理论、社会交换理论和利他主义、福利经济学理论，研究社会支持对农村随迁老人城市适应的影响及作用机理。具体而言包含以下几个研究目标。

（1）构建社会支持—多维城市可行能力—农村随迁老人城市适应的分析框架。

（2）构建农村随迁老人城市适应的评价指标体系。

（3）明确社会支持对农村随迁老人城市适应的影响机理及作用效果。

（4）明晰农村随迁老人对社会支持的需求层次。

（5）按优先序原则，分阶段、分层次地优化农村随迁老人的社会支持体系。

1.2.2　研究内容

基于研究背景分析、已有文献梳理和研究目标，本书主要研究内容安排为以下五个方面。

研究内容一是建立社会支持通过多维城市可行能力影响农村随迁老人城市适应的理论框架。通过文献梳理和数理推导，建立"加强社会支持—提高多维城市可行能力—提升农村随迁老人城市适应水平"的分析框架。首先，分析农村随迁老人城市适应的自身主观感受和客观环境两方面决定因素，并从居住环境改善、消费水平提升、活动范围扩大、幸福感增强、城市文化习得等角度进一步分析决定农村随迁老人城市适应的底层逻辑。其次，分析社会支持对农村随迁老人城市适应的影响。最后，分析多维城市可行能力在社会支持影响农村随迁老人城市适应过程中的作用机理。

研究内容二是农村随迁老人城市适应指标的构建和评估，以及社会支持与多维城市可行能力的测量。在农村随迁老人城市适应指标构建和测算方面，基于已有的社会适应、社会融入指标结合农村随迁老人特征，构建城市适应指标，用改进型熵值法测算农村随迁老人城市适应水平。在社会支持与多维城市可行能力测量方面，根据问卷中的题项对社会支持主体类型、社会支持规模与社会支持内容、不同维度的城市可行能力进行测量。

研究内容三是实证检验社会支持对农村随迁老人城市适应的影响。首先，基于理论分析和文献梳理建立分析框架，提出研究假说。其次，建立计量模型实证分析社会支持对农村随迁老人城市适应的影响，深入分析不同社会支持内容的作用差异。最后，探索社会支持影响农村随迁老人城市适应的异质性。

研究内容四是实证分析社会支持对农村随迁老人城市适应影响的作用机制。首先，基于理论分析和文献梳理建立分析框架，提出研究假说。其次，建立计量模型实证分析社会支持影响农村随迁老人城市适应的多维城市可行能力提高机制。

研究内容五是分析农村随迁老人社会支持需求并提出社会支持优化方向。基于理论分析和文献梳理建立分析框架，分析农村随迁老人社会支持需求层次，对不同的社会支持需求进行比较和排序，并进一步将农村随迁老人群体进行划分，根据不同群体类型按照优先序的原则提出针对性对策建议。

1.3 研究方法与数据说明

1.3.1 研究方法

本书主要使用理论分析、数理推导和计量回归的方法厘清了社会支持对农村随迁老人城市适应的影响，并使用逐步回归的方法证实了城市可行能力传导机制的作用。具体而言，各部分研究方法如下。

研究内容一是建立理论框架，采用的研究方法是理论分析、文献梳理和数理模型推导。首先，基于社会适应视角，从城市适应的基本内涵出发分析其决定逻辑；其次，基于社会交换理论和利他主义、社会支持理论、福利经济学可行能力理论和数理模型推导，分析农村随迁老人城市适应的社会支持机制；最后，基于福利经济学效用理论分析农村随迁老人社会支持需求层次，对社会支持进行比较分析。

研究内容二是测度农村随迁老人城市适应水平，采用的研究方法是改进型熵值法。首先，对已有的测度流动老人社会适应、社会融入的指标进行梳理，结合农村随迁老人特征构建农村随迁老人城市适应指标体系；其次，采用改进型熵值法测算农村随迁老人城市适应水平。

研究内容三是实证检验社会支持对农村随迁老人城市适应的影响，采用的研究方法是计量模型分析方法。首先，采用普通最小二乘法（ordinary least squares，OLS）回归模型和条件分位数回归（conditional quantile regression，CQR）模型分析社会支持对农村随迁老人城市适应的影响，并使用两阶段残差介入（two-stage residual inclusion，2SRI）法进行内生性检验；其次，使用无条件分位数回归、倾向得分匹配（propensity score matching，PSM）、双重去偏机器学习、改变因变量度量方式、进一步加入控制变量的方法进行稳健性分析。

研究内容四是实证检验社会支持影响农村随迁老人城市适应的多维城市可行能力提升机制，采用的研究方法是计量模型分析方法。首先，使用江艇建议的回归方法检验；其次，通过 Oster 方法进行稳健性分析。

研究内容五是实证检验农村随迁老人的社会支持需求并提出社会支持体系优化方向，采用的研究方法是 Kano 模型（卡诺模型）、Better-Worse 系数和潜在类别分析模型。

1.3.2　数据说明

本书使用的数据主要来源于两部分：一部分是北京大学国家发展研究院的中国健康与养老追踪调查（China health and retirement longitudinal study，CHARLS）数据，另外一部分是对辽宁省农村随迁老人的问卷调研数据，包含了农村随迁老人的基本信息和社会支持需求信息，该数据的具体信息在农村随迁老人的社会支持需求分析一章（第 7 章）详细介绍，并运用。CHARLS 问卷内容包括：个人基本信息，家庭结构和经济支持，健康状况，体格测量，医疗服务利用和医疗保险，工作、退休和养老金、收入、消费、资产，以及社区基本情况等。由于 CHARLS 数据的特点，即前轮访谈时的数据如果在本轮访谈时没有变化，则会显示为缺失值，在处理数据时发现 CHARLS 数据中基本信息模块数据存在较多缺失值，故本书采取逐期向前期调研数据匹配的方法来替换缺失值，对于无法从前期数据匹配的变量数据，采用社区层面的均值进行替换处理。有效样本区域为中国东部和中西部省区市。

1.4　研究框架与本书布局

1.4.1　研究框架

本书基于农村随迁老人城市适应困难以及社会支持存在差异化影响的事实，从社会支持视角研究农村随迁老人城市适应机理，遵循"理论分析—实证检验—政策讨论"的布局思路，对社会支持与农村随迁老人城市适应影响关系进行深入分析。

基于研究目标与研究内容，本书的基本分析框架安排如下。

第一是理论分析。从理论上构建农村随迁老人城市适应框架。首先，基于社会支持理论、社会交换理论和利他主义思想，以及数理模型分析农村随迁老人城市适应的社会支持决定逻辑；其次，基于社会支持、缓冲效应理论将社会支持和多维城市可行能力各维度的变量纳入农村随迁老人城市适应的决定框架；最后，根据理论分析建立农村随迁老人城市适应框架。

第二是实证检验。在理论分析的基础上，利用 CHARLS 数据对社会支持、多维城市可行能力各变量与农村随迁老人城市适应进行量化及描述，然后建立计量模型实证分析社会支持对农村随迁老人城市适应的影响，社会支持对农村随迁老人城市适应影响的机制。在得出社会支持可以有效提高城市适应各个分位点的农村随迁老人的城市适应水平后，进一步分析挖掘农村随迁老人社会支持需求层次。具体是在理论分析的基础上，利用辽宁省调研数据，采用 Kano 需求分析模型和 Better-Worse 系数，对辽宁省三个城市的农村随迁老人社会支持需求层次进行分析，得出社会支持需求层次和优先序，并根据社会支持内容属性的不同，提出对策建议。

第三是政策讨论。基于主要研究结论，从政策、社区、家庭以及农村随迁老人自身方面提出提高农村随迁老人城市适应水平的相关建议。

1.4.2　本书布局

根据研究目标、研究内容和分析框架，本书由 8 章构成，具体如下。

第 1 章，绪论。首先，基于农村随迁老人城市适应的研究背景，引出研究的科学问题并阐明研究意义。其次，说明研究目标与研究内容。再次，明晰研究方法与数据来源；安排分析框架、技术路线以及本书结构。最后，归纳本书的创新点并指出研究的不足。

第 2 章，农村随迁老人相关概念及研究综述。首先，对社会支持、社会支持需求、农村随迁老人、城市适应、多维城市可行能力五个核心概念进行界定。其次，对相关文献进行梳理和回顾，综述城市适应、农村随迁老人、社会支持、社会支持与农村随迁老人城市适应的关系等问题的相关研究。最后，对上述文献进行评述，总结阐明已有研究可能存在的可拓展空间或空白，明确本书试图做的改进和优化。

第 3 章，农村随迁老人城市适应的理论探讨。首先，介绍本书所依托的五个主要理论基础，分别是社会支持理论、社会适应理论、家庭生产理论与闲暇经济理论、社会交换理论和利他主义思想、福利经济学效用理论与可行能力理论。其次，基于已有理论和相关文献建立变量之间的联系，将社会支持、多维城市可行能力纳入农村随迁老人城市适应的分析框架，通过数理模型准确分析变量之间的关系，建立社会支持、多维城市可行能力影响农村随迁老人城市适应的理论框架。

第 4 章，数据来源、变量测量与描述性分析。首先，说明数据采集方式并从个体、家庭、区域三个层面对样本特征进行统计分析。其次，构建农村随迁老人城市适应的综合指标体系，使用改进型熵值法测算出城市适应值。最后，比较城市适应的不同测度方法，并分析农村随迁老人城市适应现状。

第 5 章，社会支持对农村随迁老人城市适应的影响。首先，基于理论分析和文献梳理得出社会支持与农村随迁老人城市适应的逻辑关系，提出研究假说。其次，采用普通最小二乘法回归模型和分位数回归模型分析社会支持对农村随迁老人城市适应的影响，同时进行内生性讨论、稳健性分析和异质性分析。

第 6 章，社会支持对农村随迁老人城市适应的机制分析。使用目前流行的机制检验方法，实证检验社会支持内容对农村随迁老人多维城市可行能力多个机制变量的作用。

第 7 章，农村随迁老人的社会支持需求分析。首先，基于理论分析和文献梳理得出农村随迁老人获得社会支持的理论依据和现实依据。其次，使用 Kano 模型和潜在类别分析模型分析农村随迁老人社会支持的需求层次，对不同的社会支持需求进行排序。

第 8 章，研究结论、对策建议与研究展望。首先，对以上七章主要内容进行总结和提炼，提出相应结论。其次，在梳理研究结果的过程中，提出相应的对策和政策启示。最后，通过分析本书不足，展望未来研究可拓展的空间。

1.5　研究创新点

已有研究对农村随迁老人城市适应问题存在诸多解释，从宏观视角来说，影响因素包括社会保障门槛、户籍制度、经济发展水平等；从微观方面来说，有社会网络、个人社会资本、人力资本等因素。对于农村随迁老人获取的外在支持，特别是社会支持对农村随迁老人城市适应的研究较少，对不同社会支持内容影响城市适应的作用机制及其影响的差异性研究更是匮乏。与已有研究相比，本书的创新点有以下三个方面。

（1）研究视角方面。在应对人口老龄化上升为国家战略和新型城镇化战略背景下，基于弱势群体需求的社会支持视角研究农村随迁老人城市适应，既符合国家以人民为中心的发展思想，又符合国家以人为核心的新型城镇化理念和中国式现代化发展方针，也体现了社会科学关注社会、关注现实、以人文关怀为底色的科学属性。以往农村随迁老人城市适应研究及社会支持研究缺乏系统性，相关研究着重城市适应的现状描述以及零散的社会支持政策建议，本书更为系统地探究社会支持对农村随迁老人城市适应的作用，分析社会支持对城市适应的影响和作用机制，并进一步基于需求视角分析和比较了社会支持需求，为社会支持优化提供了现实依据，具有一定程度的研究视角创新。

（2）研究方法方面。构建了更为全面的城市适应指标体系。考虑到农村随迁老人的特殊性，与青年农村转移劳动力相比，其年龄大、受教育程度低，且多数脱离正式劳动力市场，因此在构建农村随迁老人城市适应指标时，剔除了经济融入及与工作相关的指标。本书试图在城市适应指标中增加城市生活适应的指标，如加入消费水平这一个更能体现农村随迁老人生活适应的指标，也加入了社会交往适应的指标，如家庭关系指标，以改善已有测度指标的不足。

（3）研究内容方面。本书深入探究了社会支持、多维城市可行能力与农村随迁老人城市适应的逻辑关系，构建了社会支持—多维城市可行能力—农村随迁老人城市适应分析框架。在分析社会支持对农村随迁老人城市适应影响的基础上，继续讨论了社会支持与农村随迁老人城市适应的影响机制，从赋能、赋权角度引入多维城市可行能力来探索社会支持影响农村随迁老人城市适应的作用机制，拓展了社会支持与农村随迁老人城市适应之间研究的深度。

第 2 章

农村随迁老人相关概念及研究综述

本章首先界定本书涉及的主要概念，包括社会支持、社会支持需求、农村随迁老人、城市适应和多维城市可行能力；其次回顾、梳理和评述与概念相关的研究文献，为本书研究内容的聚焦、脉络的厘清和研究的创新深入提供文献支撑。

2.1 核心概念界定

2.1.1 社会支持与社会支持需求

1. 社会支持

社会支持（social support）源于探索生活压力对身心健康影响的研究。Caplan 在 1974 年首次将其作为专业术语提出，他认为社会支持"由持续的社会群体组成，为个体提供了关于自身的反馈机会，并对他们对他人的期望进行验证，在需要的时候，提供认知指导、物质资源与援助，以及情感支持"。他强调了社会支持的持续性和交互性，以及在个体需要时提供多方面支持的特点，并构建了社区精神健康概念模型，随后医学、社会学用定量方法对社会支持和身心健康的关系开展了大量的研究（Callaghan and Morrissey，1993；Cassel，1976；House et al.，1988；Schwarzer and Leppin，1991；Uchino，2006）。

Cobb（1976）将社会支持定义为引导个体相信自己被关心和爱护，自尊心受到尊重，个人价值受到认可。Cobb 的定义排除了实质性的援助和资源，更侧重于信息和认知层面的支持。不少学者通过关联社会心理刺激和个体身心健康来定义社会支持。Kaplan 等（1977）将社会支持视为一种社会机制，通过社交网络中的互动和支持性行为来满足个体的情感和心理需求，通过社交关系中的支持性交流来提供心理上的滋养、鼓励、认同、依赖关系的满足、预期澄清以及情感释放等，帮助个体处理困扰，提升自尊，培养积极的自我形象，并改善心理适应能力。Sarason I G 和 Sarason B R（1985）强调社会支持对个体心理健康和适应性的重要性。社会支持是个体从社会网络中获得的各种资源和帮助，能够在面对压力、挑战和困难时提供支持和缓冲作用。Cohen 等（1985）认为社会支持是一种可以促进扶持、帮助或支持事务的行为或过程。也有学者从文化传播的角度定义社会支持，如 Sass 和 Mattson（1999）将社会支持视为接受者和提供者之间言语交流和非言语的互动交流，一种相互作用而构成的文化术语。社会支持的核心作用是减少个体对情境、自我、他人或亲缘关系的不确定性，提高人们对生活经历的自我控制感。美国著名社会学家 Lin 等（1986）较为详细地将社会支持定义为：通过社区、社交网络和亲近的伙伴所提供的，被感知或实质性的或情感性质的援助。这种支持可以包括情感交流、理解问题、解决困扰，以及确认个体和他人的价值和尊严等活动。社会支持的概念强调了人与社区、社交网络和信任伙伴之间的关系，以及这些关系如何在不同层次上为个体提供各种形式的支持，从属于大社会结构的融入感，到与亲近伙伴之间的深度情感互动。此外，社会支持的维度还包括两个主要方面：实质性和情感性。国内学者认为一般意义上的社会支持是个体从社会中所得到的各种帮助（张文宏和阮丹青，1999），本质上是一种物质救助、生活帮助、心理慰藉等社会行为（方曙光，2013）。

关于社会支持的定义学界没有达成一致，现有定义主要从三类角度进行。第一类，社会互动角度，互动建立联系，联系中产生感知性支持和实质性的支持即为社会支持。第二类，社会行为角度，也是普遍认可的定义，认为社会支持是一种可以促进个体健康和福祉的行为，行为反映了对个体社会支持需要的回应。第三类，资源利用角度，认为社会支持是个体所拥有的可以使用的潜在资源。社会支持概念的差异反映了研究者对其本质的不同理解，或出于具体研究的需要从不同角度进行了界定。

本书综合考虑社会支持主体类型性质和社会支持内容的特征，既考虑了客观（物质）社会支持，又考虑了主观（情绪）社会支持。本书将社会支持定义为包括政府、社区和家庭三个社会支持主体提供的多类型资源的支持，从根本上是为农村随迁老人群体提供工具性支持、信息支持以及情感性支持的社会行为。

2. 社会支持需求

社会支持需求指人类为了满足生存和福祉而产生的一种内在动力和欲望，是人的一种主观心理状态。Maslow（马斯洛）的需求层次理论认为，需求可以被分为不同层次，从基本的生理需求，如食物、水和住所，到更高级的社交需求、尊重需求和自我实现需求。这些需求在人类追求个人和集体目标时起着至关重要的作用（Maslow，1943）。医学伦理学家 Doyal 和 Gough（1984）在著作《人的需要理论》（*A Theory of Human Needs*）中对需求进行了深入的探讨，其认为需求是人类为了维持其健康和生存而需要满足的各种条件和资源。这些需求涵盖了人类生活的多个方面，包括生理、心理、社会等各个层面，是维持个体健康和生存的基本要素，满足这些需求对于实现个体和社会的健康至关重要，这些基本的需求如果无法得到满足，会对个人造成一定的伤害，即所谓的"剥夺"状态。基于这种观点，他们将满足基本需求视为维持个体生存和健康所必需的，并以此为基本需求界定的衡量标准。满足需求是一个社会伦理学问题，社会应该致力于创造公正的条件，以满足每个人的基本需求。他们强调社会制度和政策对于满足需求的重要性。他们呼吁社会在政策制定和资源分配方面需要更多地关注人类的基本需求，特别是那些在社会中处于边缘化和剥夺状态的群体，以促进社会公正和人类福祉的提升。

综合上述对需求的理解可见，需求是指个体或群体在生理、心理、社会等方面的需要和欲望，和对特定需求得不到满足状态下的紧张感，以及由此产生的促使改变发生的动力，避免因缺乏而导致的"伤害"和"被剥夺感"，体现了对完善社会政策的渴望，是对个人基本权利的追求和维护，更是对自身生存与发展的追求。需求受社会、文化、经济因素影响，构成一种多维的、综合的个体或群体行为表现。

农村随迁老人在社会支持方面的需求具有独特性，他们是农村户籍居民，随着城市化进程，跟随他们的子女搬到城市生活，在城市失去了原有的社会支持网络。因此，农村随迁老人对社会支持的需求更加迫切，包括情感支持、经济援助、健康关怀等方面。这种需求在特定范围内，主要涉及农村随迁老人的家庭、社区和政府，以及相关社会福利和服务机构。他们对社会支持的需求动机指向是希望获得关爱、尊重和安全感，以满足老年生活中的各种需求。

综上所述，农村随迁老人社会支持需求的定义是指农村随迁老人群体在城市中对家庭、社区和政府提供的经济、社会保障、信息、情感等方面的支持的渴望和需要，以提高城市适应水平，维持生活的稳定与幸福。

2.1.2 农村随迁老人

关于农村随迁老人这一提法不多，目前研究中多以"随迁老人""老漂族""老年流动人口""随迁父母"等名称作为研究对象，涵盖了城市随迁老人和农村随迁老人，即包含了城—城流动老人和乡—城流动老人。不同研究者对随迁老人定义的区别体现在随迁老人的年龄、随迁生活时间、户籍地的差异上（芦恒和郑超月，2016），虽然不同学者对随迁老人的称呼略有不同，但有一点是相同的，即随子女入城定居生活。广义的随迁老人指女性满 50 岁，男性满 55 岁，跟随子女或其他亲人离开原居住地，与子女或其他亲人在流入地共同生活两个月以上的迁移老人（瞿红霞，2012）。狭义的随迁老人指农村随迁老人，其范围更窄，仅指拥有农业户口且跟随子女在城市生活半年以上的年满 50 周岁的群体（郑玉，2012），或长期生活在农村有农村户籍，45 岁以后跟随子女入城定居的群体（李旻等，2020）。借鉴已有研究，本书将农村随迁老人定义为拥有农村户籍、年龄在 50 周岁以上、到子女所在城市居住半年以上的中老年群体（Wang et al.，2023；王康康和李旻，2023）。

2.1.3　城市适应

"适应"（adaptation）一词起源于生物学领域，由 1859 年 Darwin（达尔文）在"物竞天择"理论中首次提出，他强调当周围自然环境改变时，生物体必须改变其组织结构与功能，以适应改变后的自然环境，才能生存下去。之后该词广泛应用于心理学和社会学领域。社会学家 Spencer（斯宾塞）将生物学概念"适应"引入社会学领域，他在 1873 年出版的《社会学研究》（*The Study of Sociology*）一书中提出并使用"适应"的概念，他强调了社会和个体之间的相互影响，以及个体需要根据社会环境的要求来适应和变革，认为生活是内在关系和外在关系的调适，个体对外在自然环境和社会环境的适应包含顺应、自制、遵从、服从、同化（assimilation）五种适应形式或者适应阶段，社会适应是个体的观念和行为模式随社会环境的变化而变化，以适应所处环境的过程，能否适应社会对个体的生存和发展至关重要（Spencer，1873）。

社会学家 Parsons（1951）在《社会系统》（*The Social System*）一书中将"适应性"界定为个体主动调整心理和机体状态，使自己的行为和观念符合新环境的要求，以及积极改变环境以求更好发展的能力倾向。对于个体而言，融入新的社会系统并完成适应过程，实际上是指完成与特定文化、社会和个人特质系统的协调与整合。Shaffer 和 Shoben（1956）认为适应是个体处理日常生活中各种需求的一种过程，它可分为五个步骤，包括个体受到刺激而开始行动、个体的行动受到阻碍、个体为突破阻碍而从事各种不同的尝试、选择其中的一项反应，以及最后克服各种问题与障碍，最终成为适应良好的个体。

《社会学百科辞典》（袁方，1990）中与适应接近的概念是调适，又称社会调适，指面对变化了的环境，包括空间环境和文化环境，人与人之间，人与不同群体、组织之间的彼此配合、相互适应的过程，在该过程中个体反复、部分地调整自己的行为规范和生活方式，以便更好地适应变化了的自然和人文环境，通过调适自身观念和行为，与不同特征的个体、群体之间达到和谐的状态。调适与同化不同，同化指不同特征个体或群体通过接触、互动后，文化强势个体或群体将弱势个体或群体转变成同一特征群体的过程，同化暗含潜移默化地影响异类群体的意思，具体来说，同化的作用是改变异类群体的行为规范和生活习惯，调适相比同化有积极主动的含义。调适行为指个体为适应变化了的内在特征和外在的社会环境而做出的行为。引发调适行为发生的因素有冲突、社会变迁和环境变化等。通过再社会化，形成与社会文化和社会规范匹配的观念、技能、行为模式、价值观，从而在社会交往中做出符合社会规范的行为，与社会环境和谐共处；反之，如果个体社会行为、价值观与新的社会规范错配，则个体会出现不适应状态，影响个体身心健康和适应水平。调适或适应行为受观念的指导，比如，"城市过客"观念对于农村随迁老人来说，是一把双刃剑，其作用的正反面取决于个体的价值观、社会环境以及具体的适应策略。积极作用是减轻压力，对于农村随迁老人来说，城市生活与农村生活有很大的差异，适应过程可能会带来压力，将自己视为"城市过客"可以减轻对融入城市社区的期望，降低压力。对于一些老人来说，过于强调融入可能引发焦虑，保持一种疏离的态度有助于保护心理健康，避免情感问题。消极作用是其社会资本无法建立和积累，若老人过于坚持"过客"观念，可能难以建立稳定的社交关系。这可能导致社会孤立，影响适应和幸福感，错失融入社会的机会，从而无法充分享受城市生活的各种资源。

随着国际移民潮的发生，导致相关社会问题凸显，"社会适应"被西方学者用来研究移民的社会融入问题，但概念各有不同，主要有同化强调被动接受流入国的文化和生活，社会适应强调主动适应及互动，社会融合（social integration）强调主动适应并逐渐被主流社会和各种领域接纳的过程和状态，类似于同化，范围更广。中国改革开放后经济社会的高速发展，农业转移人口大规模入城务工，面对大量农业转移人口入城后无法很好地适应和融入城市社会这一社会现象，国内学者借鉴西方学者的研究方法和理论，并开展了一些研究，现有文献中与城市适应概念（朱力，2002；李强和李凌，2014；江立华，2003；代红娟和赵文龙，2020；王康康和李旻，2023）类似的有城市融合（刘传江和周玲，2004；韩俊强，2013；周建华和张丽芳，2020）、城市融入（李辉等，2023；田旭，2022；赵清军和何军，2023）、社会融入（杨菊华，2009；李培林和田丰，2012；张晨等，2022）、社会融合（任远和邬民乐，2006；邓大松和胡宏伟，2007；张文宏和雷开春，2008；杨菊华，2017；王青和刘烁，2020）、社会适应（张海波和童星，2006；杨菊华，2021；谢立黎等，2021）等。国内学者对这几个概念没有严格区分，而是从各自角度对其分析。

目前国内学者使用较多的为城市融入、城市融合概念，且多以农业转移人口、少数民族群体为研究对象，这部分群体以务工及发展为主要目的，且拥有的社会资本和人力资本普遍多于农村老年群体。农村随迁老人存在年龄大、知识储备少、接受新事物能力差、经济依赖子女等劣势，城市适应能力低于青壮年农业转移人口，农村随迁老人更多的是适应城市生活。适应主体作为弱势群体，通过自身不断地同新场域、新环境和新客体接触，经过自我调整适应周围环境的社会化过程即可称为社会适应（孟向京等，2004）。农业转移人口城市适应是一个与务工环境、生活环境互动的过程，在此过程中会逐渐形成个体与环境相适宜的城市适应策略（李强和李凌，2014）。

农村随迁老人作为农业转移人口中人力资本和社会资本双缺乏的群体，面临的问题更多。农村随迁老人城市适应指农村老人进入城市后面临再社会化，生活习惯、行为模式等需要调整，通过不断地与经济、文化、身份、心理等多个维度互动，调整心理和行为，随社会环境而改变旧有的模式和观念，形成新的价值观念和行为模式，逐渐适应城市生活（张慧玲和李雅微，2018；杨菊华，2018）。不同学者研究城市适应的角度不同，有些学者将其定义为双向的行为，即城市适应者和被适应者通过不断地接触、互动达到融合的状态；另有学者强调流动人口的主动适应。学者研究流动人口城市适应的内容也不同，有些强调文化心理适应（李强和李凌，2014），有些则看重经济社会适应（张静和王金云，2014；肖倩，2011；吴晓萍和刘辉武，2020）。

城乡之间不同文化的双向融合是多元化经济社会发展的最终目标，二元结构下的城乡文化的巨大差异导致农村随迁老人城市融合还有相当长的路途，农村随迁老人对城市社会的影响也较弱，单向融入是其融合过程的初级阶段，而城市适应又是单向融入的前提。因此，本书将农村随迁老人城市适应定义为农村随迁老人跟随子女或亲属进入城市后面对不同的气候、生活环境，不同的生活方式、行为方式、人际交往方式表现出的生理和心理反应，为更好地适应城市社会，调整个人与周围环境的关系，不断调整自身行为和心理状态，所表现出来的一种综合状态。

2.1.4　多维城市可行能力

多维城市可行能力（multidimensional urban capability）是本书在 Amartya Sen（阿马蒂亚·森）的可行能力（capability）视角基础上提出的，Sen 借助 Rawls 的《正义论》（*A Theory of Justice*）反对功利主义原则，强调"无知之幕"下关注个体的能力和机会（Sen，1999）。可行能力包括个体自由的权利和能力，包括自由行动的权利。能力和机会主要包括"四处走动的能力""参与社区共同体社会生活的能力和机会"，多维城市可行能力本质上是对现有资源的有效整合及使用的权利和自由，强调了个体的多重需求和权利，体现的是一种权利的增加，或者是赋权、增能。从个体层面来看，可行能力指的是拥有控制自己时间和生活的能力，多维可行能力不足则意味着缺乏资源、机会和自主活动的能力，往往会表现出看低自己，缺乏适应和改造周围环境的动机和意愿。可行能力理论强调人们追求自己的兴趣和愿望的自由。

本书将多维城市可行能力作为闲暇时间增加、收入增加、负向情绪减少、城市生活能力增强、安全预期提高的概括。闲暇时间增加是农村随迁老人可以自由支配的时间增多，闲暇时间是保持个体健康和提高生活质量的重要资源，对于追求兴趣爱好、文化活动和社交互动至关重要。收入增加意味着个体有能力改善居住环境，如搬迁至优质社区，并提升消费水平，购买更高质量的商品和服务，享受更好的生活品质。负向情绪减少则指心理健康，包括了个体理解、管理和有效表达情感以及应对生活挑战和压力的健康方式的能力，对于个体的全面发展至关重要，影响着他们的人际关系、身体健康以及整体生活满意度。城市生活能力增强代表心理健康和身体独立活动能力的提升，意味着个体能够独立、积极地参与城市生活，提升整体生活质量。安全预期是个体需要在社会和自然环境中感到安全。安全预期提高则意味着对未来生活充满信心和希望，以便能够正常生活、工作和发展。安全预期对于个体适应新环境非常重要，因为缺乏安全感可能会导致焦虑、紧张和其他不良情绪，影响其日常生活和人际关系。通过关注农村随迁老人闲暇时间、独立活动能力、心理健康和安全预期等多个维度，城市可以创造一个更加包容和支持农村随迁老人全面发展的环境。这不仅提高了农村随迁老人的生活质量，也有助于城市社区的全面可持续发展。

2.2　文　献　综　述

2.2.1　关于城市适应的研究

国内外关于城市适应的研究对象多是流动人口或移民。流动人口的城市适应研究主要包括两类群体：一类是以全体流动人口为对象，研究流动人口城市适应的影响因素、维度、应对措施、国内外比较等；另一类是以农村随迁老人这一特殊群体为研究对象，研究农村随迁老人城市适应现状和问题、影响因素、理论视角和研发方法、应对措施和城市适应的过程。

1. 关于流动人口城市适应的研究

（1）流动人口城市适应的影响因素。国外学者形成了人力资本、社会资本以及制度三种归因理论，这三种理论分别突出了人力资本、社会关系以及流入地的制度或政策等因素对于迁移人口社会融入适应起到的影响作用（Birgit，2007）。人力资本理论认为经济因素是影响流动人口融入社会的首要因素（Dustmann，1996；Junger-Tas，1997）。社会资本理论是指移民的社会关系网络对其社会融入的影响，有学者认为，社会资本对移民既有积极的影响，也有消极的影响（Jacobs and Tillie，2004）。从制度理论角度来看，歧视、排斥的社会制度对移民的社会融入具有阻碍作用（Lewin-Epstein et al.，2003；Platt et al.，2022）。

流动人口在迁移到新环境后会面临诸多挑战，如语言、社交、身体健康、医疗资源等方面的问题，他们时常渴望当地人能够接受他们，可现实中会遭到不同程度的排斥（Luthans and Youssef-Morgan，2017；Markides and Eschbach，2005）。国内关于流动人口的研究集中在青年农村转移人口群体上，研究发现户籍制度、相对剥夺感、自评家庭状况等方面会影响城市适应（朱力，2002；江立华，2003；风笑天，2004；许传新，2007），户籍制度下"双二属性""多重弱势身份交叠"使流动人口社会融入进程更为坎坷（杨菊华，2017），人力资本、社会资本等因素也是影响农民工城市适应的关键因素，人力资本和社会资本的匮乏是抑制青年农村转移人口城市适应的突出障碍（冯伟林和李树茁，2016；刘传江和周玲，2004）。然而，物质生活条件，如好的住房条件不仅会提高农民工的居留意愿（张在冉和杨俊青，2020），也会显著促进农民工的城市融入（韩俊强，2013）。从文化差异角度切入，研究发现城乡文化差异（赵清军和何军，2023）、方言距离（朱诗慧和苏章杰，2023）对农业转移人口的城市融入有显著的阻碍作用。社区因素也越来越被发现是推动流动人口城市融入的重要因素（刘涛等，2020；李媛媛等，2022；杨菊华，2015；王康康和李旻，2023），为后续相关研究奠定了坚实的基础。

（2）关于流动人口城市适应的维度。流动人口城市适应的研究源于美国族裔移民和欧洲国际移民的社会融入的相关问题。移民的社会融入经历了二维到四维模式，即从 20 世纪 60 年代初 Gordon 提出的结构与文化双融入的"二维"社会融入（Gordon，1964）到 Junger-Tas 的结构融入、社会—文化融入和政治—合法融入的"三维"模型（Junger-Tas，2001），到集大成者 Entzinger（恩泽格尔）的社会经济融入、政治融入、文化融入和流入地社会对移民者接纳或者排斥态度的"四维"模型（Entzinger and Biezeveld，2003）。国内许多学者借鉴欧美社会融入理论和测量指标，结合中国特有的情况，提出了与中国国情相符的社会融入指标，中国存在严格的城乡二元结构，导致城乡差距过大，出于对美好生活的向往和追求以及更多的经济收入，大量农村人口迁入城市，产生了大量的国内移民，因此国内学者注重国内移民的城市适应问题，如风笑天（2004）针对水库移民群体，从生活方式、居住环境、经济、心理等 4 个维度，用 9 个指标测量了三峡移民在迁入地的适应状况。其他学者也从类似维度进行了研究，如著名学者杨菊华（2015）从经济整合、社会适应、文化习得和心理认同 4 个维度测度了中国流动人口的城市社会融入适应状况，强调了不同维度融入的差异性，发现不同户籍流动人口存在显著的融入不平等现象。

（3）提高城市适应的应对策略。国外学者提议政策制定者要制定与教育相关的促进措施，通过教育方式扩大流动老年人的交际圈子，并增强他们与邻里之外的人员之间的联系（de Palo et al.，2006）。国内学者认为通过社会工作介入的方式可以有效提高流动人口的城市适应能力和水平（俞玉洪，2017；孙丽和包先康，2019），通过增加家庭代际支持、增加朋友和社区的社会支持、提高人力资本水平等，也可以帮助流动人口融入城市（刘涛等，2020；杨爱水，2018）。

（4）中外移民城市适应对比。国内移民和国外移民在适应城市生活方面存在着不同的情况。对于国内移民而言，其人力资本的强度与教育程度、就业竞争力和经济收入等密切相关。教育程度越高、就业竞争力越强、经济收入越高的国内移民，更容易适应城市生活。因为他们拥有更多的资源和机会，能够更好地适应城市的工作和生活环境。然而，对于国外移民而言，适应城市生活的情况则有所不同。国外移民的适应程度与其来自的国家和收入水平密切相关。移民来自发达国家且收入较高、生活质量较高的个体，往往持有优越心态，这可能导致他们在融入当地社会方面遇到一定的困难。他们可能面临文化差异和社会认同的挑战，使得适应当地社会的过程相对较为复杂（朱力，2010）。不过，无论是国内移民还是国外移民，他们在适应城市生活方面也有共同的规律。首先，移民融入城市的动机越强，意愿越强烈，他们越能够积极融入和适应城市的生活。其次，移民在城市居住的时间越长，逐渐熟悉城市环境，适应程度也会逐步提高。最后，移民在城市中建立广泛的社会交往和社会关系，将有助于他们更好地适应和融入城市社会。

2. 关于农村随迁老人城市适应的研究

国内学者关于农村随迁老人城市适应的研究主要集中在农村随迁老人城市适应的现状和问题及影响因素方面，主要分析了农村随迁老人在日常生活、社会交往关系、社会环境、心理状态等方面对新环境的表现和遇到的困难，影响因素主要包含个体因素和社会环境因素。同时研究发现农村随迁老人城市适应的主要困境不是经济层面，而是社会和心理因素。

（1）农村随迁老人城市适应的现状和问题。从整体上来看，农村随迁老人比城镇随迁老人存在明显的社会适应障碍，而且随迁不足一年的老人社会适应最差，亟须关注（陶巍巍等，2018）。分开来看，一般从生活适应、社会适应、心理适应三个维度进行分析。生活适应方面，农村随迁老人在生活习惯、生活方式方面与子女差异较大，隔代照料压力大，异地医疗极不方便。社会适应方面，农村随迁老人在社会交往关系处理方面，除了家庭关系适应较好，人际关系存在障碍，社区活动、事务参与度不高。心理适应方面，恋"土"情结，思乡心切，角色转化不顺、不适应，缺乏城市归属感和对城市文化的认同。农村随迁老人各种资源和能力的缺乏以及消极悲观的心理状态是影响融入的两大问题。生活方式、消费习惯、教育方式的迥异所带来的麻烦不断，家庭角色和地位转换的心理落差等心理适应问题明显（张瑞，2015）。经济不独立，没有话语权，因户籍原因难以享受迁入地的福利、社保资源，城乡价值观冲突，城市人歧视农村随迁老人，老人自身缺乏与城里人交流的能力，社区活动参与率低等都是典型的问题（俞玉洪，2017）。农村随迁老人会面临社会交往失衡引发孤独感，角色转变不适引发失落感，经济和文化上的弱势产生自卑感等问题（李敏芳，2020；杨爱水，2018；王建平和叶锦涛，2018；王康康和李旻，2023）。农村随迁老人社会融入问题也可从以下三个维度进行分析。在社会适应方面，农村随迁老人与当地人的交流较浅，与子女沟通不足，社区活动参与不积极，这可能导致孤独感。在文化适应方面，语言困难和生活价值观差异导致代际冲突。在心理适应方面，一些老人可能认为自己是"局外人"，缺乏城市归属感（孙丽和包先康，2019）。

（2）农村随迁老人城市适应影响因素。国内学者对城市流动人口，特别是入城农民工群体的研究较多，一些学者将流动人口城市适应因素明确为制度性因素与非制度性因素，制度因素指户籍制度及衍生的相关制度或政策，非制度因素指个人的社会资本、关系网络、社会排斥等（朱力，2002；郑梓桢等，2011）。而农村随迁老人城市适应影响因素可以按照客观因素和主观因素进行分析，如李珊（2011a）通过对大连市西岗区和沙河口区移居老年人社会适应的状况及影响因素进行分析，发现经济水平、文化程度、邻居数量和社区活动参与频率等因素是影响其社会适应的客观因素，孤独感、生活满意度和社区归属感是影响其社会适应的主观因素。李敏芳（2014）按照内外因素进行分类，可以分为包括老年人自身生理和心理特征以及人格特质的个体内在因素和包含家庭结构、生活方式、经济状况和居住环境的外在社会环境因素（社会制度、道德规范、社会舆论、风俗习惯）两方面。李梦娜（2017）在此基础上进行细分，形成三因素，社会因素：指城市环境（自然环境、基础设施）和社会环境（社区文化氛围、社区组织因素）；家庭因素：指家庭经济状况、家庭关系状况；自我因素：指身体状况、性格特质、生活经历。李珊（2014）将影响因素上升至两类结构性社会因素，一是长期存在的二元社会结构，城乡社会交往模式差异大，农村地区属于"熟人社会"，而城市社区是"陌生人"社会。原有的社会关系由于空间距离逐渐消失，新的社会关系尚未形成。二是长期的农业生产、生活方式决定了农村老人的"乡土"情结，难以适应"现代性"的城市生活方式。

根据易丹和薛中华（2017）的研究，与其所居住的迁入城市小区住户之间的融洽关系，是影响重庆市农村随迁老人融入城市生活的最为关键的因素之一。进一步的研究结论由靳小怡和刘妍珺（2019）在深圳市一处小区的农村随迁老人调查中得出，人力资本与流入地社会资本对农村随迁老人城市适应具有积极作用。然而，收入在这一影响过程中表现出复杂性。政府提供的养老保障收入显著促进了农村随迁老人在城市社会中的融入，与此相反，子女的经济支持则似乎在一定程度上阻碍了其在城市中的融入。另一项由吴香雪等（2021）展开的研究，首先通过问卷调查和个案访谈揭示了农村随迁老人在城市适应中面临的困境，这些困境主要涵盖了内部因素（老年人自身因素）和外部因素（包括家庭、社会参与以及社会保障政策等因素），影响农村随迁老人适应的因素为政府支持政策、社区环境、家庭关系以及老年人自身的适应能力等方面。Zhang 等（2023b）则从福利经济学角度入手，发现反映家庭关系的与子女和孙辈共同生活、子女性别、是否有孙辈等家庭幸福变量对流动老人的城市社会融入有显著正向影响，而迁移距离和思念故乡变量则有相反作用。

（3）农村随迁老人城市适应研究的理论视角及研究方法。学者从不同研究视角或理论分析农村随迁老人城市适应。从代际关系视角研究农村随迁老人城市适应（何惠亭，2014，张岳然等，2021；杨爱水，2018），发现代际支持显著促进了随迁父母的城市融入；从社会支持理论视角进行研究（张慧玲和李雅微，2018），认为应加强政府的政策优化，发挥社区服务的主体作用，同时利用家庭的经济支持作用，以此提升农村随迁老人的城市适应能力；从社会资本理论视角研究（郑玉，2012），发现农村随迁老人在城市家庭和社区适应过程中，面临社会资本减少和邻里互助关系消失等挑战；从场域理论视角进行研究（孙丽和包先康，2020），惯习的生成性和集体性、场域的争斗性以及实践的重要性对农村随迁老人城市适应问题的应对有重要启示，农村随迁老人应主动改变自身惯习以适应城市场域和子女家庭场域，并在城市新场域中争夺资源，利用惯习的集体性特征壮大自身力量获取更多的社会支持资源；从体育视角（谭世君等，2023）进行质性研究，发现体育活动，如体育交往、运动趣缘、运动习惯、运动身体四个维度，能够扩大社会交往、减少负向情绪、构建城市社区认同，有助于促进农村随迁老人融入城市社会。研究方法将定性研究和简单定量分析相结合，以案例分析为主，部分实证研究如陈盛淦（2015）将语言流利程度、代际支持、农村随迁老人夫妇是否一同随迁作为核心解释变量，农村随迁老人城市适应程度作为被解释变量进行多元回归分析，结果显示三个自变量均显著性正向影响农村随迁老人城市适应。

（4）应对农村随迁老人城市适应困境的做法。学者主要从社会工作入手研究农村随迁老人城市适应问题，并从社会工作专业角度及对农村随迁老人个人、家庭、社区组织、社会保障制度等方面提出对策建议（刘庆，2012；孙丽和包先康，2019；孙金明，2015），认为积极老龄化理念与社会工作存在高度契合性，应综合运用个案工作、小组工作和社区工作方法，将其主动嵌入农村随迁老人城市适应治理工作，通过增强农村随迁老人适应城市生活的主动性、改善与子女家庭关系、重建社区集体意识、逐步破除制度性障碍等（杨芳和张佩琪，2015），彰显社会公平，帮助农村随迁老人尽快适应城市生活，让农村随迁老人共享经济社会发展成果，获得感更足。.

（5）农村随迁老人城市适应的过程。对农村随迁老人城市适应过程的研究主要从文化适应的视角入手，借助 Oberg（奥格博）的文化冲突（culture shock）模型或文化适应四阶段理论进行分析，即蜜月（honeymoon）阶段、冲突（crisis）阶段、调适或恢复（recovery）阶段和掌控（mastery）阶段，文化冲突的本质是在面对陌生文化时所引发的情感和心理反应，以及随后的适应过程，最终移民适应了一套新的生活规范（Oberg，1960）。李梦娜（2017）以济南大学及周边作为访谈地点，依据文化冲突模型将农村随迁老人城市适应过程划分为封闭期、接触期、冲突期、调适期、认同期和顺应期。其中封闭期和接触期为适应前期，特点是农村随迁老人对城市心存戒备，不敢主动与人交流；冲突期和调适期属于适应中期，农村随迁老人对城市生活有了初步尝试，价值观冲突开始出现，不适应表现突出，开始尝试调整心态和价值观；认同期和顺应期则属于城市适应后期，农村随迁老人基本上完成了调适工作，休现为心理上的适应，家庭关系和谐，建立了新的社会关系网。

2.2.2　关于农村随迁老人的研究

1. 农村随迁老人概念的定义

现有文献中关于农村随迁老人的定义，年龄一般都在 60 周岁以上，但对户籍属性有不同的要求。未明确农村户籍的相关定义有：①随迁老人是指跟随子女或其他亲人离开户籍地、与子女或其他亲人在流入地（排除市内流动）共同生活一个月以上且年龄在 60 岁以上的老人（陈诚，2023）。②指出于养老和照顾孙辈而跟随子女迁移到其所在城市居住一个月以上，并且户籍仍在原住地的 60 周岁以上的老人（池上新，2023）。

明确农村户籍的相关定义有：①"农村随迁老人"也被称为"进城老人"，是指跟随子女来到城市并在城市生活，一般年满 60 周岁，长期生活在农村地区拥有农村户籍，为照顾子女和孙辈或者养老在城市化过程中随迁至子女工作生活所在城市的人群（王建平和叶锦涛，2018）。②农村随迁老人指具有农村户籍、户口不在本地，年龄在 50 周岁以上，随打工的子女入城的父母，考虑到农村随迁老人子女群体特点，即处于打工状态，孙辈处于幼年阶段更需要低龄老人来照料，因此将农村随迁老人的年龄放宽到 50 周岁以上（靳小怡和刘妍珺，2019）。③随迁老人指拥有农村户籍并长期生活在农村，后跟随子女在城市生活六个月以上的，50 周岁以上的老人（陈盛淦和吴宏洛，2016）。

2. 关于迁移动机或原因的研究

农村老年人自身的经济状况、健康状况、家庭结构等都会影响其考虑是否跟随子女进行迁移。随迁动机是指农村随迁老人迁移的动力因素。照顾晚辈、养老与就业是农村老人随迁的主要动机，农村老人入城的首要目的不是赚钱，而是两方面原因，一方面是缓解子女生活压力，照顾子女和孙辈；另一方面是入城养老，消除在农村的孤独感（俞玉洪，2017）。通过使用 2011 年 CHARLS 数据对中国 60 岁以上的 507 个老年国内移民的地理分布进行空间分析，发现 2001～2011 年约有 6.6% 的中国老年人选择了迁移，迁移主要发生在省内，个人属性、家庭结构、住房条件与迁移行为密切相关，老年移民迁移的空间模式呈现区域差异，并与个人文化背景、社会政策和地区发展有关，家庭因素以及地区经济和社会福利差异也影响了迁移模式。老年人倾向于迁移到医疗保健系统和社会福利系统全面覆盖的地方（Dou and Liu，2017）。国外学者研究本国老年人口的迁移行为，发现地理位置、迁移距离、文化相似性、种族相似性、娱乐和气候、教育和婚姻等因素都是影响老年人迁移的因素（Newbold，1996；Schaffar et al.，2019）。与西方老年人迁移动机相比，中国老年人迁移有相同的一面，如移民个人对更好的生活环境和家庭支持的需求，也有不同之处，如国外老年移民对气候适宜的旅游地的偏好，而中国老年移民依赖子女支持多一些，所以更多的是随子女迁移。分析背后的逻辑，则是迁出地的推力和迁入地的拉力起到了根本性的作用，推力指老年人离开的关系因素或者环境因素，如压力、不和谐等，拉力则指亲密度、吸引力和安全感，老年人是在各种推拉因素中平衡，调整行为和态度，从而实现迁移行为，国外老人迁移行为是老年人基于个体效用最大化的行为，而国内农村老人则更多的是考虑家庭效用的最优。

3. 农村随迁老人结果变量的研究

已有研究集中在随迁老人居留意愿（刘成斌和巩娜鑫，2020；陈盛淦和吴宏洛，2016）、精神生活状况（姚兆余和王鑫，2010）、健康状况（刘庆和陈世海，2015；池上新，2021；郭静等，2017；陈诚，2023）、主观幸福感（刘钰曦等，2020）、生命质量（刘钰曦等，2022）、医疗服务利用（池上新，2023）、城市适应或融入（张新文等，2014；王康康和李旻，2023；Wang et al.，2023）等方面，学者普遍认为农村随迁老人是一个亟须社会关注的群体。

在精神生活方面，主要从农村随迁老人闲暇时间的利用、社区互动参与、社区情感认同、社会关系排斥等方面进行分析观察，研究发现该群体精神生活单调、社会活动参与率低、排斥感明显。在居留意愿方面，代际因素、性别、受教育程度对农村随迁老人城市居留意愿存在差异化作用。在健康方面，学者使用HSCL 量表（Hopkins symptom checklist，霍普金斯症状自评量表）进行测量，发现该群体精神健康状况不容乐观，但身体健康状况较好，但略低于流动老人整体水平，虽然流动距离正向影响健康状态，但长时间流动会损害健康水平；从文化适应因素入手，发现文化有双重作用，其中家乡认同不利于随迁老人心理健康，行为文化适应则有利于农村随迁老人健康；使用 2015 年中国流动人口动态监测数据研究发现流动老年人的自评健康要优于当地老年人，且健康意识因素和社会支持会正向影响流动老年人的自评健康。主观幸福感的研究发现农村随迁老人幸福感显著低于本地老年人，来自个人、家庭、社会的支持可以显著提高农村随迁老人主观幸福感。生命质量，使用 SF-36（36-Item Short Form Health Survey, Short Form 3，健康调查量表 36）量表评估农村随迁老年人生命质量水平，多项指标低于当地老年人群体。在医疗服务利用方面，农村随迁老人的医疗行为和预防行为均处于偏低水平。在社会融入方面，学者主要从生活适应、文化适应、社会交往适应等方面以及文化价值观差异、生活消费习惯等方面进行考察。如何适应城市生活、融入城市社会，处理复杂的代际关系、社会关系，重建社会关系网络，积累社会资本成为农村随迁老人新的重要的人生课题。通过社区活动，扩大活动范围，进而增强心理和精神空间的可达性可能是推动农村随迁老人社会适应的着力点。

2.2.3　关于社会支持的研究

有关社会支持的研究主要从社会支持的含义、社会支持的内容、社会支持的主体和客体、社会支持的测量、社会支持的影响因素等方面加以介绍。老年人的社会支持的研究主要包括社会支持对老年人身心健康、主观幸福感、生活满意度的影响。

1. 关于社会支持的一般研究

（1）社会支持的含义。Sarason 等（1991）认为社会支持是一种能够促进援助、协助或支持个人事务的行为或过程。它代表了个体对他人和社会需求的回应，反映了人们的整体参与水平以及社会支持的来源环境，是一种在社会环境中促进人类发展的力量或者因素的复合体。国内学者从社会支持和个体心理健康之间的关系进行分析，认为社会支持指个人通过社会联系所获得的可以减轻心理应激反应、缓解精神状态紧张、提高社会适应能力的影响，其中社会联系指朋友、亲戚、同事、社区、团体、组织、社区的物质帮助和精神支持（李强，1998）。Taylor 等（2004）认为社会支持既包括实际接受的帮助又包含主观感受到的未变现的社会支持，后者又称为领悟社会支持。领悟社会支持是社会支持的一种，指个体对自身被外界支持程度的主观感受与评价，对于个体身心健康有显著的影响作用。领悟社会支持不仅可以是真实存在的，还可以是潜在的或者虚假的，但却是个体主观感知到的支持，甚至有时候仅仅只要感知到有人关心支持就足以帮助个体应对困境。

（2）社会支持的内容。国外学者主要从功能角度进行分类。Cohen 等（1985）将社会支持分为归属支持、满足自尊的支持、物质性支持、工具性支持和抚育性支持。后来又将社会支持区分成情感性支持、社会整合或网络支持、满足自尊的支持、物质性支持、信息支持。还有研究者把社会支持分为两类，一类为客观的可见的或实际的支持，包括物质上的直接援助和社会网络、团体关系的存在和参与。另一类是主观体验到的情感上的支持，指个体在社会中受到尊重、被支持、被理解的情感体验和满意程度，这种支持与个体的主观感受密切相关。国内学者按社会支持供给主体的性质将社会支持分为正式社会支持和非正式社会支持两种形式。正式社会支持指由政府、机构、企业、社区等组织提供的社会保障制度、医疗保障制度、助老敬老政策等；非正式社会支持指由家庭成员、邻里、朋友等非正式组织提供的情感、行为、信息支持等（陶裕春和申昱，2014）。

（3）社会支持的主体和客体。这是指社会支持内容的提供者和接受者。社会支持主体即社会支持的提供者。Thoits（1982）认为社会支持的提供者是家庭成员、朋友、同事、亲属和邻居等非正式组织，也有学者认为社会支持主体还应包括更大层面的主体，如国家、企业和社会团体等社会形态（郑杭生，1996）。社会支持主体是各种社会联系，是个体所能获得社会支持的来源，主要有家庭的代际支持、社区的服务支持和政府的社会保障支持。社会支持客体即社会支持的接受者，有两种观点，一种观点认为客体指弱势群体，原因是这类群体处于社会底层或者能力受限，处于明显弱势地位，需要社会支持。这类观点认为社会支持的对象不具备普遍性，属于特殊主义取向。另外一种观点认为社会支持是一种普遍行为，认为日常生活中人人都是社会支持的对象（李强，1998）。"社会网络"主体论认为社会支持的主体是个体的社会网络，是一个社会关系体系，即一群人之间存在特定的联系或者关系结构及角色分配，社会网络中的个体在社会关系中相互扮演支持者的角色，通过情感、资源或帮助来支持他人。社会支持的客体则是接受支持的个体或特定社会群体，通常是社会脆弱群体，包括经济脆弱、生活质量低、承受力弱的人群。社会支持的客体在社会中通常处于较弱的地位，需要帮助、支持来应对困难和挑战（陈成文和潘泽泉，2000）。对比国内外社会支持客体的关注点，发现国外倾向于社会支持的普遍主义，而国内偏好聚焦弱势群体。

（4）社会支持的测量。社会支持测量工具主要有两类，一类是测量主观社会支持或领悟社会支持的工具，另一类是测量综合社会支持的工具。领悟社会支持研究中普遍采用的测量工具是多维度领悟社会支持量表（multidimensional scale of perceived social support，MSPSS），测量个体感知到的来自家庭、朋友和重要他人的支持程度，其内部一致性系数、重测信度、结构效度等各项指标均稳定、可靠，中文版多维度领悟社会支持量表（multidimensional scale of perceived social support，MSPSS-C）同样可以很好地预测各类群体的健康结果（Zimet et al.，1988；Chou，2000；Wong et al.，2022）。国内较早地将该量表引入使用的是学者黄丽等（黄丽等，1996），目前国内研究者引用最多的领悟社会支持量表（perceived social support scale，PSSS）主要选自姜乾金等编制的量表（钟霞等，2004；杨秀君和韩晓月，2021），该量表将领悟支持分为家庭内部支持和家庭外部支持，用以区分不同支持源的支持程度差异。国内普遍使用的综合性社会支持评定量表（social support rating scale，SSRS）由湖南医学院精神病学教研组的肖水源于 1986 年编制。该量表采用自我报告法，共有十个项目，分为三个维度：客观支持、主观支持和对社会支持的利用度（肖水源，1994），学者使用该量表对天津市隔代赡养老人的社会支持接受程度进行测量，发现该群体社会支持水平中等，慢性病患病比例高，多病共存现象明显，提出应重视隔代赡养老人慢性病管理，通过制定政策增加社会支持，减轻子女照顾压力，进一步提升其生活质量的对策建议（王汕珊等，2023）。

（5）社会支持的影响因素。社会网络和社交关系、社会文化背景、社会经济地位、社会支持的可用性、性别和性别角色、社会交往频率、社会政策和制度、个体的个人特质和心理因素都是影响社会支持供给的因素。第一，社会网络和社交关系是社会支持的核心因素。个体所处的社会网络决定了他们的社交圈和人际关系，而家庭、朋友、同事、社区等社交圈为个体提供情感支持、实质性支持和信息支持。第二，社会文化背景也对社会支持产生影响。不同文化中，对社会支持的期望、表达方式和角色有所不同。文化价值观和信仰影响着个体在社会支持方面的态度和行为（Hurdle，2002；Sarason et al.，1991）。第三，社会经济地位是另一个重要因素。较高的社会经济地位通常意味着更多的资源和支持网络，而较低地位的个体可能会面临缺乏社会支持的问题（Pang et al.，2022；黄倩等，2020）。第四，社会支持的可用性也是影响因素之一。社会支持的可用性指的是社会中是否存在支持性的资源和机会。健全的社会福利体系和支持性政策可以增强社会支持的可用性和效果（Leavy，1983）。第五，性别和性别角色也对社会支持产生影响。不同文化中，男性和女性可能面临不同类型和程度的社会支持。第六，社会交往频率是获得社会支持的重要途径。积极参与社交活动和组织有助于扩展社交圈，并增加社会支持的来源。第七，社会政策和制度在提供和分配社会支持方面发挥着重要作用。健全的社会政策可以强化社会支持体系，使更多个体受益。第八，个体的个人特质和心理因素也会影响对社会支持的需求和接受程度。个人特质、心理状态以及应对策略会影响个体寻求和接受社会支持的方式和效果（Norlander et al.，2000）。

2. 关于老年人社会支持的研究

（1）社会支持对老年人身心健康的影响。国外有较为深入的定性研究，如讨论社会支持网络结构和功能主要通过提供社会支持、施加社会影响等方法影响健康结果和健康行为，拥有较大社会支持网络的老年人感受更加幸福和对生活的满意度更高，处于较差社会支持网络中的老年人获得的社会支持也越少，从而有着更高的孤独感（Berkman et al.，2000）。社会支持通过社会影响或社会比较、社会控制、基于角色的目的和意义（重要性）、自尊、控制感、归属感和陪伴感，以及感知支持可用性影响老年人的身心健康（Thoits，2011）。国内研究开始注重定量研究，社会支持对于老年人的身心健康能起到积极作用，可以提高老年人的生活质量（贺寨平，2002；李建新，2007；杜旻，2017；李升和黄造玉，2018）；研究不同养老模式下社会支持作用的差异，发现机构养老模式比社区居家养老模式带来的社会支持对健康的促进作用要大。区分不同社会支持主体的作用，发现来自社区、政府、家庭的社会支持对老年人身心健康的影响均有不同程度的促进作用，且存在城乡和年龄差异，进一步研究发现家庭支持和社区支持、政府支持和社区支持表现为互补关系，而家庭支持和政府支持则为替代关系，也就是政府支持很可能挤出家庭支持（于大川等，2020）。

（2）社会支持对老年人主观幸福感、生活满意度的影响。国内学者从家庭规模、社会支持、健康状况对农村老年女性主观幸福感的影响进行研究，发现社会支持可以显著提高农村老年人的主观幸福感（方黎明，2016；董博，2019；魏强等，2020）。关于生活满意度的研究，有分析城乡老年人社会支持的差异对老年人健康状况和生活满意度的直接影响（向运华和姚虹，2016），也有将健康水平作为中介变量，考察家庭支持对老年人生活满意度的间接作用，发现社会支持通过身心健康的不完全中介作用影响老年人生活满意度（瞿小敏，2016）等。

2.2.4　关于社会支持与农村随迁老人城市适应的研究

现有研究主要对深圳、北京等大城市的农业转移人口的社会支持与城市适应情况进行考察，以省份或全国为调查范围的研究并不多见，专门针对农村随迁老人的社会支持与城市适应的研究更少，而且多为现象的描述，缺乏实证研究。

1. 社会支持与流动人口城市适应

杨绪松等（2006）研究发现深圳市农业转移人口的工作和生活圈子主要仍依赖于乡土关系或亲属关系，政府和社区提供的正式支持非常有限，导致社会融合程度不高。刘涛等（2020）对于北京市流动人口的城市适应情况进行研究，发现家庭、朋友、社区等社会支持层面显著提升了流动人口的社会融入水平。研究还指出，经济收入水平的提高是影响流动人口社会融入的重要路径，但不同类型人力资本和社会支持以及不同维度的社会融入的中介效应强度存在较大差异。董金秋和刘爽（2014）通过对河北省 272 名城市农民工的调查数据进行结构方程模型分析，研究结果显示，家人支持、朋辈支持和邻里支持对于城市融合产生了显著影响，而配偶支持的作用则未得到证实，表明配偶支持可能并不是主要的影响因素。

2. 社会支持与流动老年人城市适应

周红云和胡浩钰（2017）对于武汉和深圳两个城市的流动老年人进行的城市适应状况研究，发现除了家庭提供的经济支持之外，社会支持的其他方面也对这些老年人的社会融入产生了显著积极影响。其中，首先是家庭情感支持对总体社会融合影响最大，其次是社区提供的养老服务支持和医疗服务支持，最后是政府提供的老年福利和异地就医即时结算。胡雅萍等（2018）基于扎根理论，使用NVivo 软件分析了 10 位流动老人的社会融合影响因素，发现社会支持因素、个体因素等是重要影响因素，并提出了包括关注流动老人内生动力，提升其社会化意愿在内的对策建议。

3. 社会支持与农村随迁老人城市适应

张慧玲和李雅微（2018）针对山西省临汾市的随迁老人的城市适应状况进行调查和分析后，发现农村随迁老人在城市生活环境、生活方式、人际交往以及心理适应上都面临困境。为了提升农村随迁老人在城市中的适应能力，他们认为应加强政府的政策优化，发挥社区服务的主体作用，同时利用家庭的经济支持作用，以此提升农村随迁老人在城市中的适应能力。

2.2.5 文献述评

国内外学者对于流动人口的城市适应以及老年人社会支持研究有了丰富成果，为本书的研究奠定了良好的基础。在流动人口社会融入指标的构建上，国内外学者也大致达成一致，主要分为经济适应、社会适应、文化适应、行为适应、心理适应和身份认同等层次，但目前研究呈现出以下特征和可提升之处。

第一，虽然学术界有一些农村随迁老人城市适应研究，但这些研究大多数为局限于某地区或某城市的定性研究，缺少对农村随迁老人城市适应的定量研究，对全国范围内农村随迁老人城市适应状况的测度匮乏。

第二，缺少针对农村随迁老人城市适应指标体系的设计与构建。现有指标并没有充分考虑农村随迁老人的个体特征，多是以单一的客观指标或者主观指标衡量。无法全面准确刻画农村随迁老人城市适应的现状，不利于有针对性地解决农村随迁老人城市适应的问题。农村随迁老人城市适应这一指标有待进一步优化。

第三，现有研究主要集中在身体健康、经济收入对农村随迁老人社会融合的影响，鲜有学者将社会支持与农村随迁老人城市适应结合起来进行研究。一方面，基于身份属性，系统讨论不同社会支持主体类型和不同社会支持内容对农村随迁老人城市适应差异影响的研究较为少见。社会支持研究多局限于单一社会支持主体或单一社会支持内容，而农村随迁老人嵌入在社会环境中，单纯地考察强化单一社会支持主体内部的关系与管理并不能起到最优的效果。另一方面，对于农村随迁老人的结果变量而言，社会支持多用于弱势群体健康、生活满意度、主观幸福感的讨论，研究宽度有待拓展。同时，社会支持对弱势群体的影响的现有研究多从单一路径出发，未能进行不同社会支持路径的研究，深度有待挖掘。

第四，已有研究讨论了社会支持的城市适应作用，却忽视了对社会支持机制的讨论。现有关于农村随迁老人城市适应的文献并没有注意到农村随迁老人并不只是通过健康水平的提高才能提高城市适应水平，即对农村随迁老人健康及心理福利关注较多，而对农村随迁老人闲暇时间、收入、城市生活能力、负向情绪、安全预期关注较少。整体来看，农村随迁老人多维城市可行能力的提高意味着农村随迁老人有更多的适应城市的时间和机会，而现有研究对此没有深入探索，这有待深入挖掘。

第五，已有研究基于变量之间的关系，讨论社会支持或其他变量对农村随迁老人城市适应的作用，并没有进一步基于农村随迁老人自身视角分析农村随迁老人社会支持需求层次。

基于此，本书尝试从以下几个方面对现有研究进行完善。

第一，本书使用的数据更具代表性，使用的方法也更可靠。本书使用具有全国代表性的中国健康与养老追踪数据，使用更为稳健的多种计量方法，比已有研究选取某城市得出的结论更具代表性。

第二，将农业转移人口常用的经济融入指标剔除，加入与子女关系评价指标，同时加入体现农村随迁老人城市适应水平的主观和客观指标，更加突出农村随迁老人群体经济脱离劳动力市场、面临子女家庭再嵌入的特征。

第三，基于社会支持资源的身份导向属性和城市适应的底层逻辑，构建农村随迁老人城市适应的理论框架。基于社会交换理论和利他主义思想，引入社会支持这一外部干预变量；根据农村随迁老人多维城市可行能力的形成过程，指出社会支持对农村随迁老人的影响主要体现在为农村随迁老人提供了更多的机会和资源，提高了农村随迁老人探索城市的能力和机会；基于社会支持理论，将社会支持和多维城市可行能力的多个变量引入城市适应模型，通过推导分析寻找提高农村随迁老人城市适应的最优路径。

第四，尝试深度分析社会支持异质性内容对农村随迁老人城市适应的异质性影响。挖掘不同社会支持内容提高农村随迁老人城市适应的路径差异。引入多维城市可行能力以探索社会支持影响农村随迁老人城市适应的作用机制。多维城市可行能力作为衡量农村随迁老人在城市中机会增加和权利赋能的变量，能够考察农村随迁老人在城市中的状态。该变量的引入可以全面深入分析社会支持影响城市适应的作用机制。

第五，基于需求视角分析农村随迁老人社会支持需求层次。以社会支持对象为中心，更能挖掘出真实需求次序，进一步深化社会支持的理解，为政府有针对性地、靶向性地制定符合农村随迁老人需求的政策和改进方案提供数据基础和决策依据。

第 3 章

农村随迁老人城市适应的理论探讨

本章分为两个部分，第一部分介绍本书的主要理论基础，依次为社会支持理论、社会适应理论、家庭生产理论和闲暇经济理论、社会交换理论和利他主义思想、福利经济学效用理论与可行能力理论。第二部分基于以上理论进行分析并构建本书的分析框架。首先使用社会适应理论分析决定农村随迁老人城市适应的底层逻辑；其次运用社会支持理论、社会交换理论和利他主义思想以及数理推导分析社会支持对农村随迁老人城市适应的作用；最后综合分析社会支持、多维城市可行能力与农村随迁老人城市适应的影响机理并建立本书分析框架。

3.1 相 关 理 论

3.1.1 社会支持理论

1. 社会支持理论的起源

社会支持理论是社会心理学中一种关注社会支持对个体心理健康和适应影响的理论。该理论将社会支持定义为个体从他人或社会网络中获得的实际或知觉的资源、信息和情感的接收和评价。社会支持的本质特征是社会性、选择性和无偿性。社会支持主体的提供行为与社会支持客体的接受行为是一种非物质交换行为，而不是经济学意义上的功利性交换行为。该理论认为，社会支持在应对压力和逆境、提升心理健康和生活质量方面起到积极的作用。

社会支持理论作为一种理论范式，起源于精神病学领域，社会支持被认为与个体精神健康、身体健康和社会适应能力存在紧密关系。经过社会学和心理学研究的不断发展，社会支持已经成为研究社会问题的重要理论之一。在此基础上，一些学者曾将社会支持的探讨范围局限在"心理健康"领域。然而，从当前的国内外研究内容和趋势来看，学者对社会支持的应用已经突破了传统的界限，不再局限于旧有的解释框架。新的研究方向不仅仅关注单一定义下的社会支持和着眼于心理健康方面的益处。当前的研究趋势呈现出一个更加开放和多元的视角，将社会支持的概念拓展到围绕弱势群体展开研究，旨在为弱势群体提供精神和物质方面的资源支持。这种支持不仅仅是关于心理健康的增益，更包括了帮助弱势群体应对困境、提高生活质量的多方面社会行为。

社会支持强调了个体与周围环境相互作用的过程，个体能够从中获取情感和物质上的支持。社会支持的性质是互惠性的，并符合社会交换理论的观点。社会支持理论最初由社会心理学家 John Cobb（小约翰·柯布）及其同事于 1976 年提出，该理论指出社会支持通过情感支持、信息支持、评价支持和物质支持等几个方面对个体产生积极影响。情感支持包括他人的情感关怀、爱护和鼓励，研究表明它能够缓解压力、减轻孤独感和抑郁情绪，并提升个体的心理幸福感。信息支持指他人提供的解决问题和应对策略的信息，它有助于个体更好地理解和应对困境，提升问题解决能力和自我效能感，研究表明获取信息支持能够降低焦虑水平并增强应对能力。评价支持涉及他人对个体的正面评价、认可和赞扬，它能够提高个体的自尊和自信心，推动个体更好地应对挑战和困难。研究发现，来自老师的评价支持能够提高学生的学术表现积极性和学习动力。物质支持是指他人提供的物质帮助，如金钱、物品或服务，它能够缓解个体的经济困难和物质需求，减轻经济压力，改善生活条件（Sarason I G and Sarason B R，1985）。

社会支持可以来自家庭成员、朋友、同事、社区组织和社会网络等多个方面。不同类型的社会支持可能对个体产生不同的影响，同时个体的性别、年龄、文化背景和社会经济地位等因素也会对社会支持的效应产生影响。关于社会支持的类型，国内外学者都做了较为丰富的讨论，常见的分类为工具性支持以及情绪性支持，前者指实际具体的协助，后者为社会心理的支持，国内学者肖水源通过梳理文献将社会支持归纳为客观支持和主观支持，同上述分类本质上是相同的。许多研究发现，社会支持与心理健康、身体健康、适应性和生活满意度等指标呈正向关联。然而，社会支持理论也存在一些争议和限制。一些研究发现，社会支持的效应在不同文化和社会群体中可能存在差异。此外，社会支持与个体心理健康之间的因果关系并不明确，即不清楚是心理健康状况良好的人更容易获得社会支持，还是社会支持导致心理健康改善。

综上所述，社会支持理论强调了社会支持对个体心理健康和适应的重要性。情感支持、信息支持、评价支持和物质支持被认为是社会支持的主要类型，它们通过不同的途径对个体产生积极影响。社会支持是一种资源的交换，个体的资源禀赋不同，可供交换的社会支持资源也存在不均衡性。后期的研究将社会支持理论引入社会弱势群体的研究中，发现社会支持对改善心理健康具有重要作用。在中国的研究中发现，农村老人的心理健康与各项社会支持密切相关，增强老年人的社会支持有助于提升其心理健康水平并缓解抑郁情绪，子女提供的工具性支持也有助于健康受损老人的康复。

2. 社会支持理论模型

社会支持理论包括主效应模型（main effect model）和缓冲效应模型（buffering effect model）两个理论模型。在主效应模型中，社会支持会减少生活中各种负面影响，包括情感压力、心理健康问题和身体健康问题，具有普遍的增益作用。总体而言，社会支持水平越高，增益作用越显著。而在缓冲效应模型中，社会支持对于处于压力状态的个体具有缓冲作用。它既可以是一般性的，即任何形式的社会支持对各种压力事件都具有缓冲作用；也可以是特定性的，即某种特定形式的社会支持只能缓冲特定的压力事件。社会支持通过关键节点对潜在的压力事件进行缓冲，其中包括对潜在压力事件的预判和对已被评估为压力事件的再评估，以防止个体产生不良的应对反应并为调节性回应提供支持。在我国社会主义发展过程中出现的农村随迁老人，他们作为一种特殊的弱势群体，需要社会各界的关注，将社会支持理论引入农村随迁老人的城市适应研究中，有助于探讨社会支持对城市适应的影响机制。

社会支持理论为本书的研究提供了最基础的理论支持。社会支持理论的科学性和解释能力使其成为广泛研究的重要课题。社会支持理论基于对弱势群体需求的假设，旨在科学认知基础上判断其所需资源，改善其不利处境。需求主要包括：①基本生存需求，政府提供生存资源和医疗保障等；②制度优化需求，调整物质资源分配格局，制度公平下的福利增加；③提升人力资本的需求，增强市场竞争力和家庭生产非市场竞争力；④建立稳定的社会关系网络的需求，为其提供常态化支持；⑤专业技术支持需求，以社会工作为抓手，重建社会功能。综合各方面支持，旨在帮助弱势群体改善生活状况并摆脱困境。社会支持的研究涵盖了各个领域，其中以农业转移人口及其父母、残疾人、失能半失能群体等弱势群体和社会问题的研究为主。众多研究发现社会支持的缺失和错位可能导致社会的不稳定和不公平。因此，通过深入研究社会支持的作用和机制，可以为解决这些社会问题提供有益的启示。社会支持的研究在推动社会和谐与稳定，改善弱势群体的生活质量方面具有重要的价值。作为本书研究对象的农村随迁老人，其城市适应水平反映了农村随迁老人接受外界力量调整自身行为、观念、意识后的结果，是农村随迁老人内在、外在特质的综合体现。社会支持理论的核心是政府、社区和家庭根据农村随迁老人的社会支持需求，提供合理的社会支持资源，缓冲个体压力事件和助推个体适应变化后的环境，帮助农村随迁老人习得城市价值观和行为模式，缩小心理距离，提高城市适应水平。

3.1.2　社会适应理论

社会适应理论主要涉及四种观点，一是 Darwin 的生物进化论，二是 Auguste Comte（奥古斯特·孔德）和 Spencer 的社会进化论，三是 Parsons（帕森斯）的社会适应性理论。

1. Darwin 生物适应观点

社会适应理论源于生物学"适应"理论。物种的适应性：物种适应其生存环境，使其更有效地利用资源，提高生存和繁殖的机会。Darwin 的生物适应观点揭示了物种是如何从共同的祖先分化出来，并在适应不同环境的过程中发展出各自独有的特征。个体在生存和繁殖中存在变异，有些变异增强适应性，使其更可能存活并繁殖，将有利变异遗传给下一代。随着时间推移，这些变异积累，导致物种分化和演化，形成适应不同环境的多样化物种。

2. Comte 和 Spencer 的社会进化论

面对不同环境的压力和挑战，人类的生物学特征和行为习惯都与环境适应密切相关，"社会学"之父 Comte 将物理学和生物进化论融入社会学研究中，认为社会生活规律是自然规律和生物进化规律的延续，强调家庭作为社会的基本单位在塑造个体、维持社会秩序和传承社会价值方面具有至关重要的作用。继 Comte 之后 Spencer，著有《社会学原理》（*The Principles of Sociology*），提出了社会有机体论，强调社会的发展是一个逐步进步的过程，从同质性社会向异质性社会的变化，通过竞争、适应和变异来实现，对照生物有机体的营养系统，人类社会存在着社会支持体系以维系社会有机体的正常运转，社会存在的价值在于实现个人自由。

Spencer 的社会有机体观点，将个体视为社会系统的一部分，类似于生物有机体的细胞，为理解个体在社会中的作用提供了新角度。这种观点将个体置于更广阔的框架中，揭示了他们对经济、文化、社会结构等的影响。类似生物细胞多功能，个体也在社会中担任多样角色。他们在新环境可能发挥特定职能，融入劳动分工，推动社会持续发展。角色多样性和融入程度，为整体功能提供丰富性。然而，不能忽视个体作为有机体的独立性。每人有不同的需求、目标、福祉，反映了社会有机体中的个体多样性。就像器官追求最佳状态，个体也追求个人利益。这种个体追求构成了社会的复杂多样性。在此视角下，个体自发行为适应新环境，改变行为方式，促进社会和谐，但需要平衡个体与整体利益。

3. Parsons 的社会适应性观点

美国社会学家 Parsons 把生物学的系统论思想移植到社会研究中来，指出"适应性"是个体（行动系统）主动调整自己的身体机能、心理及行为方式，努力使自己的行为符合环境条件的要求，并通过自己的主观能动性（社会化、学习、模仿等）去创造有利于自己良好发展的外部环境的一种能力。社会系统归根到底是个体行动者交互行动的产物。社会适应指个人通过社会化过程能够明确自己的社会角色、地位、权利和义务，学习每个人适应环境所必需的知识、技能，形成自己的认知、性格、价值观，进而可以在不同的情境中解决所遇到的问题，满足自身需求。根据社会适应理论将农村随迁老人的城市适应分为社会交往适应、心理文化适应及城市生活适应三部分。移民的适应可以被定义为一个过程，在这个过程中，移民对于发生变化的政治、经济和社会环境做出反应。从农村到城市的迁移往往涉及这三个方面的变化（Standing and Goldscheider，1984）。

社会适应理论为研究农村随迁老人城市适应提供了重要启示。自中国开始大规模人口流动到现阶段，农村随迁老人一直处于弱势地位，他们需要适应迁入地的文化和习俗，需要习得当地文化，比较现实的问题是，他们在流入地难以享受公平的医疗服务、公共服务；思念故土、城市的归属感不强、家庭角色和地位转换的心理落差等心理适应问题明显；生活方式、消费习惯、教育方式的差异大，使农村随迁老人城市适应困难。根据社会适应的相关理论，他们需要适应城市的社会结构、文化和生活方式，主动适应"自发秩序"下的社会生活，也需要获取满足其基本生活需求的支持性资源，以维系身体健康和心理福利。同时农村随迁老人只有作为独立的个体在新的社会系统中有自己的角色定位，有目标和福祉，才能在适应城市新环境过程中平衡自己和家庭、社会的利益，实现社会的可持续发展和社会福利最大化。

3.1.3　家庭生产理论和闲暇经济理论

1. 家庭生产理论

Becker（1976）把经济理论扩展到对人类行为的研究。他认为生育可以看作生产生命的行为，抚育孩子需要投入时间、资本、人力，是一种家庭生产，孩子属于耐用消费品，其成本不仅包含了实物消耗的成本还包括时间的成本。这些成本随家庭收入的增加而增加，家庭分工的决策依据是家庭成员的比较优势。按照经济学的观点，时间的单位价值等于工资率，后来 Gronau（1977）将家庭时间区分为市场工作时间、家务劳动时间和娱乐闲暇时间。由在市场工作上有优势的成员把时间分配于市场工作，做家务工作效率高的选择做家务、照料孩子，这样可以增加闲暇时间和使效用最大化，增加家庭整体福利。家庭是一个典型的结合生产与消费于一体的"小型生产单位"，家庭以生产函数 $f_i = (x_i, T_i)$ 生产产品 Z_i，其中 T_i 表示家庭的时间，x_i 表示家庭消费的市场商品。该生产函数可以看成家庭成员消费时间和劳动力来生产抚育孩子的行为，每个家庭都会选择最优组合。因此农村随迁老人的最优选择是隔代照料和家务劳动，因为其比较优势是时间成本低、机会成本低，可以把在市场上工作的劣势转换为家庭生产的优势。Becker 的家庭生产理论为农村随迁老人移居城市生活、从事家庭生产提供了理论基础，也为农村随迁老人获取外部社会支持以及提高城市适应水平的合理性和必要性提供了一个理论上的支撑。

2. 闲暇经济理论

闲暇经济理论又称休闲经济理论，是一种经济学分支，专注于研究人们在闲暇时间内的经济活动，以及这些活动对个体和社会的影响。该理论强调了个体在非工作时间内从事消费、娱乐、休闲和创造性活动的重要性。闲暇经济理论认为，人们在闲暇时间内从事的活动可以具有广泛的经济价值。这包括文化、体育、旅游等各种领域。这些活动不仅为消费者提供乐趣，还会促进经济增长。闲暇会激发创新和创造性。个人可以在休闲时间内追求兴趣爱好、探索新想法，这可能会导致新事物的出现和已有问题的解决。闲暇时间还会增加个人福利。闲暇经济活动可以提高人们的生活质量和幸福感。通过参与丰富多彩的休闲活动，个体能够减轻压力，提高身体健康，增进社交关系，促进心理健康。闲暇经济理论认为，人们的闲暇时间不仅是休息放松的时刻，还是一种经济资源，可以对个体和社会产生积极的影响。这一理论强调了非传统经济活动的重要性，鼓励深入研究和理解闲暇时间内的经济行为和其潜在影响。

闲暇经济理论为农村随迁老人获得社会支持以及提高城市适应力的研究提供了一个重要的理论。随着城市化的快速发展，越来越多的农村老人选择随迁到城市生活。这一现象引出了对如何提供社会支持以及如何提高他们的城市适应水平的重要问题。闲暇时间可以放松心情、拓展视野，有效积累人力资本，享受型闲暇时间有正外部性，个体在消耗闲暇时间的过程中可以增强个人意志力，提升创造力，拉近与城市居民的距离。劳动时间减少带来的闲暇时间增加可以增强个体幸福感，也会增强文化交流水平和提高个体文化素质。利用闲暇时间进行活动可以充分放松精神，缓解外部事件带来的压力，提升心理福利，积极健康的休闲活动有助于农村随迁老人探索精神的培养，使其积极面对城市文化，主动与城市居民建立联系，构建新的社会关系网络，从而提高其城市适应水平。

3.1.4　社会交换理论和利他主义思想

社会交换理论在社会学、组织行为学和心理学领域具有重要地位，用于解释组织或个体之间的互动和社会关系，强调了人际关系中的交换与互惠。该理论源于 20 世纪 50 年代，由美国社会学家 Homans（1958）提出，社会交换理论认为个体在社会交往中追求利益最大化和成本最小化，以物质和非物质的利益为目标。个体参与社会交往是为了获得经济、情感或其他资源的交换回报。对于个体，它强调个体在交往中的成本和收益权衡，并试图追求个人利益的最大化。对于政府，社会交换的内容区别于个体交换，它是一种公共品和公民权利的交换，更强调非物质利益的交换。

交换关系是该理论的核心概念。政府和社会组织依据各自职能为个体提供公共品和社会支持是为了履行责任，彰显其存在的意义，可以理解为履行职能与意义的交换。在社会交换理论的视角下，社会支持根据接受支持和给予支持的方向以及两者之间的差异进行划分。接受支持和给予支持以及支持的均衡性会对个体的身心健康和适应行为产生显著影响。

政府与公民之间的社会交换关系体现了一种相互依存的互惠模式，展现在权力与权利关系、公共服务与责任履行等方面。首先，无论是从秩序供给视角还是公民权利视角，政府与公民之间存在着一种契约式的交换关系。在秩序供给视角下，政府通过维护社会秩序和稳定，回应了公民对安全和有序生活的期望，而公民则在这一过程中将部分权力委托给政府，形成权力的交换。在公民权利视角下，政府通过保障公民的基本权利，获得了公共权力的执行和合法性的认可，而公民在享受权利的同时，也对政府的合法性提供了支持，构成了权利的交换。其次，社会交换关系在政府提供公共服务和保障与公民履行社会责任之间得以体现。政府通过资源的合理分配和政策的制定，向公民提供各种公共服务，如基础设施、医疗保健等，以回应社会需求，维护公共利益，并增强其在公民中的信任度。与此同时，公民通过纳税、遵守法律等方式，履行社会责任，支持政府的运作和社会秩序的维护。这种公共服务与责任履行之间的交换促进了社会的稳定和发展，共同构建了一个互利共赢的社会环境。互惠和均衡是社会交换关系中的核心元素。在交换过程中，双方通过实现互惠关系，确保各自利益的最大化。随着交换过程不断调整和变化，双方逐渐达到了一种平衡状态，使交换关系能够持续存在和发展。

家庭代际支持实质上也是一种相互交流的社会交换，体现了亲情、责任和传承的价值观。在这种互助关系中，父母在子女年幼时提供养育支持，为他们的健康成长提供必要的物质和情感支持。同时，年幼的子女在父母的培养下接受家庭和学校教育，积累知识和技能，为将来的城市独立生活奠定了基础。这一投资的回报在子女成年后变得显而易见，他们通过赡养年老的父母来回报曾经的养育之恩，形成了一种情感上的传承。经济支持和情感慰藉在这一过程中扮演着重要的角色。经济上的支持不仅有助于确保老年人的基本生活需求，还能够提供医疗保障等方面的支持，从而有助于维持他们的身体健康和生活质量。情感上的慰藉则能够缓解老年人可能面临的孤独和心理压力，增强他们的心理韧性，使他们更有能力应对生活中的各种挑战。

利他主义是一种行为倾向或动机，指个体在行为中关注他人的利益，并愿意为他人的利益做出牺牲。它强调个体之间的合作、关心和互助，超越了纯粹的自我利益追求。利他主义涉及不同层面的利他行为，包括亲缘利他（对亲属的关注和帮助）、互惠利他（为了回报而提供帮助）、纯粹利他（无期望回报的无私行为）和强互惠利他（通过惩罚破坏合作的人来维护团体规范）。诺贝尔经济学奖得主 Becker 是利他主义经济学的重要代表之一。他将利他主义解释为个体的理性行为，认为人们选择利他主义是因为追求一定的"社会价值"，即个体通过帮助他人获得满足感和社会认可。Becker 的观点强调个体的理性决策，并将利他主义行为视为个人的利己性的一种表现。利他主义的应用领域广泛，包括经济学、心理学、社会学、伦理学等。它对社会和个体行为的理解提供了重要的视角，并在社会政策、组织管理和公共事务中具有实际意义。

在研究农村随迁老人的社会支持和城市适应时，一方面，社会交换理论能够为我们提供一个有益的分析框架。该理论有助于理解农村随迁老人与政府、城市社区之间的交互关系。政府通过提供养老保障和医疗保障，与农村随迁老人之间形成交换关系，获得认可度和政府声誉的提升。城市社区通过提供社区服务和丰富的社区活动资源，满足农村随迁老人的适合居住环境的需求，赢得他们对社区治理效果的正面评价。而农村随迁老人个体则通过社会支持和积极参与社区活动，获取资源并得到互惠回报。这种理论为我们理解农村随迁老人如何在城市环境中建立互动关系，以及提出促进社会支持和城市适应的策略提供了有力的分析工具。同时，这一理论也为政府制定经济政策和福利措施提供了指导，能够帮助政策制定者分析个体对政策的响应情况。在制定经济政策时，社会交换理论有助于分析个体在考虑政策的成本和利益时可能调整的行为，而政策的效果也会受到个体预期利益的影响。另一方面，研究农村随迁老人社会支持与城市适应时，利他主义的概念也具有启发意义。利他主义的倾向可能推动政府和社区组织为农村随迁老人提供社会支持，帮助他们缓解进城后的适应压力。农村随迁老人可以通过关心他人、提供帮助等方式，积极与城市社区互动。这种利他主义行为有助于他们获得社会支持，提高在城市中的适应能力，同时也可以促进社会凝聚力和社区的整体发展。

3.1.5　福利经济学效用理论与可行能力理论

福利经济学作为经济学的一个重要分支，以效用或者功用理论（utility theory）为出发点，旨在研究如何在社会中实现经济福利的最大化。其起源和发展经历了多个关键阶段，涵盖了不同学派的观点和重要概念的演进，但福利经济学的最终目标是一致的，都是为了促进人类社会福祉和资源的最佳配置。效用本质上是人对自我感觉的主观评价，基本内涵是从物品或服务中获得的心理满足感。福利是一种利益或者好处，包含了货币福利（物质或财富）和非货币福利（精神或心理层面的满足），既可以是客观的也可以是主观的。以下从福利经济学效用理论与可行能力理论角度分析福利经济学的起源、发展和影响。

1. 福利经济学效用理论

福利经济学的发展可以追溯到古典经济学理论。Adam Smith（亚当·斯密）主张市场中的"看不见的手"可以自动引导资源配置，从而达到整体社会福利的最大化。而 Jeremy Bentham（杰里米·边沁）则奠定了功利主义的基础，他强调以追求最大多数人的幸福感作为行动的道德标准，为福利经济学的伦理基础提供了支持。Bentham 的观点更注重人们对不同选择的偏好顺序，即序数效用。Pigou（庇古）与旧福利经济学：福利经济学的正式奠基可以归功于英国经济学家 Pigou。他在《福利经济学》（*The Economics of Welfare*）一书中系统地构建了福利经济学的理论框架。Pigou 引入了"外部性"概念，认识到市场可能存在失灵，但可以通过政府干预来修正市场的扭曲，以增加整体社会福利。与此同时，Pigou 主张基数效用论，试图通过为效用赋予具体的数值来度量和比较效用的程度，Pigou 强调对弱势群体的援助，认为货币边际效用递减，主张富人补贴穷人，增加社会总福利（Pigou，1951）。Robbins（罗宾斯）与新福利经济学：Robbins 促成了新福利经济学的产生。把经济学视为"选择的理论"，认为经济学的核心在于研究人类如何在稀缺资源下做出选择（Robbins，2007），新福利经济学认为效用是主观的，人际福利是无法比较的，主张序数效用论；认为要取得效用最大化，必须具备个人能够自由选择和收入分配公正合理这两个条件；强调效率对实现社会福利最大化的作用，回避了分配问题和价值判断。例如，"帕累托最优""希克斯的假定补偿原理"坚持效率第一；Bergson（柏格森）和 Samuelson（萨缪尔森）提出社会福利函数理论，该函数又称为伯格森-萨缪尔森的社会福利函数，认为社会福利值取决于影响福利的所有可能的实值，对函数具体形式没有规定，同样规避了价值判断问题。社会选择理论和现代福利经济学。Arrow（阿罗）的"不可能定理"在 20 世纪 50 年代的福利经济学的相关研究中产生了深远影响。他证明了在某些情况下，不存在能够满足一些合理的要求的社会选择机制，因此合理化的、满足某些理性的社会福利函数是不存在的，即在特定情况下，无法找到一种公正的方式来将个人的偏好转化为集体的偏好，所以无法得出包括每个个体福利的社会福利函数。"不可能定理"指出了新福利经济学用序数效用方法进行人际比较的不足，转向使用基数效用理论，认为个体效用可以比较，这一定理推动了现代福利经济学更深入地探讨福利目标的复杂性和权衡（Arrow，2014）。

2. 福利经济学可行能力理论

20 世纪 70 年代，"穷人经济学家" Sen 为福利经济学带来了新的思想。在《以自由看待发展》（*Development as Freedom*）一书中，Sen 将自由结构作为发展的目的，提出了能力取向的理论，揭示了 Arrow 不可能性结论的原因，即投票式的集体选择规则无法准确传递人际效用比较的信息，从而导致了集体决策中的不可能性。Sen 强调关注个体的能力和机会，将焦点从单一的物质收入转向更广泛的人类发展，认为人类发展的目的是实现每个人可行能力的最大满足（Sen，1999）。这一理论将福利经济学从传统经济指标中解放出来，更加强调人的全面发展，扩展了福利经济学的研究领域。在福利经济学不同流派中，序数效用和基数效用的讨论成了一个重要议题，涉及如何度量和比较个体的偏好和幸福感。福利经济学的发展始终围绕公平和效率之间的平衡进行。不同的学派和经济学家在市场和政府干预的权衡问题上持不同观点。一些人主张效率优先，强调通过市场机制来实现资源有效配置，从而增加整体福利。而另一些人则更加关注公平，主张通过政府干预来缩小贫富差距，提高弱势群体效用，实现社会公正。同时也有学者倡导在公平和效率之间寻求平衡，以最大程度地满足社会多样的需求。

福利经济学对本书有重要的启示意义。福利经济学的发展推动了决策者对于效用、效率与公平、制度安排的关系的考虑，也推动了以提高个体可行能力为重点问题的解决思路在研究农村随迁老人城市适应问题中的应用，明晰了将经济政策和价值关怀联系在一起并不影响经济学的科学性这一事实。农村随迁老人在长时间城乡二元结构的影响下，不仅与城市居民有巨大的收入差距，而且往往无法获得充分的养老金和医疗保障。此外，农村文化与城市文化也有较大差异，这使得农村随迁老人无法充分享受中国经济发展和改革带来的成果。这引出了社会如何平衡公平和效率的问题，以及如何提高农村随迁老人个人效用及农村随迁老人群体整体效用的问题。福利经济学的效用理论有助于分析农村随迁老人社会支持需求层次，可行能力理论则是分析多维城市可行能力在社会支持与农村随迁老人城市适应分析框架中的重要视角。

3.2 理论逻辑分析

本节首先运用社会适应理论分析农村随迁老人城市适应的底层逻辑；其次运用社会支持理论、社会交换理论和利他主义思想、家庭生产理论分析农村随迁老人城市适应的社会支持机制。最后运用社会支持理论、闲暇经济理论分析社会支持对多维城市可行能力的影响，以及多维城市可行能力对农村随迁老人城市适应的影响。

3.2.1 决定农村随迁老人城市适应的底层逻辑

1. 适应的一般考虑

适应是生物学和社会科学领域的一个重要概念，涵盖了生物适应和移民适应两个方面。生物适应是指生物个体对环境变化产生的适应性反应，而移民适应则指的是个体或群体对新的社会和文化环境进行调整和适应的过程。以下是生物适应和移民适应的一些底层考虑。生物适应的底层考虑包括遗传适应、生理适应和进化适应。遗传适应在生物适应中起到关键作用，个体的基因组中的变异可以影响其对环境变化的响应，通过遗传适应，个体可以发展出更适合特定环境的特征和性状。生理适应：生物个体可以通过生理机制来适应环境。例如，动物可以通过调整体温、代谢速率和行为来适应气候变化，植物可以调整生长模式和生理过程以适应不同的土壤和水分条件。进化适应：进化适应是生物适应的长期结果，通过自然选择和基因流动塑造物种的特征和适应能力。适应的特征在逐代中被保留和传递，以适应不断变化的环境条件。

移民的适应可以视为移民对变化了的政治、经济和社会环境做出反应的过程，从农村迁移至城市的移民常常要经历这三方面的变化。一般来说，移民适应的底层考虑有以下四点：第一，经济适应。这包括移民的收入水平、消费能力、工作环境、就业稳定性、劳动保护等方面的适应，经济适应是移民适应城市生活的基础。第二，生活适应。生活适应是移民过程中的关键挑战之一，它涵盖了居住安排、健康保健、交通与出行、购物与饮食、金融事务、生活习惯与社区规则以及日常沟通与信息获取等方面。与此同时，建立社交圈子、探索当地饮食、了解当地医疗服务、熟悉交通系统等，都是适应生活的关键步骤。通过这些努力，移民可以更好地融入新环境，建立起自己的新生活。第三，心理文化适应。心理文化适应包括移民对新文化、价值观和社会规范的理解和接纳，需要学习当地习俗、遵守规则、寻找支持并保持开放心态。个体需要学习目标社会的语言、习俗和社交规则，以适应新的文化环境。移民过程中可能会面临心理压力、孤独感和文化冲击等问题。个体需要适应新的社交网络、社会角色和生活方式，建立新的社会支持系统，以应对这些挑战。第四，社会交往适应。为更好地适应新的社会交往关系和规则，个体需要主动参与社区活动、组织或团体，与当地居民建立联系，并获得情感支持和社交互动。良好的社会交往适应体现在积极的社交参与，包括参加社交活动、志愿者工作、社区参与以及积极寻求社交互动的倾向。

2. 农村随迁老人城市适应的决定

农村随迁老人不同于一般移民或者说农业转移劳动力，农村随迁老人度过了人生关键阶段，基本上脱离了正规劳动力市场，所以并不存在严格意义上的经济适应问题，而且农村随迁老人作为农村籍老年群体，随着年龄增加身体机能进一步衰退，面临更严重的适应困难问题。老年人即使不流动也会遭遇社会适应困难（陈勃，2008），所以，相比年轻农业转移人口，农村随迁老人面对陌生环境带来的适应压力更大，加之家庭角色地位转变（"一家之主"变成"依赖者"，"地位高"变成"地位低"）带来强烈的失落感，经济文化弱势带来的自卑感，农村随迁老人的城市适应显得更为困难。因此根据农村随迁老人的特征，剔除经济适应，基于城市家庭再嵌入的考虑，加入子女关系指标，将城市生活适应、社会交往适应、心理文化适应作为农村随迁老人城市适应的三个内在组成部分。居住环境改善、消费水平提升、活动范围扩大、幸福感增强、城市文化习得是提高农村随迁老人城市适应的底层逻辑。

第一，居住环境的改善直接关系到农村随迁老人的城市生活适应。良好的居住环境可以提供安全、舒适的生活条件，降低他们对城市生活环境的不适应感。这包括住房设施的完善、基础设施的健全等方面。当他们住得舒适、安心时，城市生活也会逐渐变得可接受。第二，消费水平的提升直接影响到农村随迁老人的城市生活适应。第三，活动范围的扩大也与社会交往适应密切相关。在农村，老人们的活动范围相对狭窄，主要限于家庭和村落附近。而在城市，丰富多样的社交、文化活动可以让他们拓展活动范围，从而逐渐适应城市的社会交往方式。第四，幸福感的增强与心理文化适应密切相关。在城市中建立起稳定的情感纽带、获得幸福感，会使农村随迁老人更加愿意融入城市文化，接受新的价值观和生活方式。第五，城市文化习得直接影响到心理文化适应。通过学习和了解城市文化，农村随迁老人能够更好地融入城市社会，理解和尊重城市的价值观和行为规范，从而减少文化上的适应障碍。

综上所述，居住环境改善、消费水平提升、活动范围扩大、幸福感增强、城市文化习得等因素，与农村随迁老人的城市生活适应、社会交往适应和心理文化适应建立联系，构成了城市适应的底层逻辑。这些因素共同作用，促使农村随迁老人逐步适应城市生活，融入城市社会，具体如图 3-1 所示。

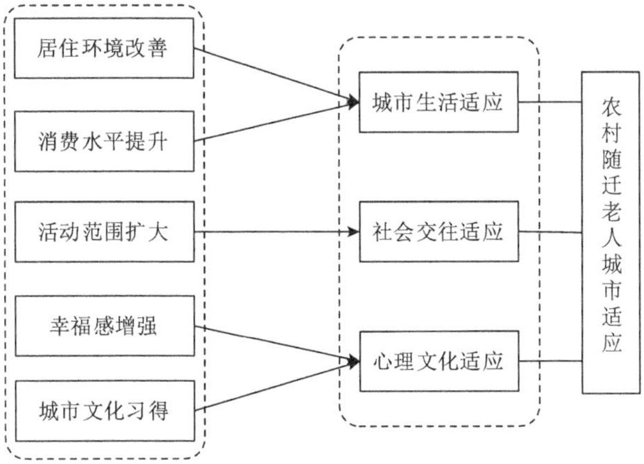

图 3-1　决定农村随迁老人城市适应的底层逻辑

3.2.2　农村随迁老人城市适应的社会支持机制

1. 社会支持对农村随迁老人城市适应的理论分析

分析农村随迁老人的社会支持机制离不开对其身份的讨论。身份在社会研究中是一种重要的概念、方法和范式。作为概念，身份被视为社会研究的重要单位，本质上是个体在社会共同体中位置及对应的权利义务关系的总称。作为方法，身份为社会科学家研究社会分层和社会结构变迁问题提供了一种重要的视角，它在社会结构分析中被广泛用作工具（陆学艺等，1992；孙立平等，1994）。作为范式，身份分析法的核心在于深入研究行动者的身份背景、个体偏好、行为动机和权利义务关系。身份认同的基本含义是个人与特定社会组织文化之间的认同关系，包括个体自我身份认同和对组织身份的认同。个体身份认同关注于回答"我是谁？"的问题，而组织身份认同关注于回答"他（她）是谁？"的问题。身份作为利益分割机制，承载着个体和组织的权利义务关系，合理识别身份是实现有效身份治理的前提，是实现各方利益的重要保障，有助于个体权利的维护和社会的良性运行（郑雄飞，2016）。中国的身份制度不仅仅是将公民依据户籍制度划分为城市和农村居民的制度，更是一套复杂的社会分层系统和社会管理制度，核心是管理者与公民的权利和义务关系。

从不同的身份属性出发，农村随迁老人有三重身份。第一种身份是对于国家而言他是一国公民，享有国家给予公民的一切权利，体现了基础性身份的同质性。农村随迁老人虽然离开户口所在地进入城市生活，但户籍性质没有改变，仍然享受新农保（2014 年，新农保与城居保进行整合，建立了城乡居民养老保险），年满 60 周岁的拥有农业户籍，且缴纳满 15 年养老保险的老人都可以领取养老金（户籍所在地新农保和城居保制度实施时已年满 60 周岁的老年人不用缴费，按月领取基础养老金），从新农保和城居保到城乡居民基本养老保险，养老制度变化背后的身份概念由区分农民和市民统一为居民，体现了国家对公民的身份整合，强化了公平理念。第二种身份是社区成员，农村随迁老人虽然属于外来人员，但纳入城市社区居委会管理，社区管理机构有义务为其提供包括社区医疗、组织社区活动在内的各种服务，为农村随迁老人提供完善的公共服务。第三种身份基于血缘关系，即家庭成员，农村随迁老人入城的主要目的便是照顾子女和孙辈，其次为养老，子女无论是出于交换动机来报答养育之恩和照顾孙辈的辛苦劳动，还是出于传统"孝道"都会对父母提供经济上的支持，包括钱、物，对机能衰退的父母给予生活上的照料，对刚入城的父母给予情感上的慰藉，缓解其不适应城市生活的压力感。

　　社会支持是一个应用面十分广泛的概念，一般用于研究弱势社会群体，帮助他们提供包括有助于抵抗健康问题或提高个人福祉的所有社会特征的行为。社会支持从多方面影响农村随迁老人生活满意度、生活质量、健康水平，影响流动人口社会融入。城市环境为流动人口城市融入提供了重要的社会经济条件，是解读流动人口社会融入水平的重要背景因素。社会支持反映了农村随迁老人在迁入地与政府、社区、居民建立联系及资源使用的过程。社会支持对流动老年人城市融入有促进作用（谢立黎等，2021）。政府提供政策支持和制度保障，养老金、医疗保险异地报销、老年福利等对流动老人影响较大。政府协调下的异地医疗即时结算也非常重要，减少了农村城市交通费用和时间成本，相应地增加了农村随迁老人的收入。此外，社区优质的养老服务、温馨的社区环境、社区活动都有助于提高农村随迁老人城市适应能力（周红云和胡浩钰，2017）。大量农村随迁老人需要经历与子女家庭再嵌入的过程（张红阳和赵煌，2022），在此过程中有资源和关系的交换，体现了社会交换理论在家庭支持中的应用。从社会融合角度看，社会支持具有两种功能：其一，为人们提供舒适感和安全感，使对个人不利的威胁或者破坏得以最小化；其二，强化人们的身份认同感和个人价值感，感到需要和被需要，此二者均有助于提升人们的幸福感（方黎明，2016）。

　　根据社会支持理论，社会支持是影响个体城市适应的外在因素，农村随迁老人的多维城市可行能力是内在因素，农村随迁老人城市适应三个维度达到一种稳定的状态，需要一定时间的适应过程，需要外在社会支持主体不断供给工具性支持、情感性支持，从而提升农村随迁老人多维城市可行能力的内在状态。农村随迁老人的社会支持主要来源于政府的社会保障支持、社区的服务和活动支持以及家庭的经济支持、情感支持。一方面社会支持直接影响农村随迁老人对城市生活的适应、社会交往的适应和心理文化适应，发挥主效应作用；另一方面在社会支持缓冲效应模型基础上增加了助推效应，形成了社会支持缓冲-助推效应模型（王康康和李旻，2023），社会支持会影响农村随迁老人多维城市可行能力进而影响城市适应。在缓冲-助推效应模型中，外在的社会支持有两个作用机制，阶段一：在农村随迁老人入城初期，政府的养老和医疗保障作为可携带的保障会给农村随迁老人一种无形的安全感，加上家庭和社区内的人际互动可以预防将"入城"或乡城环境转换视为（评估）一种压力事件。阶段二：农村随迁老人已经受压力事件影响，社区和家庭的信息支持与情感支持则会促使其改变观点和行为，缓冲压力事件，产生缓冲效应。政府的经济支持和保障支持会增加农村随迁老人的活动机会和资源，产生助推效应。这两种效应共同作用于多维城市可行能力，促使农村随迁老人积极去适应变化了的环境，从而实现城市适应水平的提高，更好地在城市生活和养老，如图 3-2 所示。

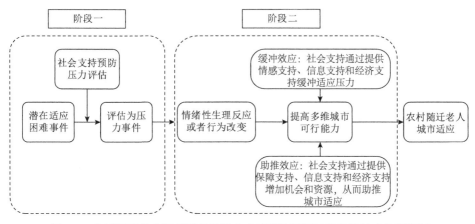

图 3-2　农村随迁老人城市适应的社会支持两阶段缓冲和助推效应作用机制

　　第一，社会支持提供的基础保障，是农村随迁老人顺利适应城市生活的基础性条件。农村随迁老人在城市生活、提高城市适应水平离不开政府养老金支持和子女家庭的经济支持。社会保障的有效供给可以有效增加农村随迁老人的收入，减少对子女的经济依赖（程令国等，2013），增加低收入家庭的日常福利（黄宏伟和胡浩钰，2018），有利于他们适应日常生活。从社会支持供给方来看，目前中国政府针对农村居民的保障已经建成了相对完善的社会保障体系，但保障水平和质量还存在一些问题，特别是筹集机制存在发展不均衡的问题，虽然保障力度有限，但为农村随迁老人提供了基础性的安全保障和经济保障。从社会支持接受方来看，根据期望效用理论，农村随迁老人作为理性经济人，面对完全陌生的环境，在风险不确定性的情况下，会追求效用最大化，城乡居民社会养老保险对农村随迁老人发挥着基础性的经济支持作用。家庭的非正式支持是农村随迁老人需求量最大、信任感最强的支持，其中经济支持是其城市适应的基础性支持。农村随迁老人达到退休年龄时才可以领取少量的养老金，跟随子女入城后忙于照顾孙辈也没有时间外出务工，受限于人力资本，也无法从事体面工作，因此子女的经济支持至关重要，可以增加农村随迁老人的收入，从而提高农村随迁老人日常生活适应水平。

第二，社会支持扩大了农村随迁老人活动范围，促进社会交往适应。农村随迁老人进入城市以后，生活空间由农村社区转移到城市社区，原有的社会关系网络被割裂，新的社会关系网络尚未建立，农村随迁老人的社会关系处于"真空"状态，此时社区发挥着重建农村随迁老人群体社会关系网的作用。社区是流动人口在城市生活的起点和落脚点，社区环境是影响流动人口社会融入的重要因素（刘涛等，2020），社区内公共服务水平是表征社区环境的内在要素。社区可采取诸如增加社会交往机会的干预措施，增强农村随迁老人与他们邻居之外的个人联系，充分发挥社区居委会在社区服务中的主体作用。社区提供服务和组织活动有利于农村流动人口的社会交往（彭大松和资源，2022），扩大农村随迁老人的交往范围（王康康和李旻，2023），提高其异地生活感受（李含伟，2020）。社区组织通过组织社区活动可以让农村随迁老人认识更多的同辈群体，结交有共同爱好的朋友，扩大社会交往的范围，在常态化的人际互动过程中可以缓冲入城这一重大人生事件的压力感、陌生感，提升其对城市的综合满意度。农村随迁老人积极参与社区活动，在参与活动过程中形成熟人网络，不断与周围环境进行互动和交换，组建属于自己的社会关系网络，积累社会资本，从而有助于社会交往适应。

第三，社会支持增加了农村随迁老人闲暇时间，促进了城乡文化交流和心理文化适应。政府的养老金支持（周云波和曹荣荣，2017）和子女家庭经济支持会抑制农业人口无休止劳动的意愿（刘子兰等，2019）、减少劳动时间（张川川等，2015），从而增加闲暇时间，当人们参与闲暇活动消费闲暇时间时，可以获得更多的快乐感（Cassar and Meier，2018），带来更多的积极体验和福利感受。通过这样的方式，个人能够不断加强自我认同，推动内在和谐发展（Lechner，2009）。根据中国城乡居民养老保险的规定，农村居民在年满 60 周岁后可按月领取养老金，所领取的养老金均为国家及地方政府统筹，这在一定程度上提高了农村随迁老人的福利水平，减轻了子女的养老经济负担（陈华帅和曾毅，2013）。

家庭无疑是所有社会支持主体中最基础的支持源，家庭是流动人口经济支持、照料支持和情感支持的重要来源。子女提供的经济支持满足老年人养老的经济需求，能够改善老年人的生活状况，形成良好的心理情绪体验，减少农村随迁老人务农时间和非农工作时间，增加闲暇时间，而闲暇时间的消费有助于增强农村随迁老人的城市生活满足感（张岳然等，2021）。子女提供的照料支持是老年人在丧失劳动能力后的基本生活保障，有助于老人身体的恢复，缩短失能时间。子女经常与老年人进行感情交流，使老年人得到精神安慰，排解了老年人的孤寂感。子女家庭与父母的代际互助关系，如图 3-3 所示。这种积极的生态系统让人们更有可能追求有意义的生活，减少负向因素，增加积极情绪，从而创造更富有意义的人生历程。

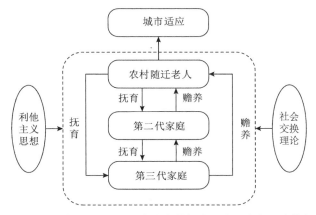

图 3-3　农村随迁老人获得家庭支持提高城市适应的理论依据

在政府养老金支持和家庭经济支持下，农村随迁老人有了更多的闲暇时间。这时农村随迁老人可以通过社区提供的活动场所参加社区活动，也可以被动参与到社区组织的活动中，在社区活动过程中可诱发良好的人际互动以及和谐社区人际关系的产生，有助于其心理文化适应。活动参与频率越高，其与本社区内同辈群体以及有着共同爱好的群体就越容易形成良性互动。城市社区关系网与乡村社区多元关系、自身的多重身份不同，它是以地缘为纽带的社区网络、以趣缘为纽带的社会网络。进入城市社区以后农村随迁老人瞬间失去多重身份和获取信息的渠道，因此社区发挥着沟通农村随迁老人群体与城市社区其他老年人群体的作用。通过长时间的交往、社会关系交换组建的新社会关系网，虽然与农村社区原有的"闭合"的紧密关系共同体不同，但对于帮助农村随迁老人扩展社会交往关系范围，重塑社会信任关系网络进而适应城市的价值标准、行为方式和交往方式有很大作用。根据群际接触理论，不同群体相互接触可以有效降低偏见，群际接触的质量会显著影响农村随迁老人幸福感水平（宋晓星和辛自强，2019），而幸福感水平也可视为心理文化适应水平的一种表现。

鉴于本书主要目的是研究社会支持的多维城市可行能力（缓冲和助推）机制，且社会支持对农村随迁老人的主要作用是增强农村随迁老人多维城市可行能力以提升农村随迁老人城市适应水平。因此，有必要分别研究社会支持类型和内容对农村随迁老人城市适应的作用、社会支持类型和内容对农村随迁老人多维城市可行能力的影响、多维城市可行能力对农村随迁老人城市适应的影响，具体如图 3-4 所示。

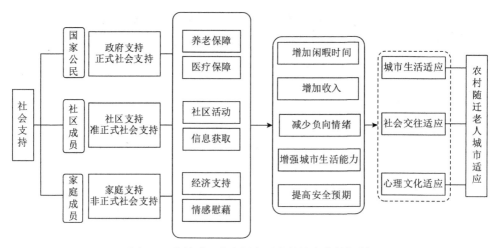

图 3-4　农村随迁老人城市适应的社会支持机制

优化社会支持类型、社会支持内容能够提高农村随迁老人城市适应。

农村随迁老人在城里生活，在社会支持提供资源的帮助下，会获得多维城市可行能力。我们假定农村随迁老人使用家庭物品和多维城市可行能力包含的资源将其用于家庭生产和消费的物品称为"家庭物品 F_{rp}"，农村随迁老人用于提升自己的资源和机会称为"多维城市可行能力 B_r"，这些组成多维城市可行能力可以提高农村随迁老人城市适应水平。

萨缪尔森（1996）将效用阐述为"个体从消费一种物品或服务中得到的主观上的享受或感知到的有用性"，其中物品和服务可以理解为各种可使用的资源，使用这些资源可以产生效用。农村随迁老人可以从这两类物品或资源的消费中获得满足感和感知到有用性。农村随迁老人的效用 U'_{xp} 取决于家庭物品和多维城市可行能力所包含时间、健康等资源的使用：$U'_{xp}=(F_{rp}B_r)^{\alpha}$，$0<\alpha<1$。农村随迁老人主要收入来源是养老金和子女家庭经济支持。SP 表示除子女家庭经济支持外的农村随迁老人获得的社会支持内容之和，那么农村随迁老人面临的预算约束为 $F_{rp}+mB_r=Y_{rp}+\mathrm{SP}$。其中，$m$ 表示多维城市可行能力产生的时间成本相对于家庭物品的价格；Y_{rp} 表示农村随迁老人获得的子女家庭经济支持。由此，农村随迁老人效用最大化的条件为

$$\mathrm{Max}\,U'_{xp}=(F_{rp}B_r)^{\alpha} \qquad （3-1）$$

$$\mathrm{s.t.}\,F_{rp}+mB_r=Y_{rp}+\mathrm{SP} \qquad （3-2）$$

构造最优化模型的拉格朗日函数：

$$L = (F_{\text{rp}} B_r)^{\alpha} - \lambda(F_{\text{rp}} + mB_r - Y_{\text{rp}} - \text{SP}) \qquad （3\text{-}3）$$

由 L 对 F_{rp}、B_r、λ 求偏导，且符合一阶最优条件，可得

$$\frac{\partial L}{\partial F_{\text{rp}}} = \alpha(F_{\text{rp}} B_r)^{\alpha-1} B_r - \lambda = 0 \qquad （3\text{-}4）$$

$$\frac{\partial L}{\partial B_r} = \alpha(F_{\text{rp}} B_r)^{\alpha-1} F_{\text{rp}} - \lambda m = 0 \qquad （3\text{-}5）$$

$$\frac{\partial L}{\partial \lambda} = F_{\text{rp}} + mB_r - Y_{\text{rp}} - \text{SP} = 0 \qquad （3\text{-}6）$$

式（3-4）和式（3-5）两式相除得

$$\frac{B_r}{F_{\text{rp}}} = \frac{1}{m} \qquad （3\text{-}7）$$

$$F_{\text{rp}} = mB_r \qquad （3\text{-}8）$$

将式（3-8）代入式（3-6）得

$$F_{\text{rp}} + F_{\text{rp}} - Y_{\text{rp}} - \text{SP} = 0 \qquad （3\text{-}9）$$

$$F_{\text{rp}} = \frac{Y_{\text{rp}} + \text{SP}}{2} \qquad （3\text{-}10）$$

由式（3-7）可得

$$B_r = \frac{F_{\text{rp}}}{m} \qquad （3\text{-}11）$$

将式（3-11）代入式（3-6）可得

$$mB_r + mB_r - Y_{\text{rp}} - \text{SP} = 0 \qquad （3\text{-}12）$$

$$B_r = \frac{Y_{\text{rp}} + \text{SP}}{2m} \qquad （3\text{-}13）$$

将式（3-10）和式（3-13）代入式（3-1）可得

$$U'_{\text{xp}} = \left(\frac{Y_{\text{rp}} + \text{SP}}{2} \frac{Y_{\text{rp}} + \text{SP}}{2m}\right)^{\alpha} = \frac{1}{m^{\alpha}} \left(\frac{Y_{\text{rp}} + \text{SP}}{2}\right)^{2\alpha} \qquad （3\text{-}14）$$

社会支持对农村随迁老人城市适应的影响

由一阶最优条件可得

$$\frac{\partial U'_{xp}}{\partial SP} = \frac{1}{m^{\alpha}} \alpha \left(\frac{Y_{rp} + SP}{2}\right)^{2\alpha - 1} \qquad （3-15）$$

由式（3-15）可知

$$\frac{\partial U'_{xp}}{\partial SP} > 0, \quad \frac{\partial U'_{xp}}{\partial Y_{rp}} > 0$$

即 SP、Y_{rp} 与 U'_{xp} 正相关，说明社会支持对农村随迁老人城市适应有正向影响。

综上，农村随迁老人获得的社会支持主体类型的多元化，社会支持内容的优化都有利于农村随迁老人城市适应水平的提高。

2. 社会支持对多维城市可行能力影响的理论分析

社会支持可以提高农村随迁老人的多维城市可行能力。农村随迁老人在城市生活和适应的过程中，多维城市可行能力分解为闲暇时间增加、收入增加、负向情绪减少、城市生活能力增强和安全预期提高，表现为在城市可供农村随迁老人自由活动的资源和机会。农村随迁老人在外界社会支持的帮助下增加自由活动的机会和资源，从而主动探索城市空间，习得城市文化，提升城市适应能力。

第一，社会支持显著增加了农村随迁老人的闲暇时间。在城市生活中，农村随迁老人可能会面临时间利用不足的困境，特别是在新环境和陌生社区中。然而，通过政府养老金支持和家庭经济支持，减少了劳动时间，从而增加了闲暇时间，使其能够更充实、更有活力地度过闲暇时光。第二，社会支持也对农村随迁老人的经济状况产生了积极的影响，提高了其收入水平。在城市中，农村随迁老人可能会面临着就业机会有限和技能不匹配等问题，这会影响其经济收入的稳定性和增长性。然而，来自政府的养老支持和家庭的经济支持会带来收入的增加，从而在一定程度上抑制环境变化带来的收入不稳定。第三，社会支持也在心理层面对农村随迁老人产生了积极的影响。在新的城市环境中，他们可能会面临来自文化、生活方式等方面的适应困难，导致负向情绪的产生。然而，农村随迁老人通过利用社区建立的信息与情感交流平台，获得信息支持和情感支持，能够减轻负面情绪，建立起对新环境的信任和认同感，从而促使其更快地适应城市生活。第四，社会支持还对农村随迁老人的城市生活能力产生了积极的影响。通过社区和公共服务等多方面的支持，农村随迁老人可以获得来自城市环境的各类信息和资源，包括交通、医疗、教育等方面，从而提升了其在城市中独立生活的能力，增强了其对城市环境的熟悉度和适应度。第五,社会支持也显著提升了农村随迁老人的安全预期。在城市环境中,安全问题常常是老年人关注的焦点,特别是对于那些来自相对安全的农村环境的随迁老人而言。然而,通过政府的医疗保障建立的物理和心理安全网,农村随迁老人提高了安全预期,能更加放心和安心地在城市中生活。

由式(3-13)中机制变量多维城市可行能力包含的资源 B_r 对社会支持 SP 求一阶偏导可得

$$\frac{\partial B_r}{\partial \text{SP}} = \frac{1}{2m} \qquad (3\text{-}16)$$

由式(3-16)可知

$$\frac{\partial B_r}{\partial \text{SP}} > 0, \ \frac{\partial B_r}{\partial Y_{\text{rp}}} = \frac{1}{2m} \qquad (3\text{-}17)$$

由式(3-17)可知

$$\frac{\partial B_r}{\partial Y_{\text{rp}}} > 0$$

即 SP 、 Y_{rp} 与 B_r 正相关,这说明社会支持对多维可行能力有正向影响。

3. 多维城市可行能力对农村随迁老人城市适应影响的理论分析

第一,闲暇时间影响农村随迁老人城市适应体现在,增加了的闲暇时间会促使农村随迁老人增加活动时间和活动类型,已知户外闲暇时间与快乐呈线性关系(Gershuny,2013),因此闲暇时间的利用一方面扩大了交往范围,另一方面促进了生活满意度的提高(Becchetti et al.,2012),有利于社会交往适应。第二,收入增加会增强消费能力、提高消费水平,还可以改善居住环境。第三,负向情绪的减少意味着幸福感的增强,好的情绪会增加启发式处理(Hertel et al.,2000),以更灵活的方式处理人际关系、家庭关系,与城市子女关系也会更加融洽,有利于心理文化适应。第四,城市生活能力(王康康和李旻,2023)的增强有助于农村随迁老人更好地学习城市文化、城市价值观、城市行为模式等,负向情绪的减少和城市生活能力的增强代表心理健康和身体独立活动能力的提升,身心健康水平的提高有利于流动人口的社会融入(Kang et al.,2022)。第五,安全预期的提高,意味着对未来生活的美好期待,对未来生活有更强的安全感和幸福感,感知邻里安全也会对老年人福祉产生至关重要的影响(Choi and Matz-

Costa，2018），从而有助于心理文化适应。

由式（3-12），可得

$$Y_{\text{rp}} + \text{SP} = 2mB_r \qquad （3-18）$$

将式（3-18）代入式（3-14）可得

$$U'_{\text{xp}} = \frac{1}{m^\alpha}\left(\frac{2mB_r}{2}\right)^{2\alpha} = \frac{1}{m^\alpha}\left(mB_r\right)^{2\alpha} = m^\alpha B_r^{2\alpha} \qquad （3-19）$$

由式（3-19）U'_{xp} 对 B_r 求偏导可得

$$\frac{\partial U'_{\text{xp}}}{\partial B_r} = m^\alpha 2\alpha B_r^{2\alpha-1} \qquad （3-20）$$

由式（3-20）可知

$$\frac{\partial U'_{\text{xp}}}{\partial B_r} > 0$$

即 B_r 与 U'_{xp} 正相关，说明多维城市可行能力对农村随迁老人城市适应有正向影响。

3.2.3　促进农村随迁老人城市适应的社会支持需求比较

福利经济学效用理论提供了一个理论分析工具，用于分析农村随迁老人对社会支持需求的比较。本书使用 Pigou 的基数效用理论，根据该理论，人们在追求最大化自身幸福感或效用时会做出决策。

效用理论强调了边际效用的概念，即每个额外单位的资源对幸福感和城市适应的影响。农村随迁老人通常面临特定的社会支持需求，包括政府养老和医疗保障、社区活动支持、家庭经济支持、家庭情感支持等。具体有以下三大类社会支持需求。

第一，政府养老和医疗保障。政府提供的养老金和居家养老补贴。根据效用理论，这种支持可以增加农村随迁老人的总效用，减轻财务压力，提高幸福感，政府提供的便捷的、容易获得的医疗报销可以提高农村随迁老人的健康和生活质量，这种支持可以减少医疗支出对他们产生的经济负担，同时提高他们的健康效用。第二，社区活动与城市适应指导。社区活动和社交支持对老年人的社会生活至关重要。通过社区活动，农村随迁老人可以建立社交网络，提高幸福感和城市适应效用。社区适老职业指导与介绍帮助农村随迁老人寻找适合他们技能和兴趣的工作机会，可以提高他们的就业效用和经济福祉。第三，家庭支持。这包括家庭经济支持和家庭情感支持。家庭提供的经济支持可以满足日常开支和需求，提高农村随迁老人的生活满意度。根据效用理论，这种支持可以增加他们的经济效用。家庭情感支持有助于农村随迁老人的心理福祉，可以提高他们的幸福感和情感效用。他们的边际效用将取决于这些需求的满足程度，如果这些需求得到满足，他们的边际效用可能会增加，从而提高其城市适应水平。

根据福利经济学的效用理论观点，个人被视为对其自身个体福利的最佳和唯一的评判者。这意味着农村随迁老人都有能力对自身的福祉进行客观评估，将其量化并进行比较。他们的目标是通过不同决策和选择来追求个人效用最大化，即他们个人的幸福感或满足感。这一观点强调了个体决策的自主性和权威性，认为每个人最了解自己的需求和价值观，因此应该能够自主地做出与其福祉相关的决策。因此农村随迁老人会根据自己的需求，基于效用最大化的原则对社会支持需求进行比较、选择和排序。

3.2.4　理论框架

根据社会支持理论、社会适应理论、家庭生产理论和闲暇经济理论、社会交换理论和利他主义思想、福利经济学效用理论与可行能力理论，可以分析出农村随迁老人城市适应的提高需要农村随迁老人个体以外的社会支持，这些理论也为社会支持主体提供社会支持内容赋予了合理性和正当性。基于此，本书构建的理论逻辑框架如图 3-5 所示。

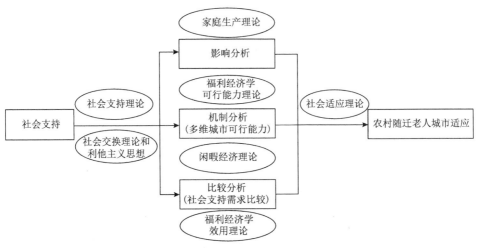

图 3-5　理论分析框架

（1）影响分析：根据社会支持理论、社会交换理论和利他主义思想、家庭生产理论和社会适应理论，分析出无论是否有压力事件，社会支持都会促进农村随迁老人城市适应水平的提高，起到普遍增益的作用，体现了社会支持的主效应作用。

（2）机制分析：根据社会支持理论、社会交换理论和利他主义思想、福利经济学可行能力理论、闲暇经济理论和社会适应理论，分析出社会支持的缓冲-助推效应会缓冲城市文化环境、城市自然环境带来的压力事件，会增加农村随迁老人活动机会和资源的获取和使用，缓冲-助推效应共同增强了农村随迁老人多维城市可行能力，进而提高农村随迁老人城市适应水平。

（3）比较分析：基于社会支持理论、社会交换理论和利他主义思想、福利经济学效用理论和社会适应理论，农村随迁老人会根据自身效用最优原则对社会支持需求进行比较和排序，从而提高自身城市适应水平。

第 4 章

数据来源、变量测量与描述性分析

本章主要在于介绍数据获取方法、测量核心解释变量、构建被解释变量的指标并测度,分析农村随迁老人城市适应状况。首先,说明数据来源及处理方法;其次,对农村随迁老人个体和家庭层面特征进行描述性统计;再次,使用 CHARLS 数据对农村随迁老人社会支持、多维城市可行能力各变量进行测量和描述;最后,构建农村随迁老人城市适应指标和测度,对农村随迁老人城市适应现状进行描述性分析。

4.1 数 据 来 源

4.1.1 数据来源及处理

本书的数据来源之一为 CHARLS 数据库。该调查是由北京大学国家发展研究院主持、北京大学中国社会科学调查中心和北京大学团委共同执行的大型跨学科项目,采用科学的按人口规模成比例的概率抽样(probabilities proportional to size,PPS)方法,对中国 28 个省(自治区、直辖市)的 45 岁以上中老年人家庭和个人进行入户调查。涵盖了 150 个县、450 个村(社区),截至 2018 年追访完成时,其样本有 1.24 万户家庭,约 1.9 万名受访者。CHARLS 的访问应答率和数据质量在世界同类项目中位居前列,是一套高质量的具有中国居民普遍代表性的微观数据,可用于全面深入分析中国老龄化问题,推动中国老龄问题的跨学科研究。同时它是国内外学者使用频次极高的数据库,尤其在劳动经济学和健康经济学领域。进入 21 世纪以来,全球有两大转型:一是在健康方面,慢性疾病越来越多;二是人口结构方面,老年人口规模扩张。所以,随着老年人口越来越多,研究老年群体及其健康问题就变得越来越重要,一套高质量的老年人健康数据至关重要。本书的数据来源之二为《中国社会统计年鉴》收录的上一年全国和各省、自治区、直辖市每年经济和社会各方面大量的统计数据。

CHARLS 调查组曾于 2008 年在分别代表中国东西部典型国情的浙江、甘肃两省开展预调查，基线调查始于 2011 年，随后每 3 年开展一轮常规调查，截至 2019 年已进行了四轮全国调查，包括 2011 年、2013 年、2015 年和 2018 年。CHARLS 从个体、家户、家庭和社区四个层面进行追踪调查。CHARLS 的问卷设计参考了国际经验，包括美国健康与退休调查（health and retirement survey，HRS）、英国老年追踪调查（English longitudinal study of ageing，ELSA）以及欧洲的健康、老年与退休调查（survey of health ageing and retirement in Europe，SHARE）等。项目采用了多阶段抽样，在县/区和村居抽样阶段均采取 PPS 抽样方法。CHARLS 首创了电子绘图软件（CHARLS-GIS）技术，用地图法制作村级抽样框。CHARLS 问卷内容包括：个人基本信息，家庭结构和经济支持，健康状况，体格测量，医疗服务利用和医疗保险，工作、退休和养老金、收入、消费、资产，以及社区基本情况等。

为保证样本的无偏和代表性，保证样本的质量，CHARLS 项目组抽样通过四个阶段，分别在县（区）—村（社区）—家户—个人层面上进行抽样。具体而言，在县（区）—村（社区）两级抽样中，CHARLS 项目组均采用 PPS。在县级抽样阶段，以每个区县 2009 年人口数量为基础，使用地区、城乡和地区生产总值为分层指标，直接从中国 30 个省级行政单位数据（不含西藏、香港、澳门、台湾的数据）范围内随机抽取 150 个区县；在村级抽样阶段，以每个村或社区 2009 年常住人口为基础，从上述 150 个区县中各随机抽取 3 个村或社区，最后得到 450 个村（社区），不允许换样本。在村（社区）抽样完成后，为得到准确的家户样本抽样框，CHARLS 项目组设计并开发了专用的绘图软件（CHARLS-GIS）以进行实地绘图并搜集住户信息。该软件主要利用清晰的 Google Earth（谷歌地球）影像图作为底图。最终从 450 个村、居中抽取的样本数量为 23 422 户，在个人层面剔除年龄小于 45 岁的样本后，最终有效样本为 17 587 人。CHARLS 保留一些 40~44 岁的样本进入备选库，以便下轮使用。450 个基本样本中，农村地区占比 52.67%，城市地区占比 47.33%。个体样本中 52.1%为女性。大部分样本为低龄老年人，60%的样本在 60 岁以下（Zhao et al.，2013）。[①]

在数据处理过程中，本书借鉴相关学者对数据处理的方法（曹鑫志和谭晓婷，2022；王康康和李旻，2023；谢贞发和杨思雨，2022），同时根据研究需要从以下几个方面对原始数据进行处理。处理一：数据匹配。CHARLS 问卷分为个人信息问卷、家庭结构与代际支持问卷、健康问卷、体格测量问卷、医疗服务利用与医疗保险问卷、工作与劳动力供给问卷、养老金问卷、收入（支出）与资

---

① China Health and Retirement Longitudinal Study–2011-2012 National Baseline Users' Guide，http://charls.pku. edu.cn/en/doc/User2011.pdf [2023-05-12]．

产问卷、房产问卷等，不同问卷对应不同数据库。需要根据个人 ID（identity document，身份标识号），运用 Stata 17 软件进行数据匹配。处理二：样本的筛选。本书研究对象为农村随迁老人，因此需要保留户口为农村户籍的样本，如遇到缺失值，则向 2015 年、2013 年、2011 年逐期匹配。因为"统一居民户口"无法判断是否为农村户口，影响农村随迁老人身份的判断，故本书将少量的"统一居民户口"剔除。保留户口本或身份证年龄在 50 周岁以上的样本，保留居住地在城镇的样本，保留与子女同住或者居住在相邻地方的样本；剔除不合格的农村随迁老人样本。处理三：缺失值和异常值的处理。在分析和整理四年数据时，发现很多指标存在缺失值，对于性别、学历不随时间变化的变量，逐期向前匹配，直到有数值为止。对于其他匹配不到的且缺失值占比小于研究样本 10% 的，则用社区均值插补，或者直接删除处理。对于异常值，比如收入为负数的，自付部分大于总医疗费用的样本等，直接删除处理。通过以上数据处理方式，本书最终得到 2018 年的截面数据。简单地说，本书样本选择依据是：从 2018 年数据中筛选出拥有农业户口、年龄 50 周岁以上、到子女所在城市居住六个月以上的随迁老年人样本，删除缺失重要变量的样本后，最终获得有效样本量 790 个。

4.1.2　样本特征描述统计分析

本节主要通过农村随迁老人个体特征、家庭特征两个方面对样本特征进行刻画，展示农村随迁老人基本禀赋、家庭禀赋，为进一步分析奠定基础。

农村随迁老人个体层面特征描述如表 4-1 所示，从表中可以全面了解他们的基本情况。

表 4-1　农村随迁老人个体层面特征

指标	组别	频数/人	比例	指标	组别	频数/人	比例
性别	女性	405	51.27%	负向情绪	是	597	75.57%
	男性	385	48.73%		否	193	24.43%
年龄	50～59 岁	410	51.90%	宗教信仰	没有	724	91.65%
	60～69 岁	244	30.89%		有	66	8.35%
	70～79 岁	93	11.77%	城市居住时间	1 年及以下	1	0.13%
	80 岁及以上	43	5.44%		1～6 年（不含）	689	87.22%
健康状况	不好	179	22.66%		6～10 年（不含）	37	4.68%
	好	611	77.34%		10 年及以上	63	7.97%

续表

指标	组别	频数/人	比例	指标	组别	频数/人	比例
慢性病分组	没有	172	21.77%	文化程度分组	未读书	261	33.04%
	1～2 种	331	41.90%		小学	205	25.95%
	3～4 种	188	23.80%		初中	214	27.09%
	5 种及以上	99	12.53%		高中及以上	110	13.92%

注：数据来源于作者对 2018 年 CHARLS 农村随迁老人样本数据的整理

（1）性别。从样本的性别分布情况看，女性农村随迁老人的数量为 405 人，占比 51.27%；男性农村随迁老人的数量为 385 人，占比 48.73%。由此反映出所选的农村随迁老人样本中男女比例基本相当，这一结果大致可以认为所选农村随迁老人样本的分布没有明显的性别差异。

（2）年龄。可以看出农村随迁老人样本中，60 岁以下的样本有 410 人，占比 51.90%；60～69 岁的也有 244 人，占比 30.89%，属于老龄初期，按照中国法律规定，超过 60 岁的公民为老年人[①]。69 岁以下的农村随迁老人占调研样本的 82.79%，可以说样本农村随迁老人群体属于低龄老年人群体。

（3）健康状况。此处健康状况用农村随迁老人自报健康变量来测量，农村随迁老人的健康状况总体较好，身体好的农村随迁老人占到总样本的 77.34%，目前农村户籍老人的身体健康状况得到了较大的提升和较好的保障。

（4）慢性病。CHARLS 项目组通过询问调查对象的方式来了解其患有慢性疾病的情况，问题包括是否医生曾经告知您患有以下慢性疾病：高血压、血脂异常（高血脂或低血脂）、糖尿病或血糖升高、恶性肿瘤（如癌症）、慢性肺部疾病、肝脏疾病、心脏病、中风、肾脏疾病、胃部疾病或消化系统疾病、情感和精神问题、与记忆相关的疾病、关节炎或风湿病以及哮喘。慢性疾病对中老年人的健康造成了显著的威胁。从表 4-1 中可以看出农村随迁老人患有至少一种慢性疾病的占比高达近 80%，这与新华网 2019 年公布的截至 2018 年底，超 1.8 亿名老年人患有慢性病，患有一种以上慢性病比例达 75% 的数据接近，这也说明防治慢性病刻不容缓[②]。按照慢性病数量分组，可以看出有最常见的是患 1～2 种慢性病，有 331 人，占总人数比例的 41.90%；患有 3～4 种慢性病的现象次之，有 188 人，占比 23.80%。有 65.70% 的农村随迁老人患有 1～4 种不等的慢性病，相对较少的人有 5 种及以上的慢性病，多种慢性病可能对生活质量和健康状况产生

---

① 《中华人民共和国老年人权益保障法》，http://www.npc.gov.cn/zgrdw/npc/xinwen/2019-01/07/content_2070262.htm[2023-07-09]。

② 《超 1.8 亿老年人患有慢性病 我国将全面推进老年健康管理》，http://www.xinhuanet.com/politics/2019-07/31/c_1124822108.htm[2023-06-12]。

复杂影响。数据也显示出，随着慢性病数量的增加，人数逐渐减少。这可能表明拥有多种慢性病的情况相对较少，而拥有较少慢性病的情况较为常见。因此，患有慢性疾病已成为衡量中老年人健康状况的重要指标。

（5）负向情绪。在对农村随迁老人的健康状况进行评估时，心理健康状况是一个不可忽视的重要方面。从表 4-1 中可以看出，75.57%的农村随迁老人存在负向情绪，这个比例还是比较高的。判断是否存在负向情绪，要依据 CHARLS 项目组采用的简易版本的流行病学调查中心的抑郁量表 CES-D（center for epidemiological studies depression scale）的得分情况。这一量表在中国人群中的可靠性和效度已经得到验证。CES-D 量表主要针对研究对象在过去一周内的情感和行为状态进行了调查，回答分为四个等级，分别对应不同的赋分：几乎没有或根本没有（少于 1 天）=0、不太多（1～2 天）=1、有时或一半的时间（3～4 天）=2、大多数的时间（5～7 天）=3。然后，将所有回答的分数进行求和，得出的总分范围为 0～30 分。分数越低，意味着抑郁状况越轻微。如果研究对象的得分达到 12 分或以上，通常被认为存在抑郁症状；反之，得分低于 12 分则被认为不存在抑郁症状。在此定义下，得分达到 12 分及以上的研究对象被标识为存在负向情绪，赋值为 1；得分低于 12 分的研究对象被标识为不存在负向情绪，赋值为 0。这种方法能够帮助研究人员了解农村随迁老人的心理健康状况，进一步丰富了健康评估的内容。

（6）宗教信仰。数据显示，大多数农村随迁老人（91.65%）没有宗教信仰，而只有少部分人（8.35%）拥有宗教信仰。这可能反映了在这个特定的人群中，宗教信仰并不是主要的社会或文化影响因素。

（7）城市居住时间。从表 4-1 中可以看出，农村随迁老人在城市的居住时间集中在 1～6 年（不含），有 689 人，占农村随迁老人总样本的 87.22%，这表明绝大多数农村随迁老人在城市居住时间相对较短。5 年以上的有 100 人，占比 12.65%，其中，居住 6～10 年（不含）的流动老人占总人数的 4.68%，这个群体已经在城市中生活了一段时间，但仍可能面临一些适应的挑战；居住 10 年以上的农村随迁老人占总人数的 7.97%，这部分人在这个城市中生活了相当长的时间，并且可能是在城市中安定下来了，他们可能已经适应了城市的生活方式和社会环境。

（8）文化程度。受教育程度为初中及以下的农村随迁老人有 680 人，占到全部样本的 86.08%，其中未上过学的有 261 人，占比 33.04%，是文化程度分组中比例最高的。受教育水平为初中的人数有 214 人，占总人数的 27.09%，反映了农村随迁老人所在地区教育资源十分匮乏。而高学历的农村随迁老人数量极少，高中及以上受教育程度的农村随迁老人仅占 13.92%。农村随迁老人的平均受教育年限为 5.68 年，处于小学阶段，这反映了当前生活在城市的农村随迁老人受教育程度偏低的状况依然突出，而较低的文化程度明显不利于农村随迁老人主动适应城市价值理念和行为方式，进而阻碍其自身城市适应水平的提升。

农村随迁老人的家庭禀赋对其城市适应也会产生重要影响，家庭的金融资产、子女数量、财产性收入、配偶随迁、迁入地区都会影响农村随迁老人在城市的生活水平和质量。如果家庭拥有足够的经济资源，农村随迁老人基本的生活需求可能更容易得到满足，具体描述如表4-2所示。

表 4-2　农村随迁老人家庭特征

指标	组别	频数/人	比例	指标	组别	频数/人	比例
金融资产	无	12	1.52%	财产性收入	无	598	75.70%
	0~1万元（不含）	468	59.24%		0~0.1万元（不含）	85	10.76%
	1万~5万元（不含）	206	26.08%		0.1万~0.2万元（不含）	39	4.94%
	5万~10万元（不含）	47	5.95%		0.2万~0.5万元（不含）	44	5.57%
	10万元及以上	57	7.22%		0.5万元及以上	24	3.04%
子女数量	1个	112	14.18%	配偶随迁	未随迁	254	32.15%
	2个	389	49.24%		随迁	536	67.85%
	3~5个	274	34.68%	迁入地区	东部	272	34.43%
	6个及以上	15	1.90%		中西部	518	65.57%

注：数据来源于作者对2018年CHARLS农村随迁老人样本数据的整理

（1）金融资产。大多数农村随迁老人的金融资产处于较低水平，超过一半的人（约60.76%）的金融资产在1万元以下。只有相对较少的人（约13.17%）拥有5万元及以上的金融资产。这可能表明这个调查人群的金融资产较为分散，财富集中度相对较低。

（2）子女数量。独生子女的农村随迁老人有112人，占比14.18%，2个子女的农村随迁老人有389人，占比49.24%，即有63.42%的农村随迁老人的子女不多于2个，人均子女数为2.47人，与2011~2016年流动人口平均家庭规模的2.54人接近[1]，虽然这个数值并不低，但考虑到20世纪70年代以来中国开始实行计划生育，中国人口出生率急速下降，与1970年的生育率6.1相比，该数值已经大幅下降，1991年更是下降到更替水平2.1以下，2020年仅为1.3，位于世界低生育率国家行列[2]，这也预示着在少子老龄化背景下养老负担越来越重。

---

①《中国流动人口发展报告2018》，https://chinaldrk.org.cn/wjw/#/achievement/publication/ded7ec35-00d4-40c6-8f73-1094df971447[2023-02-12]。

②《2020年中国儿童人口状况：事实与数据》，http://www.stats.gov.cn/zs/tjwh/tjkw/tjzl/202304/P020230419425666818737.pdf[2023-10-12]。

（3）财产性收入。农村老家的土地和房屋出租收入是农村随迁老人离开劳动力市场后经济生活的重要来源，数据显示了一部分农村随迁老人存在一定的财产性收入，但绝大多数（约 75.70%）的农村随迁老人没有出租收入，少部分农村随迁老人（约 13.55%）在土地和房屋的出租中获得了一些收入。然而，绝大多数人的收入仍然相对较低，额外收入集中在 0.1 万元以下。这表明农村随迁老人老家的耕地和房屋产生的收益普遍不高，可能受到农村地区经济环境和资源限制的影响，如土地流转受限、使用权不稳定等。

（4）配偶随迁。农村随迁老人夫妻双方随迁的有 536 人，占比 67.85%，而有配偶随迁在农村随迁老人城市适应的初始阶段有显著促进作用（王康康和李旻，2023）。配偶随迁是家庭化迁移很重要的一步。

（5）迁入地区。农村随迁老人迁入的子女家庭主要分布在中西部地区，有 518 人，占比 65.57%，迁入东部地区的有 272 人，占比 34.43%。选择中西部地区的人数明显多于东部地区，这可能与中西部地区在过去几十年中在基础设施、产业发展等方面取得了显著的进步，吸引了更多人口前往寻找机会有关。

4.2　核心变量的测量

4.2.1　社会支持的测量

社会支持从农村随迁老人获得的社会支持主体类型、社会支持规模及具体的社会支持内容三个维度进行测量。社会支持的测量以农村随迁老人实际享受过的社会支持主体或社会支持具体内容为测量标准。首先，社会支持主体类型通过统计农村随迁老人使用过的社会支持主体种类得出，本书考察的社会支持主体类型有政府、社区和家庭三种性质的主体类型，因此社会支持主体类型有取值 0～3，结果数值越大表明农村随迁老人可使用的社会支持资源类型越丰富。其次，社会支持规模通过将不同社会支持主体提供的不同类型的社会支持项目加总得出，是否领取城乡居民养老金、是否去社区活动室活动、是否获得子女家庭经济支持、是否获得子女家庭情感支持、是否有医疗保险、是否异地医疗报销、是否有补充医疗七项社会支持内容。数值越大，说明农村随迁老人获得的社会支持项目越多，越有利于农村随迁老人获取支持性资源，增强城市可行能力。

按照农村随迁老人获得的社会支持主体类型细分，可以分为政府支持、社区支持和家庭支持。政府支持主要指农村随迁老人获得的城乡居民养老金和异地医疗报销。年满 60 周岁累计缴费满 15 年的居民可以按月领取养老金，若农村随迁老人户籍地实施原新型农村社会养老保险时，农村随迁老人已年满 60 周岁的，不用缴费，可按月领取基础养老金，在测量时对农村随迁老人领取的养老金额取对数处理；异地医疗报销比例由(看病总费用−自己支付的)/看病总费用计算得出。农村随迁老人补充医疗，指是否参与大病医疗救助，没参加赋值 0，参加赋值 1。社区支持指农村随迁老人对社区活动室的利用情况，去社区活动室活动赋值 1，不去赋值 0。家庭支持分为经济支持和情感支持，经济支持为农村随迁老人从子女那里获得的现金和物品的现金折算、子女帮忙支付的水电费、房租等相加并取对数得出，农村随迁老人获得的情感支持，用子女与农村随迁老人的联系频率的平均值衡量。具体如表 4-3 所示。

表 4-3　社会支持的测量

变量名称	测量内容	取值
社会支持主体类型	农村随迁老人获得的不同社会支持类型	归类求和
社会支持规模	农村随迁老人获得的不同社会支持内容的数量	求和
社会支持内容	农村随迁老人领取的养老金	对数
	农村随迁老人参加的医疗保险数量	求和
	农村随迁老人异地医疗报销	比例
	农村随迁老人补充医疗	哑变量
	农村随迁老人对社区活动室的利用	哑变量
	农村随迁老人获得的子女家庭经济支持，现金实物价值	对数
	农村随迁老人获得的子女情感支持，联系频率	平均值

注：根据 2018 年 CHARLS 数据整理得出

4.2.2　多维城市可行能力的测量

多维城市可行能力表示农村随迁老人在城市独立开展生活的能力、资源和机会。本节从闲暇时间、负向情绪、城市生活能力、安全预期四个维度衡量农村随迁老人的城市可行能力。具体变量名称和测量方式如表 4-4 所示。

表 4-4　多维城市可行能力的测量

变量名称	测量内容	取值
闲暇时间	以城乡劳动减少的时间为代理变量	劳动时间对数
负向情绪	在城市中十个方面的精神状态问题，加总后是否超过阈值	哑变量
城市生活能力	独立开展做家务、购物、打电话等六个事项的执行水平	加总
安全预期	对未来充满希望的态度	分类变量

注：根据 2018 年 CHARLS 数据整理得出

闲暇时间，使用农村随迁老人在城市生活后减少的农业劳动时间和非农劳动时间的对数来衡量。减少的劳动时间越多，农村随迁老人增加的闲暇时间也就越多，代表农村随迁老人有更多的时间探索城市生活空间、了解城市生活方式和价值观念，这对提高其城市适应水平有积极的作用。

负向情绪指农村随迁老人面对陌生的环境以及巨大的文化差异这一压力源，产生的影响城市适应的不良情绪。负向情绪会严重影响农村随迁老人在城市的活动能力和活动范围。产生负向情绪的具体因素有社交孤立，随迁老人离开了农村的亲朋好友社会关系网，来到陌生的城市，可能感到孤独和社交孤立。在城市中建立新的社交网络不仅需要时间，而且需要克服多重困难，这期间他们可能会感到沮丧。农村随迁老人首先面临的是经济压力。以心理账户理论进行分析，城市中的基本生活成本通常更高，水果蔬菜价格要远高于农村地区，个体可能感到需要投入更多的金钱来满足这些基本需求，因此可能会更关注这个账户的支出。在城市生活的农村随迁老人可能感到更大的压力，因为这些基本需求的成本更高。相比之下，在农村生活中，生活成本低，交通费用较低，医疗成本也相对较低。虽然农村随迁老人会有城乡居民养老金，但是远低于城镇职工退休金。其次是医疗和养老。农村随迁老人不熟悉城市的医疗体系，这可能会导致他们对医疗服务利用不足或不适应。最后是社会认同危机。农村户口的随迁老人可能会面临社会认同问题。在城市中，他们可能被视为外来人口，这可能导致他们感到不被接纳或歧视，进而引发负向情绪。在 CHARLS 问卷中，对农村随迁老人在城市中十个方面的精神状态问题进行加总，超过阈值 12 赋值 1，否则赋值 0（Zhang and Harper，2022）。

城市生活能力指农村随迁老人进入城市后面对现代性的城市社区和异质性强的城市文化，依然能够进行独立自主活动的水平，他们能够适应多元文化的程度，以及他们是否具备独立自主进行各项日常活动的能力。这一概念通常用于评估老年人在城市环境中的生活质量和行动能力。具体包括独立做家务、外出购物、打电话等六个事项的执行能力，根据事项的完成难易程度，每项赋值 0～3分（王康康和李旻，2023），城市生活水平越高代表农村随迁老人越能独立探索城市空间，更能够融入城市社区和文化。

安全预期指的是一个人期望某事件真正发生的程度，它影响了目标设定和规划，从而引导了行为和发展（Bandura，2001）。农村随迁老人安全预期高，对未来期望高，充满信心，心理预期高，说明对经济负担和自己身体健康担忧少，增强了他们对未来生活的安全感。在 CHARLS 问卷中，通过询问被访者过去一周"对未来充满希望"的回答得出，问题选项有"很少或没有""不太多""有时或有一半时间"以及"大多数时间"四个。本书借鉴李亚青等（2022）的做法将其作为"安全预期"的代理变量，并做了两种处理。一是连续变量，依据选项顺序依次取值为

1、2、3、4；二是哑变量，选项为"大多数时间"时取值为1，否则为0。

4.3　核心变量的描述性统计

4.3.1　社会支持的描述性统计

1. 社会支持主体类型

如表 4-5 和图 4-1 所示，社会支持主体类型大体上属于正偏态分布特征。均值为 2.0734，表示社会支持主体类型的平均值接近于 2 种类型社会支持主体的支持。标准差为 0.4878，说明数据点相对于均值的分散度较小。最小值为 0，表示存在尚未享受过任何类型社会支持主体的农村随迁老人。中位数为 2，这表示大约一半的样本具有的社会支持主体类型小于或等于 2 种。偏度是数据分布的不对称程度的度量。在这种情况下，偏度为 0.1129，接近于 0，表明数据分布相对对称，呈现轻微正偏态分布。峰度度量了数据分布的尖峰程度。峰度为 4.3677，表示数据分布具有较高的峰度，比正态分布更尖峭。综上所述，社会支持主体类型的数据分布在平均水平附近，具有一定的正偏态和尖峭性。

表 4-5　社会支持主体类型的描述性统计

变量名称	均值	标准差	最小值	中位数	最大值	偏度	峰度
社会支持主体类型	2.0734	0.4878	0	2	3	0.1129	4.3677

注：结果由 Stata 17 软件输出

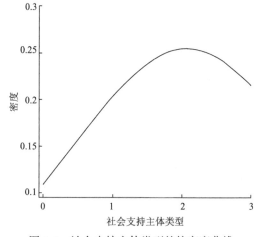

图 4-1　社会支持主体类型的核密度曲线

　　不同特征下的农村随迁老人获取社会支持主体类型情况如图 4-2 所示。首先，考察不同迁移地区的农村随迁老人获取社会支持主体类型的差异。不同区域的社会经济外部性、文化习惯差异会影响流动人口的适应性（Gu et al.，2022），因此将农村随迁老人迁入地按照空间区域划分为东部地区和中西部地区（Zhang and Wu，2022）是考虑地区差异的体现，在图 4-2（a）中两条曲线交叉点后为获得 2 种以上社会支持类型的密度，可以看出交叉点后中西部地区曲线高于东部地区，说明社会支持主体类型在中西部地区的农村随迁老人群体中分布更为集中。此外，中西部地区核密度曲线在 2 种以上社会支持主体类型右侧高于东部地区，说明中西部地区农村随迁老人获得的社会支持主体类型要多于东部地区。

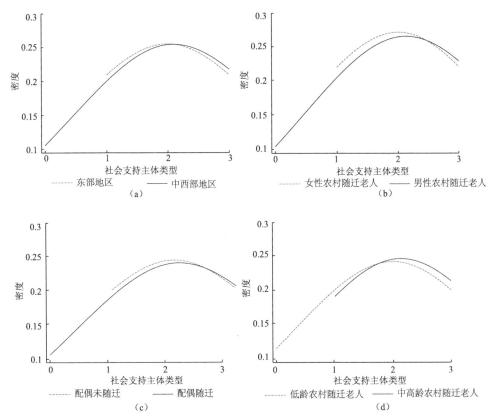

图 4-2　不同特征农村随迁老人社会支持主体类型的核密度曲线

　　其次，考察性别异质性农村随迁老人获取社会支持主体类型的差异。如图 4-2（b）所示，存在一定程度的性别差异，男性农村随迁老人获取的社会支持主体类型略多于女性农村随迁老人。

再次，配偶是否随迁也是影响农村随迁老人获取社会支持主体类型的因素。如图 4-2（c）所示，有配偶随迁的农村随迁老人获得的社会支持主体类型略多于配偶未随迁的农村随迁老人。

最后，老龄化背景下考察不同年龄段的农村随迁老人获取的社会支持情况也是重要的视角，按照年龄分组，考察低龄农村随迁老人和中高龄农村随迁老人城市适应的差异，60 周岁后身体全面进入衰老阶段，60 周岁是人体"量变到质变"的生理转折点（Lehallier et al., 2019），因此以 60 周岁为划分点，分为 60 周岁以下组（低龄农村随迁老人）和 60 周岁以上组（高龄农村随迁老人）两组，如图 4-2（d）所示，低龄农村随迁老人获取的社会支持主体类型明显少于中高龄农村随迁老人。这可能与不同年龄段的农村随迁老人在社会支持需求和获取方面存在差异有关，中高龄农村随迁老人对社会支持主体类型的多样化要求更高。

2. 社会支持规模

如表 4-6 和图 4-3 所示，本书进一步考察社会支持规模的分布特征。社会支持规模的平均值为 3.2949，标准差为 1.0196，说明大部分样本接近于平均水平，但存在一定的分散度。最小值为 0，最大值为 6，中位数为 3，反映了社会支持规模在这个样本中的分布情况，多数农村随迁老人都能获得 3 种类型的社会支持。偏度为 −0.2693，表明数据分布稍微向左偏斜，即分布的尾部较长。峰度为 3.1564，表示数据分布相对于正态分布更为尖峭。

表 4-6　社会支持规模描述性统计

变量名称	均值	标准差	最小值	中位数	最大值	偏度	峰度
社会支持规模	3.2949	1.0196	0	3	6	−0.2693	3.1564

注：结果由 Stata 17 软件输出

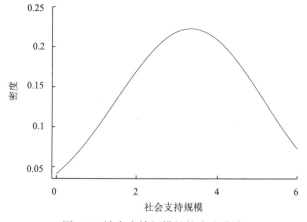

图 4-3　社会支持规模的核密度曲线

不同特征下的农村随迁老人获取社会支持供给的情况如图 4-4 所示。首先，查看地区差异。如图 4-4（a）所示，与社会支持主体类型相似，中西部地区的农村随迁老人获得的社会支持规模要大于东部地区。但在主体类型最大规模上，东部地区农村随迁老人要优于中西部地区。其次，查看性别差异，如图 4-4（b）所示，男性农村随迁老人获得的社会支持规模要大于女性农村随迁老人，这与家庭内部资源分配不均有一定关系，老年女性获得的经济福利水平低于其他家庭成员（Brown et al.，2021），内部资源获取的不平等可能会影响外部资源获取。再次，配偶随迁因素在影响农村随迁老人获得社会支持规模方面并没有明显差异，如图 4-4（c）所示，两条核密度曲线几乎重合，未有配偶随迁的农村随迁老人获得的社会支持规模有极为微小的优势。最后，年龄在影响农村随迁老人获得社会支持规模方面有明显作用，相比低龄农村随迁老人，中高龄农村随迁老人获得了更大规模的社会支持资源。

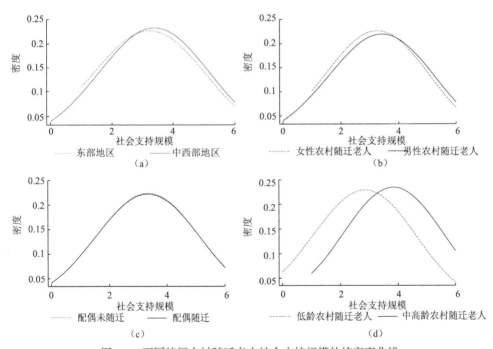

图 4-4 不同特征农村随迁老人社会支持规模的核密度曲线

3. 社会支持内容

如表 4-7 所示，社会支持内容是多方面的，也就是说存在差异化社会支持内容。分别来看，政府提供的社会支持：政府养老金支持指城乡居民养老金，平均值为 2.9593，标准差为 3.8715，说明在样本中，城乡居民养老金的分布比较分散，存在较大的差异性。医疗保险数量的平均值为 1.0443，标准差为 0.2967，说明大部分人拥有的医疗保险数量相对稳定，方差相对较小。异地医疗报销比例的平均值为 0.0136，标准差为 0.0964，说明在样本中，异地医疗报销比例整体上偏低，但也存在一些比例较高的情况。补充医疗保险的平均值相对较低，标准差也比较小，说明在样本中，补充医疗保险的利用相对较少且分布比较集中。社区提供的社会支持：社区活动的平均值为 0.1785，标准差为 0.3832，说明在样本中，社区活动空间的利用相对较少，分布比较分散。家庭提供的社会支持：家庭经济支持的平均值为 6.1983，标准差为 3.591，说明在样本中，家庭提供的经济支持有一定的波动性，分布相对分散。家庭情感支持的平均值为 8.4878，标准差为 4.702，说明在样本中，家庭提供的情感支持也有一定的波动性，但整体上相对稳定。

表 4-7 社会支持内容的描述性统计

社会支持主体	社会支持内容	均值	标准差
政府	政府养老金支持	2.9593	3.8715
	医疗保险数量	1.0443	0.2967
	异地医疗报销比例	0.0136	0.0964
	补充医疗保险	0.0557	0.2295
社区	社区活动	0.1785	0.3832
家庭	家庭经济支持	6.1983	3.591
	家庭情感支持	8.4878	4.702

注：由 Stata 17 软件计算得出

4.3.2 多维城市可行能力的描述

农村随迁老人的城市可行能力包含了五个维度，分别是闲暇时间、收入、负向情绪、城市生活能力和安全预期，由于家庭经济支持和政府养老金支持显然会增加收入，故不再具体衡量，仅做机制分析。如表 4-8 所示，闲暇时间（农业劳动时间对数）的平均值为 1.1617，标准差为 2.3789。这说明在样本中，闲暇时间（农业劳动时间）的分布比较偏向于低值，但存在一些极端高的情况。闲暇时间（非农劳动时间对数）的平均值为 2.9441，标准差为 3.6361。闲暇时间（非农劳动时间）的分布相对分散，平均值明显高于闲暇时间（农业劳动时间）。负向情绪的平均值为 0.2443，标准差为 0.4299。负向情绪的平均水平相对较低，但也存在一定程度的变异。城市生活能力的平均值为 16.9101，标准差为 3.0506。城市生活能力的分布相对集中，平均水平较高。安全预期的平均值为 2.8114，标准差为 1.2682。安全预期的平均水平较高，但也存在一定程度的变异。综合来看，样本中的个体在非农劳动时间、城市生活能力和安全预期方面呈现较高的平均水平，但存在一定程度的个体差异和变异。负向情绪的平均水平相对较低，表明样本中的个体整体上情绪较为稳定。

表 4-8　多维城市可行能力的描述性统计

变量名称	均值	标准差
闲暇时间（以农业劳动时间对数为代理变量）	1.1617	2.3789
闲暇时间（以非农劳动时间对数为代理变量）	2.9441	3.6361
负向情绪	0.2443	0.4299
城市生活能力	16.9101	3.0506
安全预期	2.8114	1.2682

注：由 Stata 17 软件计算得出

4.4　农村随迁老人城市适应指标的构建及测度

4.4.1　指标构建

心理学和社会学领域学者对城市适应已经做了较为丰富的研究，但对城市适应的定义和指标体系构建尚未达成一致（何军，2011；韩俊强，2017）。中国农村随迁老人因户籍制度、价值观念、城乡差异及经济发展水平的差异而具备自身特点，除了家庭团聚、养老，更主要的是照料孙辈，不同于外国老年人人口迁移的原因，且在不同地区、不同时期，流动原因不尽相同（杨菊华，2018）。

Entzinger 和 Biezeveld（2003）认为应从社会经济、文化、政治、主体社会四个维度对移民的接纳或排斥考察国际移民的社会融入，而中国的农村随迁老人有其特殊性，更多表现为对城市的适应，而非社会融入。一方面，中国存在典型的二元城乡结构，城乡差异巨大，农村随迁老人属于乡城流动群体，户籍属性带来的福利、社会保障的差异使农村随迁老人对流入地的认同感和社区归属感较弱，农村随迁老人面对异质性强的城市社会的适应难度更大；另一方面，驱动农村老人随迁的动力是照顾晚辈、养老，经济来源主要靠子女支持，非个人劳动收入（靳小怡和刘妍珺，2019），农村养老金保障作用也十分有限，农村随迁老人多通过打零工、回收废弃物等方式产生的收益补贴家用，经济上依赖子女。为此，本书根据农村随迁老人的特征从城市生活适应、社会交往适应和心理文化适应三方面构建农村随迁老人的城市适应指标体系，具体如表 4-9 所示。

表 4-9　农村随迁老人城市适应指标

维度	测量具体指标	问卷问题及赋值
城市生活适应	1. 居住条件 2. 社区住房年龄 3. 室内温度等级 4. 室内卫生状况 5. 空气质量满意度 6. 消费水平在社区所属等级	1. 是否有电、洗浴设施、卫生间、自来水、天然气,是否租房(0～6分)
		2. 所住社区住房房龄(0～5分)
		3. 室内温度等级(0～2分)
		4. 室内房屋整洁度(0～4分)
		5. 空气质量满意度(0～4分)
		6. 家庭月消费量在社区所属等级(0～3分)
社会交往适应	1. 社会人际关系 2. 社区参与 3. 与子女关系	1. 是否与朋友互动、向朋友提供帮助、向陌生人提供照料(0～3分)
		2. 是否参与志愿服务、跳舞等(0～2分)
		3. 自评与子女关系满意度(0～4分)
心理文化适应	1. 数字文化适应 2. 学习能力 3. 生活满意感 4. 语言能力 5. 医疗满意度	1. 是否使用微信、朋友圈、移动支付(0～3分)
		2. 是否上网、学习理财知识、网上课程(0～3分)
		3. 生活满意度(0～4分)
		4. 语言能力(0～2分)
		5. 当地医院医疗满意度(0～4分)

注：内容由作者根据理论分析、文献数量,并结合调研得出

（1）城市生活适应。城市生活适应是指农村老人入城后,要改变原有的生活习惯和观念去适应"现代性"的城市生活。因此,本书借鉴现有研究,选取如下几个指标。①居住条件,其分为客观住房条件和主观住房条件。许多与子女一起生活的农村随迁老人生活在城市的工业社区,有的房屋还比较陈旧,居住条件也不理想。衡量城市生活的客观条件基于以下几个因素。第一,租赁住房的存在表明住房成本的存在,这可能会限制农村随迁老人在其他领域的支出,从而对其适应产生负面影响。如果农村随迁老人租房子住赋值为 0 分,不是租房子住则赋值为 1。第二,某些便利设施的可用性决定了客观的生活条件。对电力、自来水、洗浴设施、独立浴室和天然气等因素进行了评估。每个对这些项目的肯定回答"是"贡献 1 分。②社区住房年龄,还考虑了农村随迁老人居住的房屋的年龄,新房屋的价值更高(从 0 分到 5 分不等)。③室内温度等级,城市生活的主观条件也被考虑在内。例如,评估房屋的室内温度。如果认为温度合适,则分配 2分。较冷或较热的温度得 1 分,而非常冷或非常热的温度则得 0 分。研究表明,在老年人中,更好的客观住房条件与更高的主观幸福感和适应水平相关。与新房子相比,旧房子的基础设施往往更旧,这可能会导致生活条件更差(聂建亮等,

2022），从而影响农村随迁老人的城市适应性。④室内卫生状况，生活条件和卫生可能会间接影响适应的各个方面。适应是建立在日常生活基础上的，与个人的主观能动性密切相关，而生活条件和卫生条件的改善意味着农村随迁老人努力适应城市生活①，卫生习惯是个人适应最初始的指标，如果卫生习惯难以适应，那么其他方面则更难以适应。观察者对室内环境清洁度的评估可以作为生活条件整体质量的指标。当生活条件有利时，室内环境更有可能整洁，而相比之下，无序的室内环境可能意味着不太有利的生活条件（孙慧波和赵霞，2018）。⑤空气质量满意度，使用"你对今年的空气质量满意吗？"问题的选项从非常满意到完全不满意，得分分别为 4 分、3 分、2 分、1 分和 0 分。城市空气质量与农村空气质量大不相同，城市空气质量一般比农村地区差，它是农村随迁老人的主观评价。农村随迁老人可能因长期居住在农村而对城市空气质量不满意，而满意度越高则表明搬到城市的农村老年人更容易接受现代城市生活。⑥消费水平在社区所属等级，其中每月家庭消费量按社区划分为 4 个水平，得分为 0~3 分。0 分表明农村居民的家庭消费处于最低水平，消费水平在一定程度上与农村居民的城市生活水平有关，家庭消费水平越高，就越容易适应城市生活。本书之所以选择家庭消费支出而不是家庭收入水平，是因为消费是比当前收入更好的永久家庭收入指标（雷晓燕和周月刚，2010），在城市的消费水平更能体现农村随迁老人及所在子女家庭的城市适应水平。

（2）社会交往适应。社会交往适应是适应广度，是外在调整，主要度量老年人在城市与他人沟通、交流及建立良好关系的程度，即社会交往与社会生活参与状况（卢海阳等，2016）。与城市居民的接触及经验会影响农村随迁老人对城市价值观的认同和社区归属感的形成。但是交往却呈现出内倾性和浅表性特点，内倾性指农村随迁老人的交往对象局限为同乡群体和地区农村入城的中老年人群体。浅表性指交谈内容的局限性，缺乏情感性交流，主要围绕隔代照料展开交流，或者其他共同的需求（如都患有某种慢性病，饮食和吃药，需要照料孙辈），这与农业转移劳动力依据业缘联系有很大不同，根本上是缺乏对城市居民的信任，交往具有功利主义特征。本书借鉴王玉泽和罗能生（2020）的研究，选取如下几个指标。①社会人际关系，以是否与朋友互动、向朋友提供帮助、向陌生人提供照料表示，分别对应问卷问题"过去一个月是否串门与朋友交往""是否向不住在一起的亲人、朋友、邻居提供帮助"，每参加一项活动记 1 分。②社区参与，对应问卷"是否志愿服务、参加跳舞活动等"，每参加一项活动记 1

---

① 由于农村随迁老人均来自农村地区，长时间居住在农村，而他们在农村地区的初级社会化过程中较少接受卫生相关教育，且周围农村住户均是类似情况，故客观地说，长期的农村生活习惯可能使他们对基本的卫生行为不太注意。另外，本书只进行客观陈述，不作价值判断。

分。③与子女关系，用"与子女关系满意度"测量与子女关系，满意度越高赋值越高，赋值 0～4 分。家庭关系融洽度是衡量家庭内部关系的重要指标，而与子女的关系是家庭关系的最主要关系，对子女关系满意度越高，家庭关系越融洽（王建平和叶锦涛，2018），对城市家庭内交往越适应。此外，子女家庭是农村随迁老人入城后的第一生活场所，生活在城市的子女社会交往方式与城市居民逐渐趋于一致，与子女关系处理得当是衡量农村随迁老人社会交往水平的重要指标。

（3）心理文化适应。心理文化适应是适应深度，是内在调整，指老年人能够顺应不同的思想、观念及各种文化的程度，主要反映农村随迁老人对城市现代文化的适应，价值观念的改变，以及内心对城市生活感受的总体评价。由于心理适应和文化适应边界模糊，故本书将两个指标进行整合。当个体生活的环境发生变化后，原有生活环境背景下形成的心理状态并不会滞留于原生活环境，而是会自然地成为个体的心理背景，当个体面对新的社会文化环境时，其产生的心理反应会投射到原有的心理背景上。若新环境中的心理反应同原有的心理背景相匹配，则说明个体对新环境的适应。农村随迁老人深层次的城市适应需要内化城市价值观、生活方式，在情感上找到归宿。心理文化适应是高级的深层次的适应，也是真正意义上的适应，是衡量农村随迁老人对城市认识正确与否、与城市居民关系是否融洽的标准。

本书参考现有研究选取心理文化适应指标。①数字文化适应。借鉴靳永爱和赵梦晗（2019）的研究发现，互联网使用与社会适应正相关，以是否使用微信、是否看朋友圈、是否使用移动支付衡量表示，使用问卷问题"是否使用微信？是否看朋友圈？是否移动支付？"测量，每参加一项活动记 1 分。②学习能力。农村随迁老人使用数字化工具提升自身知识水平和服务家庭生活是主动适应城市快节奏生活、拉近与城市居民距离的重要表现。使用"是否网上学习新知识？是否网上理财？是否使用互联网？"测量，每参加一项活动记 1 分。③生活满意感。借鉴 Frey 和 Stutzer（2002）、韩俊强（2017）的做法用"生活满意度"来测量，满意度越高赋值越高，赋值 0～4 分。④语言能力。以使用当地语言衡量，根据受访者在访问过程中使用的语言进行赋值，使用当地方言赋值 2 分，普通话 1 分，家乡话 0 分。语言水平是文化适应的重要体现，如使用当地语言说明农村随迁老人有较好的文化适应，掌握迁入城市社会的语言越来越被视为成功融入的条件（Entzinger and Biezeveld，2003；Vigdor，2013）。⑤医疗满意度。用"您对本地医疗服务的质量、成本和方便程度满意吗？"测量，满意度越高赋值越高，赋值 0～4 分。农村随迁老人不仅是自然人更是社会人，其就医行为及评价不仅受生物自然因素的影响，还与社会环境有密切关系。医疗满意度更是与农村熟人社会中熟人医生医疗服务与质量对比后的评价，体现的是对城市陌生人社会中陌生医生医疗服务的心理适应，是一个心理转变过程（Wang et al.，2023）。

4.4.2　城市适应测度方法比较与测量

农村随迁老人城市适应有其独特性，农村随迁老人相较于青年农村转移人口，其年龄、受教育程度都处于更加劣势的位置，研究农村随迁老人城市适应的文献较少，文献主要集中在儿童、少数民族和青年农村流动人口的研究上。对不同个体来说"城市适应"不是"是"与"非"的问题，即不是适应与否的问题而是适应程度的差异问题。具体如表 4-10 所示。测度农村随迁老人城市适应的虚拟变量法相对简单，指标选择较为单一，如冯伟林和李树苗（2016）、李珊（2011b）从移民迁入新环境后对情况的总体满意度单个维度测度移民的城市适应，是从移民主观感受出发进行衡量的。理论分析可以较全面地刻画农村随迁老人城市适应水平，如刘庆（2012）将城市适应指标划分为 2 个维度 4 个指标，维度和指标都有所增加，但尚未测算城市适应水平。将更多的指标数值简单相加也可以得出更全面的城市适应值，如陈勃（2008）、谢立黎等（2021）从老年人社会发展适应和精神文化适应两个维度考察了老年人社会适应，从主客观两个方面衡量。该种指标处理方法虽然处理容易，但是不属于科学客观的处理方法，而且指标也多为主观评价，或者未考虑个别重要指标。使用因子分析法作为衡量方法相比以上方法更为客观，已有研究从经济适应、社会适应、心理适应等结果方面选取指标并测算，对生活适应、家庭关系和居住条件等因素较少考虑。

表 4-10　主要城市适应指标处理方法对比分析结果

衡量方法	相关文献	研究对象	指标选取	指标数量	权数选择	优点	不足
虚拟变量	冯伟林和李树苗（2016）	安康市扶贫搬迁移民	总体满意状况	1 个指标	无	便于测度	过于简单
	李珊（2011b）	大连市移居老年人	城市适应水平	1 个指标	无	便于测度	过于简单
理论分析	刘庆（2012）	"老漂族"	社会适应和心理适应	2 个维度 4 个指标	无	便于测度	过于简单
简单加总	陈勃（2008）	全国城市老年人	生存社会适应和发展社会适应	2 个维度 8 个指标	等值	处理方法容易	指标均为主观评价
	刘庆和冯兰（2013）	移居老年人	经济适应、社会生活适应、心理适应	3 个维度 7 个指标	等值	处理方法容易	未考虑文化适应
	王建平和叶锦涛（2018）	上海"老漂族"	健康状况、社交网络、满意度	3 个维度 8 个指标	等值	处理方法容易	未考虑生活适应
	谢立黎等（2021）	全国城市老年人	社会发展适应和精神文化适应	2 个维度 8 个指标	等值	处理方法容易	指标均为主观评价

续表

衡量方法	相关文献	研究对象	指标选取	指标数量	权数选择	优点	不足
简单加总	丁卓菁和沈勤（2017）	上海市城市老年人	生活适应、人际关系适应、社会角色适应度等	6个维度23个指标	等值	处理方法容易	指标均为主观评价
	靳永爱等（2021）	全国中老年人	参加居委会的意愿、为社会做贡献的意愿、是否喜欢学习等	8个指标	等值	处理方法容易	指标均为主观评价
因子分析	许世存（2015）	黑龙江省流动人口	经济适应、社会适应、心理适应、居留意愿	4个维度11个指标	方差贡献	指标较为丰富，客观降维方法	部分指标存在更优选择
	周红云和胡浩钰（2017）	武汉市和深圳市流动老人	社会适应、心理融合、行为融合	3个维度8个指标	方差贡献	指标较为丰富，客观降维方法	指标均为主观评价，未考虑生活适应和文化适应
	彭大松（2020）	深圳市和贵阳市流动老人	文化融入、心理认同、互动交往	3个维度7个指标	方差贡献	指标较为丰富，客观降维方法	指标均为主观评价，未考虑家庭关系和居住条件

注：表格内容由作者根据已有文献整理得出

在指标构建的基础上，本书采用的方法是改进型的熵值法，即极值熵值法，该方法在无量纲化处理阶段使用极值法。相比线性比例法、归一处理法和向量法，由该方法得到的无量纲变量满足了五种理想性质，分别是单调性、差异比不变性、平移无关性、缩放无关性及区间稳定性，虽然功效系数法属于广义极值处理方法，但在应用中极值无量纲处理适用性更强（朱喜安和魏国栋，2015；He et al.，2018；Fang et al.，2023），本书参照张晨等（2022）测度扶贫搬迁户社会融入的方法和步骤，使用熵值法计算城市适应各指标的权重，对城市适应指标降维处理，为后续描述性统计和计量分析提供依据。熵值法作为一种客观的综合评价方法，根据指标的变异信息确定权重，挖掘出指标数据的信息熵，利用信息熵计算各指标的权重，排除了人为主观因素的干扰和人为设定权重带来的偏差，也规避了因子分析法中关键因子的赋权采取方差贡献率缺乏理论依据的固有缺陷，该方法消除评价指标之间量纲、数量级和指标性质的差异影响，从而正确计算出指标数值，在社科领域应用较为广泛。根据熵值法确定城市适应程度指标体系中各个指标的权重后，基于权重将指标加权平均得到城市适应程度综合评价指标，得分值越高表示农村随迁老人城市适应水平越高。农村随迁老人在迁入地城市适应程度指标体系的构成及描述性统计如表4-11所示。

表 4-11　农村随迁老人城市适应水平指标描述性统计

维度	测量具体指标	均值	标准差	权重
城市生活适应	居住条件	4.73	1.24	0.01
	社区住房年龄	3.12	1.26	0.01
	室内温度等级	1.63	0.70	0.02
	室内卫生状况	2.01	1.29	0.03
	空气质量满意度	2.13	0.93	0.02
	消费水平在社区所属等级	1.88	1.10	0.03
社会交往适应	社会人际关系	0.46	0.70	0.13
	社区参与	0.09	0.30	0.28
	与子女关系	2.62	0.74	0.01
心理文化适应	数字文化适应	0.39	0.93	0.21
	学习能力	0.18	0.41	0.20
	生活满意度	2.21	0.81	0.02
	语言能力	1.36	0.52	0.01
	医疗满意度	2.16	1.02	0.02

注：Stata 17 软件计算得出

熵值法的基本步骤如下。

假设有 m 个要评价的对象，n 个评价指标，矩阵 $X = \begin{pmatrix} x_{11} & \cdots & x_{1n} \\ \vdots & & \vdots \\ x_{m1} & \cdots & x_{mn} \end{pmatrix}$。

第一步为数据标准化。采用性质更优的极差标准化，公式如下：

$$\tilde{z}_{ij} = \frac{x_{ij} - \min\{x_{1j}, x_{2j}, \cdots, x_{nj}\}}{\max\{x_{1j}, x_{2j}, \cdots, x_{nj}\} - \min\{x_{1j}, x_{2j}, \cdots, x_{nj}\}},$$

其中，$\tilde{z}_{ij}$ 为标准化后第 i 个样本的第 j 个指标的数值，$i = 1, 2, \cdots, m$，$j = 1, 2, \cdots, n$。

第二步为计算第 j 项指标下第 i 个样本所占的比重，并将其看作相对熵计算中用到的概率，在上一步的基础上计算概率矩阵 Y，Y 中的每一个元素如下：$y_{ij} = \tilde{z}_{ij} \Big/ \sum_{i=1}^{n} x_{ij}$。

第三步计算每个指标的信息熵，并计算信息效用值，并归一化得到每个指标公式如下：$e_j = k\sum_{i=1}^{n} y_{ij} \ln y_{ij}$。

第四步计算信息效用值：$d_j = 1 - e_j$，e_j 越大，则第 j 个指标的信息熵越大，其对应的信息量越小。

第五步计算指标的权重系数将信息效用值，进行归一化，就可以得到每个指标的权重：$w_j = d_j \big/ \sum_{i=1}^{m} d_i$。

第六步计算综合得分：$s_i = \sum_{j=1}^{n} w_j \cdot y_{ij} (i = 1, 2, \cdots, m)$。

4.4.3 农村随迁老人城市适应现状

1. 城市适应的地区差异

在分析农村随迁老人的城市适应现状时，我们可以基于提供的数据来深入探讨不同维度的适应情况，并比较东部地区和中西部地区之间的差异。这有助于更全面地了解问题并为政策和支持措施提供指导。根据表 4-12 的数据，城市适应平均得分仅为 0.2134。不同地区的总体城市适应均值非常接近，分别为东部地区（N_1=272）的 0.2138 和中西部地区（N_2=518）的 0.2132。这表明，无论老年人居住在东部地区还是中西部地区，他们在总体城市适应方面的表现相似。这可能反映了城市化进程的普遍趋势，农村随迁老人在城市中适应水平相对一致。由于平均数易受极端数值的影响，为了解普通农村随迁老人城市适应水平，采取观察中位数的方法，结果发现有一半的农村随迁老人得分不足 0.1403，这说明农村随迁老人群体内部的城市适应水平差距较大。

表 4-12 农村随迁老人城市适应的地区差异

被解释变量	总样本（N=790）			东部地区（N_1=272）			中西部地区（N_2=518）		
	均值	中位数	标准差	均值	中位数	标准差	均值	中位数	标准差
城市适应	0.2134	0.1403	0.1688	0.2138	0.1387	0.1710	0.2132	0.1413	0.1679

注：表格内容根据 2018 年 CHARLS 数据整理所得，由 Stata 17 软件输出

为了更加直观地对比观察，本书还绘制了农村随迁老人城市适应的核密度图，图 4-5（a）和图 4-5（b）分别展示了全样本农村随迁老人城市适应得分和分地区农村随迁老人城市适应得分。

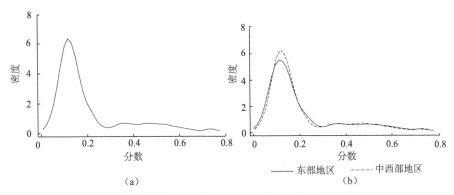

图 4-5   农村随迁老人城市适应核密度图

2. 城市适应的个体特征差异

农村随迁老人个体特征也会影响其城市适应水平，具体如表 4-13 所示。第一，关于文化程度，文化程度低（N_1=466）的农村随迁老人的城市适应均值为 0.1775，显著低于文化程度高（N_2=324）的农村随迁老人的城市适应均值 0.2650（均值差为–0.0875，在 1%的显著性水平上显著），这说明教育水平较低的老人在城市适应方面明显落后。

表 4-13   不同特征的农村随迁老人城市适应的 t 均值检验

变量	N_1	N_1 的均值	N_2	N_2 的均值	均值差
文化程度（文化程度低）	466	0.1775	324	0.2650	–0.0875***
配偶随迁（未随迁）	254	0.1813	536	0.2286	–0.0473***
老人性别（女性）	405	0.1993	385	0.2282	–0.0289**
老人财产（财产少）	631	0.1990	159	0.2707	–0.0717***
年龄段（低龄）	410	0.2488	380	0.1753	0.0735***
照料孙辈（未照料孙辈）	388	0.1996	402	0.2268	–0.0272**

、*分别表示在 5%和 1%的统计水平上显著

第二，随迁状态对城市适应产生显著影响。有配偶随迁的农村老人（N_2=536）的城市适应均值为 0.2286，明显高于没有配偶随迁的老人（N_1=254）的 0.1813（均值差为–0.0473，在 1%的显著性水平上显著），这可能反映了有配偶随迁的老人更容易适应城市生活。

第三，性别也对城市适应有一定影响。女性农村随迁老人（N_1=405）的城市适应均值为 0.1993，稍低于男性（N_2=385）的 0.2282（均值差为–0.0289，在 5%的显著性水平上显著），尽管显著性较低，但仍值得关注。

第四，财产会影响农村随迁老人城市适应水平。财产较少的老人（N_1=631）

的城市适应均值为 0.1990，表示他们在城市适应方面的得分相对较低。相比之下，财产较多的老人（N_2=159）的城市适应均值为 0.2707，明显高于财产较少的老人（均值差为-0.0717，在 1%的显著性水平上显著），财产较少的老人可能面临更多的经济压力和挑战，这可能会影响他们在城市环境中的适应水平。

第五，身体老化会抑制农村随迁老人城市适应水平。低龄段的农村老人（N_1=410）的城市适应均值为 0.2488，这表示他们在城市适应方面的得分相对较高。相比之下，中高龄段的老人（N_2=380）的城市适应均值为 0.1753，低于低龄段的老人（均值差为 0.0735，而且显著性水平为 1%），这表明这个差异非常显著，随着年龄增加，身体老化，社会适应能力逐渐降低。

第六，照料孙辈与城市适应正相关。不照料孙辈的农村老人（N_1=388）的城市适应均值为 0.1996，表示他们在城市适应方面的得分相对较低。相比之下，照料孙辈的老人（N_2=402）的城市适应均值为 0.2268，稍高于不照料孙辈的老人（均值差为-0.0272，在 5%的显著性水平上显著）。这可能表明那些照料孙辈的农村随迁老人在城市适应方面有一些优势，这可能与他们在家庭中扮演更积极的社交角色有关，这种积极性有助于他们更好地适应城市生活。

为了更加直观地对比观察，本书还绘制了农村随迁老人城市适应核密度图，图 4-6 展示了不同特征的农村随迁老人城市适应特征。从图中可以更加清晰地看出不同特征农村随迁老人城市适应的差异。

文化程度异质性的农村随迁老人城市适应分布特征如图 4-6（a）所示。首先，不同文化程度农村随迁老人的城市适应尖峰状态明显，但文化程度高的农村随迁老人的峰值低于文化程度低的农村随迁老人，说明文化程度低的农村随迁老人的城市适应分布更为集中。其次，相对于文化程度低的农村随迁老人，文化程度高的农村随迁老人的城市适应核密度曲线右倾，说明其城市适应水平有所升高。再次，两种文化程度的农村随迁老人城市适应的核密度曲线均有较长的右侧拖尾，但文化程度高的农村随迁老人拖尾更长，有更高的城市适应水平。最后，两种文化程度的农村随迁老人城市适应核密度曲线均出现了轻微多峰，说明农村随迁老人内部的城市适应水平存在一定程度的差异。

图 4-6（b）展示的是配偶随迁异质性视角下的农村随迁老人城市适应分布特征。第一，两种情况农村随迁老人的城市适应尖峰状态明显，但配偶随迁的农村随迁老人的峰值低于配偶未随迁，说明配偶未随迁的农村随迁老人城市适应分布更为集中。第二，相对于配偶未随迁的农村随迁老人，配偶随迁的农村随迁老人的城市适应核密度曲线明显右移，说明其城市适应水平有所升高。第三，两种状态下的核密度图均有较长的右侧拖尾，虽然拖尾面积较小，但有配偶随迁的农村随迁老人在城市适应的高分位展示了明显的优势。

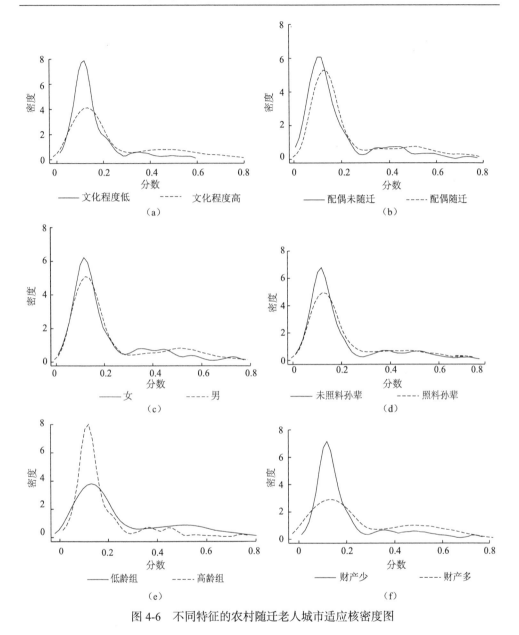

图 4-6　不同特征的农村随迁老人城市适应核密度图

图 4-6（c）展示的是性别差异视角下的农村随迁老人城市适应分布特征。可以看出男性比女性有更高的城市适应能力，而且男性和女性核密度曲线均呈现出轻微多峰，说明男性农村随迁老人内部和女性农村随迁老人内部都存在一定程度的城市适应分化。图 4-6（d）展示的是照料孙辈与否的城市适应差异，相比未照料孙辈的农村随迁老人，照料孙辈的农村随迁老人城市适应核密度曲线右移，说

明有更高的城市适应。而且可以看出照料孙辈的农村随迁老人的城市适应核密度曲线未出现多峰状态，说明照料孙辈群体内部的城市适应水平不存在多级分化的情况，相反未照料孙辈群体内部的城市适应水平存在轻微的分化情况。

年龄异质性视角下的农村随迁老人城市适应分布特征如图 4-6（e）所示。首先，不同年龄组的农村随迁老人城市适应尖峰状态明显，但高龄组农村随迁老人的峰值高于低龄组，说明高龄组的农村随迁老人的城市适应更为集中。其次，相比于高龄组，低龄组城市适应核密度曲线明显右移，说明年龄会抑制农村随迁老人城市适应。最后，高龄组农村随迁老人出现了明显的多峰，说明内部分化较多。

财产异质性视角下的农村随迁老人城市适应分布特征如图 4-6（f）所示。首先，财产少的农村随迁老人的城市适应峰值高于财产多的农村随迁老人，说明财产少的农村随迁老人城市适应分布更为集中。其次，财产多的农村随迁老人的城市适应曲线轻微右移，说明其城市适应水平相对升高。最后，不同财产的农村随迁老人城市适应均表现出轻微多峰，说明存在一定程度的多级分化情况。

综上所述，无论是地区差异还是农村随迁老人个体特征差异，包括文化程度、随迁状态、性别、个人财产和年龄段都会在农村随迁老人城市适应水平中展示出差异。这有助于政策制定者根据这些差异，制定有针对性的支持措施，以提高那些在城市适应方面可能表现较差的农村随迁老人的生活质量和幸福感。

4.5　本 章 小 结

本章首先介绍了数据来源及处理方法。其次从农村随迁老人个体层面和家庭层面对样本特征进行描述性分析，对本书的研究对象从整体上进行刻画。再次结合理论和数据问卷对社会支持、多维城市可行能力各变量进行测量及描述性统计。最后对本书的被解释变量，即农村随迁老人城市适应指标进行构建并测度。本章的主要结论如下。

首先，基于社会支持概念对社会支持进行测量，农村随迁老人平均获得 2 种类型的社会支持主体的支持，平均享受过 3 项社会支持内容的帮助。而且区域和农村随迁老人个体异质性会影响农村随迁老人获得社会支持的类型和规模。中高龄、男性、中西部地区的农村随迁老人获得的社会支持量要多于低龄、女性、东部地区的农村随迁老人群体。从具体的社会支持内容来看，农村随迁老人获得的家庭经济支持量多于政府养老金支持量；医疗保障支持利用率不高；社区支持利用水平也不高，仅为 0.1785。

其次，对多维城市可行能力各变量进行测量和分析。非农劳动时间减少带来的闲暇时间多于农业劳动时间减少带来的闲暇时间。负向情绪的平均水平相对较低，但也存在一定程度的变异。城市生活能力的分布相对集中，平均水平较高。安全预期的平均水平较高，变异程度低。

最后，基于社会适应理论和文献梳理构建农村随迁老人城市适应指标，使用改进型熵值法测算，城市适应整体得分较低，仅为 0.2134，东部地区与中西部地区得分相差不大。值得注意的是有一半的农村随迁老人得分不足 0.1403，远低于平均值，农村随迁老人群体内部的城市适应水平差距较大。

第5章

社会支持对农村随迁老人城市适应的影响

由于农村随迁老人自身的"弱质"属性，即随家庭迁移而非个体迁移，迁移原因的被动性，身体机能进入衰退阶段，已经完成了生命过程中的就业阶段，面临在迁入地养老的问题，农村随迁老人城市适应水平的提升需要考虑其自身以外的社会支持资源。本章主要目的在于考察社会支持对农村随迁老人城市适应的影响。首先，基于社会支持理论、社会适应理论、家庭生产理论和闲暇经济理论、社会交换理论和利他主义思想、福利经济学效用理论与可行能力理论构建了理论分析框架，并结合文献得出社会支持与农村随迁老人城市适应的逻辑关系，提出研究假说；其次，对所使用的变量和计量模型进行分析说明；再次，运用最小二乘法和分位数回归分析社会支持以及社会支持内容对农村随迁老人城市适应的影响，并使用工具变量模型缓解内生性问题导致的估计偏误问题，同时使用无条件分位数、倾向得分匹配方法和双重去偏机器学习方法进行稳健性检验；最后，根据农村随迁老人所在区域特征和个体特征进行异质性分析。

5.1 分析框架与研究假说

社会支持理论可以为我们分析农村随迁老人在城市中获取外部社会支持并适应城市生活的过程提供理论支撑，避免了对农村随迁老人产生过度社会化或者低度社会化两种极端看法。社会支持理论基于弱势群体需求的假设，为其提供所需资源，改变其不利处境。身份属性基础上的社会交换理论和利他主义思想则解释了农村随迁老人获取社会支持的内在交换逻辑。社会支持理论强调个体的行为始终受周围社会环境的影响，社会关系的缺失会导致个体状态的失调，虽然农村随迁老人会受城市制度和文化的影响，个人心智结构受到重塑，但也会有能动性的需求，通过社会网络获得自主决策空间，主动获取资源和采取行动（Granovetter, 2018）。农村随迁老人作为社会人在城市生活、与他人交往，也可能从事经济活动，必然嵌入城市社会环境中，并从外部环境中主动获取广泛的社会支持。

从外部环境中的社会支持主体角度来看，主要有政府、社区和家庭三个主体。第一，政府提供的养老和医疗保障政策是农村随迁老人获取外部社会支持的重要方面。社会支持理论指出，个体的行为是嵌入在社会关系中的，政府作为社会机构，通过养老金和异地医疗服务，为农村随迁老人提供了重要的经济支持和健康保障，可以减轻老年人的生活负担，让他们更好地适应城市生活。第二，社区支持对随迁老人的城市适应同样具有重要意义。社区作为一个重要的外部物理环境和文化环境，是社会关系网络的重要组成部分，发挥了信息传递和沟通交流平台的作用。社区组织活动可以促使老年人参与其中，建立新的社交圈子，减轻他们的孤独感，增加他们的生活乐趣及归属感，还可以更好地实现政策宣传，从而有助于农村随迁老人适应城市生活。第三，家庭的经济和情感支持在社会交换理论和利他主义思想、社会嵌入理论的视角下也是不可忽视的。家庭是社会关系网络中最为亲近和重要的一环，出于年幼时父母养育的交换，子女家庭会赡养老人，家庭提供的经济支持可以缓解农村随迁老人的经济压力，使他们更好地融入城市生活。同时，家庭的情感支持可以提供心理安慰和情感满足，增强老年人的幸福感，进而增强其积极面对城市生活各种挑战的心理韧性。

从社会支持内容角度来看，依据社会支持理论，社会支持可以缓冲个体压力，提高适应能力，改善心理健康，从而更好地适应变化了的环境。根据社会支持提供者的特征优化社会支持体系，不同社会支持主体提供的社会支持内容各不相同，完善的社会支持提供体系是促进农村随迁老人适应城市生活和增强多维城市可行能力的重要动力源泉。

首先，基于社会交换理论和利他主义思想，政府会根据经济社会发展的实际情况不断完善老年人的医疗和养老保险制度及其他福利政策。中国共产党的二十大报告中指出"中国式现代化是全体人民共同富裕的现代化"[①]。共同富裕的实现需要构造更优化的收入分配格局（李实，2021），而将新农村养老保险和城镇居民养老保险合并，推出城乡居民养老保险正体现了收入分配格局的优化，养老保险覆盖面的扩大和养老金水平的提高体现了居民养老保险的再分配（唐高洁等，2023）。城乡居民养老保险作为由中国政府提供给公民的正式社会支持的一种，它的制定、不断修订和实施，在一定程度上降低了农村老年人对子女的经济依赖。社会支持主体的提供行为与社会支持客体的接受行为是一种非物质交换行

---

① 引自 2022 年 10 月 26 日《人民日报》第 1 版的文章：《高举中国特色社会主义伟大旗帜　为全面建设社会主义现代化国家而团结奋斗》。

为而不是经济学意义上的功利性交换行为。根据利他动机理论，利他动机源于利己动机，通过利他动机产生利他行为，最终归结为实现利己目标，也就是说政府的利他动机最终目的是便于社区基层治理，有助于社会的和谐稳定和经济的发展，也是为了政府声誉或者说政府的管理和服务得到公民认可。基于互惠利他动机的政府提供的社会支持，尤其是工具性支持（农村随迁老人的政府工具性支持主要指养老金和异地医疗保险政策）可以直接或者间接地帮助农村随迁老人解决其在城市中所遇到的困难，帮助其尽快融入新的环境。

尽管中国已经建立起全球最大的医疗保障网络，截至 2022 年，基本医疗保险已经覆盖超过 13 亿人，参保率也保持在 95%以上[①]。然而，由于医疗保险制度的碎片化以及人口流动的常态化，异地就医的居民相对于本地就医居民而言，面临更为严重的"看病难"和"看病贵"问题。因此，国家层面对异地医疗政策的统筹部署体现了中国政府对流动人口福利的重视，是提升群众跨省异地就医过程的获得感、为人民谋福祉的具体措施。异地医疗报销政策作为政府支持的重要内容，对农村随迁老人健康状态的维护起着重要作用，医疗服务的利用会正向影响健康水平（曹鑫志和谭晓婷，2022），也会影响流动人口的居留意愿（王焱等，2023），进而影响其城市适应水平。

其次，同样基于社会交换理论和利他主义思想，社区会为农村随迁老人提供活动场所和活动资源。社区服务水平是一个城市发展水平的重要体现，也是城市社会发育程度的重要特征。良好的社区服务水平对外来人口形成一种拉力，有利于农村人口的流入和农村随迁老人的城市适应。第一，社区服务的提升为农村随迁老人提供了充足的医疗、养老、文化活动等服务。社区良好的医疗卫生设施和医疗服务能够满足老年人的健康需求，提供及时的医疗保健和护理。社区养老机构和服务中心能够为他们提供专业的养老服务，帮助他们融入社区，建立社交网络，减轻他们的孤独感和社交隔离。丰富多样的文化娱乐活动也能够丰富老年人的精神生活，增添生活乐趣，促进他们的城市适应。第二，社区服务的提升帮助农村随迁老人解决心理适应问题。农村随迁老人面临着离开故乡、家庭和社交网络的变化，往往伴随着情感失落、归属感缺失和无法获得身份认同的困扰。社区心理咨询和支持服务能够提供专业的心理辅导和情感支持，帮助老人应对适应过程中的压力和情绪困扰。心理支持的提供有助于他们建立积极的心态，增强自信心，逐渐适应新的生活环境。第三，社区服务的提升还为农村随迁老人提供了参与社区活动的机会。社区提供活动场所，组织活动能够促进老人与社区居民的交流互动，帮助他们建立新的社交圈子，增加社交支持和归属感。参与志愿服务活

---

①《2022 年全国医疗保障事业发展统计公报》，https://www.gov.cn/lianbo/bumen/202307/content_6891062.htm [2023-07-12]。

动不仅能够为社区贡献自己的力量，还能够增强老人的自尊心和自我价值感，提高他们在社会中的认同感，加强城市适应能力。

最后，和谐的家庭是社会稳定的基础，也是农村随迁老人心灵的避风港。根据家庭生产理论、社会交换理论和利他主义思想，农村随迁老人跟随子女入城帮助子女做家务、照料孙辈是最优家庭分工，入城养老则体现了社会交换论，是抚养与赡养关系的交换，子女出于回报父母养育之恩以及对父母照料后辈的交换，子女也会给予父母物质和精神支持，从而缓解其经济压力和精神压力，提高其生活满意度（吴淑琴等，2022），帮助他们适应城市生活。农村随迁老人已经完成生育、工作的生命历程，家庭化迁移则是该类群体生命历程末期的重大事件，也是从个体向家庭转变的重要标志，而家庭恰恰是经济支持和情感支持的重要来源，为每个家庭成员提供个人发展的基础资源（熊慧和钟玉鑫，2020）。农村随迁老人面临的最大挑战便是身心能否尽快适应陌生环境。第一，家庭成员间的交流与互动容易激发流动老年人主观融入的意愿，增加其心理认同感和归属感（崔烨和靳小怡，2016）。面对陌生的环境，农村随迁老人往往不知所措，原有社会网络断裂，农村地区同伴群体不在身边、价值观念差异巨大，从而使其处于劣势，面临较大的认同危机，家庭成员的陪伴和交流发挥了缓冲器作用。第二，家庭层面的经济支持也是农村随迁老人的重要支撑。根据新家庭经济学的家庭生产理论，劳动供给决策是家庭联合决策作用的结果，由于每个家庭的时间禀赋有限，农村随迁老人的比较优势是时间多，有耐心，年龄大，劳动成本极低，在劳动力市场上没有竞争优势，因此照料晚辈的机会成本要远远低于子女，家庭效用得到最优。第三，农村随迁老人入城后可以缓解子女生活压力，照料晚辈。在此分工下，子女劳动力供给会增加，家庭收入相应增加，而且照料晚辈不仅是家庭生产行为，也是对子女的代际支持。第四，家庭经济支持是流动老人健康的重要支持机制，对流动老人自评健康有显著正向影响。家庭收入增加可以改善家庭成员的生活质量，老人会有更合理的营养摄入和享受更优质的医疗保健服务，从而有更积极的健康评价（陈宁和石人炳，2017）。家庭同住人口越多，家庭规模越大，农村随迁老人的归属感越强，越愿意居留城市生活（张李越和梅林，2020）。因此农村随迁老人子女有给予随迁老人代际支持的动力、意愿和责任，进而帮助农村随迁老人适应异质性强的城市社会生活。

需要指出的是，子女的家庭情感支持与农村随迁老人的需求可能存在不匹配的问题。CHARLS 问卷中只有见面频率和联系频率，并没有见面和联系的内容，仅看频率的高低无法判断情感支持的质量，因此农村随迁老人很可能无法从子女家庭那里获得情感支持，或者说从子女那里获得的情感支持并不能有效促进农村随迁老人城市适应水平的提高。

由上可知，不同社会支持主体提供的支持内容各有侧重，也存在相互融合，共同为农村随迁老人适应城市文化、弱化健康风险预期、提升城市可行能力、提高生活质量和满意度提供有效支撑，具体如图 5-1 所示。

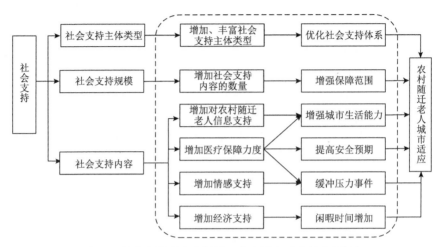

图 5-1　社会支持影响农村随迁老人城市适应的分析框架

基于此，本章提出研究假说 H5-1：增加社会支持，即社会支持主体类型的丰富、社会支持规模的增加，以及不同社会支持内容能够提高农村随迁老人的城市适应水平，但是家庭情感支持不能有效提高农村随迁老人的城市适应水平。

5.2　变量说明与模型设定

5.2.1　变量说明

1. 被解释变量

本章的被解释变量为农村随迁老人城市适应，鉴于测量城市适应需要考虑众多指标以及农村随迁老人的特殊性（年龄大、农村生活经历、受教育程度低等），本章借鉴 Wang 等（2023）的研究，具体操作为由改进型熵值法这一客观赋值和降维方法测量城市适应水平，取值介于[0,1]，接近于 0 表明城市适应水平较低，接近于 1 表明农村随迁老人有了较高的城市适应水平，为了进一步缓解由变量度量而造成的异方差问题，本章对城市适应变量进行了 1%分位数以下和99%分位数以上缩尾处理（winsorize）。

2. 解释变量

本章的解释变量是社会支持，从社会支持主体类型、社会支持规模和社会支持内容进行衡量。

社会支持主体类型指农村随迁老人获得支持的主体类型,包括政府、社区和家庭,根据社会支持内容提供者进行归类。政府支持包括养老医疗,社区支持指社区服务,家庭支持包括经济支持和情感支持。

社会支持规模指农村随迁老人获得的社会支持内容的数量。由不同社会支持主体提供的社会支持内容相加得到。是否领取城乡居民养老金、是否去社区活动室活动、是否获得子女的经济支持、是否获得子女的情感支持、是否有医疗保险、是否异地医疗报销、是否有补充医疗七项社会支持内容。数值越大,说明农村随迁老人获得的社会支持项目越多,越有利于农村随迁老人从中获取支持性资源。

社会支持内容指政府养老金支持、异地医疗、社区活动支持、补充医疗、医疗保险数量、家庭经济支持和家庭情感支持七个具体内容。①政府养老金支持指农村随迁老人从政府获得的养老金。国家自 2014 年开始整合新农保和城镇居民养老保险制度,建立了统一的城乡居民基本养老保险制度,但仍有部分居民尚未参保,或者出现断保现象。②异地医疗是指农村随迁老人在城市生病产生的医疗费用报销比。③社区活动支持,指农村随迁老人所在社区提供的各类社区活动场所的有效利用,具体表现为农村随迁老人在社区活动室活动。④补充医疗,指农村随迁老人是否参加补充医疗保险。⑤医疗保险数量,指农村随迁老人参加的医疗保险数量。⑥家庭经济支持从最近 12 个月是否从子女处获得经济支持(包括金钱和实物)及支持量,并对支持金额分组,修改成分类变量进行测度。⑦家庭情感支持则由过去 12 个月与子女联系(电话、短信等)的频率和子女见面的频率指标变量作为替代变量来测度。

3. 控制变量

为了减少估计偏误,本书尽可能多地选取了一些可能影响社会支持和城市适应的因素作为控制变量。控制变量包括以下三类。①农村随迁老人个体特征变量,包括性别、年龄、受教育程度、配偶随迁、患慢性疾病数量、工作经历、宗教信仰迁入时间等。②农村随迁老人家庭特征,包括金融资产(现金、存款、购买债券)、财产性收入(出租土地、宅基地房屋租金)、子女数量。③地区层面,指东部地区和中西部地区虚拟变量,还包含省级社会团体机构数量、省级社区服务机构数量。在本书中,如果某些控制变量在实际情况中难以获得或者数据质量不高,则需要对它们的必要性进行重新评估或者寻找替代的控制变量。在理论上,我们可能无法穷尽所有可能需要控制的变量。但基于理论框架和先前研究,数据的可得性、时效性和质量,研究的科学性和可靠性,我们可以尽可能科学地选择那些在特定研究背景下最为重要的控制变量。所涉及变量的解释和描述性统计情况见表

5-1。

表 5-1 变量赋值解释及描述性统计

	变量名称	变量赋值解释	均值	标准差
被解释变量	城市适应	改进型熵值法测算的城市适应水平	0.2134	0.1688
解释变量 社会支持	社会支持主体类型	农村随迁老人获取的社会支持主体类型之和	2.0734	0.4878
	社会支持内容规模	农村随迁老人获取的社会支持内容之和	3.2949	1.0196
解释变量 社会支持内容	政府养老金支持	农村随迁老人领取养老金金额的对数	2.9593	3.8715
	医疗保险数量	农村随迁老人参加的医疗保险数量	1.0443	0.2967
	异地医疗	农村随迁老人异地医疗报销比例	0.0136	0.0964
	补充医疗	农村随迁老人是否参加补充医疗保险	0.0557	0.2295
	社区活动支持	农村随迁老人对社区活动室的利用与否	0.1785	0.3832
	家庭经济支持	家庭给予的现金和等价物对数	6.1983	3.591
	家庭情感支持	各个子女联系频率均值	8.4878	4.702
控制变量 个体层面	年龄	身份证年龄	61.0987	9.2108
	受教育程度	未读书=1，小学=2，初中=3，高中及以上=4	5.6848	4.422
	工作经历	农村随迁老人在城市工作过=1，否=0	0.3025	0.4596
	性别	男=1，女=0	0.4873	0.5002
	宗教信仰	农村随迁老人有宗教信仰=1，否=0	0.0835	0.2769
	患慢性疾病数量	农村随迁老人患慢性疾病的数量的和	2.1633	1.9467
	迁入时间	1年及以下=1，1~5年=2，6~10年=3，10年以上=4	2.2051	0.5705
	配偶随迁	农村随迁老人配偶随迁=1，否=0	0.6785	0.4674
家庭层面	金融资产	金融性资产（现金、存款）的对数	8.7241	1.7966
	财产性收入	出租房屋、土地收入的对数	1.7575	3.1615
	子女数量	农村随迁老人子女数量	2.4671	1.134
地区层面	地区	中西部地区=1，东部地区=0	0.6557	0.4754
	省级社会团体机构	省级社会团体机构数量对数	9.5079	0.5161
	省级社区服务机构	省级社区服务机构数量对数	9.3794	0.8859

资料来源：《中国社会统计年鉴 2018》数据，2018 年 CHARLS 数据

5.2.2　模型设定

1. 基本计量模型：普通最小二乘法和条件分位数回归模型

检验社会支持对农村随迁老人城市适应的影响是有效提高农村随迁老人城市适应、促进经济社会协调发展的重要手段。本节的被解释变量为农村随迁老人城市适应，由改进型熵值法测量。考察社会支持对农村随迁老人城市适应的影响，由于数据类型为截面数据，城市适应指标为连续变量，同时又想考察不同城市适应水平下社会支持的作用差异，故采用普通最小二乘法回归模型和条件分位数回归模型作为基准模型，设定农村随迁老人城市适应的回归方程为

$$\text{Adaptation}_i = \alpha_0 + \alpha_1 \text{SP} + \alpha_2 \text{Controls}_i + \varepsilon_i \qquad (5\text{-}1)$$

$$Q_\theta\left(\text{Adaptation}_i \middle| \text{SP}_i,\ \text{Controls}_i\right) = \beta_{0\theta} + \beta_{i\theta}\text{SP}_i + \sum \gamma_{i\theta}\text{Controls}_i + \varepsilon_i \qquad (5\text{-}2)$$

其中，式（5-1）为普通最小二乘法回归模型，被解释变量为农村随迁老人城市适应 Adaptation_i，为连续变量，由上文构建的城市适应指标体系，用熵值法计算得出。解释变量为社会支持 SP_i。式（5-2）为条件分位数回归模型，本书使用速度更快、效率更高、质量有保障的 qrprocess 命令回归，其思路是利用一阶泰勒近似法来近似两个接近量级指数的量级回归系数向量之间的差值（Chernozhukov et al.，2022），$Q_\theta\left(\text{Adaptation}_i \middle| \text{SP}_i,\ \text{Controls}_i\right)$ 表示 Adaptation_i 在给定解释变量情况下与分位点 θ 对应的分位数。根据已有研究，本书从个人、家庭和地区层面选取影响农村随迁老人城市适应的指标作为控制变量。i 为调查个体，ε_i 为随机误差项。此外，由于传统线性回归方法只能得到社会支持对农村随迁老人城市适应期望值的影响，无法获得社会支持对不同城市适应水平下的农村随迁老人的影响程度分布规律，条件分位数回归方法最早由 Roger Koenker（罗杰·科恩克）和 Gilbert Bassett（吉尔伯特·巴塞特）提出，相比于普通线性的均值回归，条件分位数回归的估计结果对偏态、多峰和异常值数据更为稳健，而且从不同分位数上考虑问题，分析结果也更加深入。

2. 内生检验模型：两阶段残差介入法

上述基本模型可能存在由遗漏变量、反向因果、样本选择偏误等情况导致的内生性问题，如迁入地的政府治理能力、社区文化、习俗等因素不仅会影响农村随迁老人获取社会支持，也可能会影响农村随迁老人的城市适应，但这难以测量；再如获取社会支持会影响农村随迁老人的城市适应，产生城市适应提高效应，即农村随迁老人主动调整自身行为反过来也会影响农村随迁老人获取社会支持。

$$SP_i = \Phi(\alpha_0 + \alpha_1 IV_i + \alpha_2 \text{Controls}_i) \qquad (5\text{-}3)$$

$$\text{Adaptation}_i = M(\beta_0 + \beta_1 CSP_i + \delta \text{Controls}_i + \gamma \hat{X}_{ui}) + e^{2SRI} \qquad (5\text{-}4)$$

式（5-3）与式（5-4）为两阶段残差介入法进行估计的回归模型。该模型最初由Hausman（豪斯曼）在 1978 年提出，该方法第一阶段是对内生变量进行估计，第二阶段是用因变量对第一阶段产生的残差拟合值进行回归，若残差系数是显著的则说明模型存在内生性，可以使用该方法进行估计。在劳动经济学研究领域，因变量通常是非正态分布或受限变量，因此非线性模型成为该领域的主要研究模型。已有研究表明，虽然 2SPS（two-stage predictor substitution，两阶段预测替代法）和 2SRI 在一个通用的参数框架下，但 2SRI 估计结果是一致的，而 2SPS 则不是。传统两阶段回归方法会低估解释变量的效应，模拟研究和示例更支持使用2SRI（Terza et al.，2008；杜凤莲等，2018）。式（5-4）中，β_1 是本书最为关心的系数，如果 β_1 在统计上显著为正，则说明农村随迁老人获得社会支持将有助于增强其城市适应水平。IV_i 为工具变量，以部分克服可能存在的内生性问题。$\hat{X}_{ui}$ 为第一阶段回归方程计算的残差拟合值。e^{2SRI} 为残差项。

3. 稳健性分析模型：倾向得分匹配

由于农村随迁老人是否获得社会支持及其类型，受到外部社会支持源的影响，同时也是农村随迁老人基于自身及家庭预期收益的自我选择结果，因此样本处理是非随机的，存在自选择偏误。考虑到这种自选择偏误可能导致结果不够稳健，本部分使用倾向得分匹配方法进行稳健性分析。该方法基于一个假设，即通过控制个体的协变量，可以减少或消除处理组和对照组之间的系统性差异，从而更准确地估计处理效应。与全样本估计不同，倾向得分匹配将估计范围限制在匹配的子样本中，通过匹配后的样本数据可以减少估计偏差（Caliendo and Kopeinig，2008）。

倾向得分匹配方法的原理是基于一组可观测协变量的一致性来构建与处理组相似的对照组，通过计算两组变量的倾向得分，然后进行匹配再抽样，使得观测数据尽可能接近随机试验数据，从而构造反事实来估计社会支持对农村随迁老人城市适应的影响。通过这种方法，在一定程度上缓解或者解决自选择偏误引起的有偏估计问题，提高处理效应的估计精度，使得分析结果更加可信。具体分为如下两个步骤。

首先，使用二值选择模型通过一些协变量（如年龄、性别、教育水平等）构建一个预测个体被分配到处理组的模型，得到每个个体的倾向得分，即找出影响农村随迁老人是否获得社会支持的因素，得到农村随迁老人获得社会支持的可能性，如式（5-5）所示。

$$p(Z) = P_r(D_i = 1|Z) = E(D_i|Z) \tag{5-5}$$

其中，$p(Z)$ 为农村随迁老人获得社会支持倾向得分；$D_i = 1$ 为处理组变量，表示农村随迁老人获得社会支持。

其次，根据 $p(Z)$ 计算得出的倾向得分，通过比较具有相似倾向得分的处理组和对照组的个体，进行匹配。实际应用较多的匹配方法有最近邻匹配（nearest neighbor matching）、卡尺匹配（caliper matching）、半径匹配（radius matching）和核匹配（kernel matching）。通过比较匹配前后农村随迁老人城市适应水平，得到由获得社会支持带来的净城市适应提高效应，本书主要关注处理组的平均处理效应（average treatment effect on the treated，ATT）。定义 ATT 如式（5-6）所示：

$$
\begin{aligned}
\mathrm{ATT} &= E\left[Y_{1i} - Y_{0i}\middle|D_i = 1\right] \\
&= E\left\{E\left[Y_{1i} - Y_{0i}\middle|D_i = 1,\ p(Z)\right]\right\} \\
&= E\left\{E\left[Y_{1i}\middle|D_i = 1,\ p(Z)\right] - E\left[Y_{0i}\middle|D_i = 0,\ p(Z)\right]\middle|D_i = 1\right\}
\end{aligned}
\tag{5-6}
$$

其中，Y_{1i} 和 Y_{0i} 分别为处理组和对照组样本农村随迁老人的城市适应水平；$E\left[Y_{1i}\middle|D_i = 1,\ p(Z)\right]$ 和 $E\left[Y_{0i}\middle|D_i = 0,\ p(Z)\right]$ 分别为事实结果和由倾向得分匹配法构造的反事实结果。

4. 稳健性分析模型：双重去偏机器学习

传统模型往往存在偏差问题和模型设定偏误的问题，机器学习方法可以很好地缓解以上问题。双重去偏机器学习（double debiased machine learning，dDML）是一种重要的因果推断方法，由 Victor Chernozhukov（威克特·切诺祝可夫）、Denis Chetverikov（丹尼斯·切特韦里科夫）等学者于 2016 年开始的一系列研究中提出，并于 2018 年发表了题为《双重去偏机器学习：处理和结构参数》（Double/debiased machine learning for treatment and structural parameters）的论文，该论文成为双重去偏机器学习方法的奠基之作（Chernozhukov et al.，2018）。

在观测数据中进行因果推断时，通常难以消除混淆变量和选择偏差的影响，从而导致估计的偏误。双重去偏机器学习方法在传统方法的基础上，引入了残差建模的思想，消除偏差，可以减少对函数形式的假设，自带正则化，可以达到变量选择的效果，从而使结果更加稳健。双重去偏机器学习方法结合了双重稳健性和机器学习技术，通过两个阶段的双重去偏过程来解决这些问题。首先，通过两个回归模型对结果变量和干预变量进行预测。其次，通过调整预测结果和预测干预变量的残差，消除干预变量对结果的直接影响。再次，在第一阶段去偏的基础上，使用另外两个回归模型对混淆变量和干预变量进行预测。最后，通过调整残差来消除混淆变量对结果的影响。这样，双重去偏机器学习尝试从多个角度去除干预变量和混淆变量的影响，得到更准确的因果效应估计。双重去偏机器学习方法的优势在于多方面。第一，它具有对误设定的稳健性，即使在模型假设有误的情况下，也能提供一致的估计结果。第二，双重去偏机器学习利用了机器学习的优势，对数据信息进行高效利用，能够处理高维数据和复杂的非线性关系。此外，通过双重去偏的设计，双重去偏机器学习能够减少由未观测混淆变量引起的偏差，提高估计的精度和可靠性（Díaz，2020）。在应用方面，双重去偏机器学习方法在经济学、社会学、医学和公共政策等领域得到了广泛应用。在评估政策措施对社会经济指标的影响时，双重去偏机器学习可以得出更加真实的结果，因此在研究农村随迁老人社会支持政策效应时，借助双重去偏机器学习可以得出更准确的估计因果效应，为政策决策提供科学依据。

5. 稳健性分析模型：稳健 M 估计回归模型

线性回归模型在数据分析和统计建模中被广泛应用。然而，传统的估计方法，如普通最小二乘法，对于异常值和影响力较大的数据点非常敏感，可能导致结果出现偏差。为了解决这个问题并提高回归模型的稳健性，避免极端值对估计结果的影响、提高模型估计的准确性，稳健回归应运而生，稳健回归 robreg m 指令使用迭代加权最小二乘法（iteratively reweighted least squares，IRLS）来拟合 M 回归模型（Huber，1973）[①]，迭代加权最小二乘法是一种迭代优化算法，用于最小化加权最小二乘损失函数，其中权重根据估计的残差来进行动态调整。该方法的关键思想是降低异常值对估计结果的影响，同时保持对非异常值数据的高效拟合，原理是迭代加权最小二乘法不断调整权重和回归系数，直至收敛或达到最大迭代次数为止，从而得到的回归系数即为稳健估计，这种方法能够更好地应对异常值的影响，从而提高回归模型的稳健性和准确性。

本节使用稳健回归 robreg m 指令，来进一步分析社会支持对城市适应的影响。稳健回归的主要思想是改进普通最小二乘法，通过赋予模型残差大小不同的权重来降低异常值对模型参数估计的影响，作为稳健回归的一种方法，稳健 M 估计回归模型（Robust M Model）的一个优点是，与基于回归残差的顺序方法不同，它可以同时解决异常值检测和回归问题。M 估计回归模型由于其内在的数学结构而具有稳健性，这使得估计对虚假偏差的敏感性降低（de Menezes et al., 2021）。

---

① Huber（休伯）1964 年的 M 估计是首次引入 M 估计的经典方法，采用了线性和绝对损失函数的组合，引入了双平方函数来提供更强的稳健性，使其在处理含有大量异常值的数据时表现更好。

6. 稳健性检验：熵权 TOPSIS 方法

熵权 TOPSIS（technique for order preference by similarity to ideal solution，逼近理想解排序法）相对于熵值法和因子分析在多属性决策分析中具有显著的优势。首先，相比于熵值法，熵权 TOPSIS 在处理评价指标权重时更为准确和可靠。通过引入信息熵的概念，能够客观地评估指标之间的相对重要性，避免了主观性和任意性的权重设定，提高了决策分析的科学性和客观性。其次，相对于因子分析，熵权 TOPSIS 在处理不确定性和随机性方面表现更为出色。因子分析往往需要对数据的分布做出假设，而熵权 TOPSIS 则不需要对数据的分布做出特定的假设，可以更灵活地适应不同类型的数据，提高了方法的适用性和稳健性。熵权 TOPSIS 是一种集信息熵权重和 TOPSIS 方法于一体的综合性决策分析方法（Chen，2021）。它不仅避免了主观权重设置可能带来的误差，还通过引入正负理想解的概念，使得评价结果更具可比性和科学性，能够客观地衡量备选方案的综合性能。最重要的是，熵权 TOPSIS 能够有效地处理不同评价指标之间的随机性和不确定性，使得评估结果更加可靠和稳定。因此，熵权 TOPSIS 在多属性决策分析中具有广泛的应用前景，尤其在面对复杂的决策问题时，能够为决策者提供科学可靠的决策支持，促进决策的科学化和精准化。

5.3　社会支持对农村随迁老人城市适应的影响分析

5.3.1　基准回归结果

1. 社会支持与农村随迁老人城市适应

由于普通最小二乘法仅仅是均值效应，不能考察不同分位点解释变量的异质性作用，无法刻画社会支持在不同城市适应水平段的差异性。已有文献表明分位数回归在处理异质性、异常值和非正态分布数据时表现得尤为出色，即使在存在异常值或不符合正态分布假设的数据情况下，分位数回归通常也能够提供更稳健的估计结果。这有助于本书更全面地理解社会支持对农村随迁老人城市适应的影响。通过估计不同分位数点上的系数，条件分位数回归提供了关于数据分布更全面的描述，有助于揭示数据中的不同特征和趋势。因此在基准回归部分中，我们同时使用普通最小二乘法和条件分位数回归的方法，不仅考察社会支持对均值的影响，还可以考察不同分位点的差异性影响。

1）社会支持主体类型与农村随迁老人城市适应

普通最小二乘法和条件分位数回归的结果如表 5-2 所示。在分位点的选取方面，本书参照了已有学者研究收入问题时的做法，选择 10%、30%、50%、

70%、90%五个分位点作为回归点（席艳乐等，2023；温兴祥，2014）。从表 5-2 中可以看出，普通最小二乘法和五个分位点系数都显著为正，说明社会支持主体类型显著提高了农村随迁老人的城市适应水平，条件分位数回归表明整个城市适应分布上，农村随迁老人获取的社会支持都在发挥正向促进作用。由于回归表格展示空间有限，也不够直观，本书还绘制了分位数趋势图，如图 5-2 所示，深色部分为置信区间。

表 5-2　社会支持主体类型对农村随迁老人城市适应分位数回归结果

变量名称	普通最小二乘法	条件分位数回归				
		10%分位点	30%分位点	50%分位点	70%分位点	90%分位点
社会支持主体类型	0.0337**	0.0104*	0.0162***	0.0247***	0.0487**	0.0721**
	(0.0133)	(0.0056)	(0.0056)	(0.0080)	(0.0221)	(0.0314)
性别	−0.0035	0.0036	0.0008	−0.0138*	−0.0115	−0.0133
	(0.0139)	(0.0066)	(0.0048)	(0.0082)	(0.0224)	(0.0285)
年龄低	−0.0464***	−0.0057	−0.0068	−0.0200***	−0.0588**	−0.1123***
	(0.0134)	(0.0089)	(0.0052)	(0.0073)	(0.0267)	(0.0370)
年龄中	−0.0641***	−0.0094	−0.0126	−0.0209*	−0.0576**	−0.1768***
	(0.0168)	(0.0116)	(0.0082)	(0.0114)	(0.0295)	(0.0419)
年龄高	−0.0854***	−0.0179	−0.0109	−0.0324***	−0.0800***	−0.2428***
	(0.0170)	(0.0160)	(0.0102)	(0.0118)	(0.0306)	(0.0409)
文盲	0.0239*	−0.0032	0.0030	0.0107	0.0055	0.1066**
	(0.0134)	(0.0082)	(0.0051)	(0.0073)	(0.0188)	(0.0430)
文化程度低	0.0709***	0.0033	0.0115*	0.0225**	0.0990*	0.2206***
	(0.0160)	(0.0075)	(0.0061)	(0.0110)	(0.0528)	(0.0428)
文化程度中	0.0734***	0.0085	0.0125*	0.0165	0.1406**	0.1913***
	(0.0212)	(0.0076)	(0.0068)	(0.0103)	(0.0689)	(0.0415)
文化程度高	0.2115**	0.0494	0.0439	0.3647*	0.2920*	0.4452**
	(0.1037)	(0.1504)	(0.1752)	(0.1890)	(0.1541)	(0.1779)
配偶随迁	0.0086	0.0186***	0.0144***	0.0123*	0.0001	−0.0238
	(0.0127)	(0.0068)	(0.0054)	(0.0074)	(0.0203)	(0.0332)
宗教信仰	0.0096	−0.0117	0.0016	−0.0048	−0.0016	0.0083
	(0.0188)	(0.0141)	(0.0077)	(0.0085)	(0.0221)	(0.0412)
慢性病数量	0.0007	−0.0015	−0.0015	−0.0011	−0.0046	0.0133
	(0.0032)	(0.0014)	(0.0011)	(0.0017)	(0.0052)	(0.0083)
工作经历	−0.0071	−0.0191**	−0.0045	0.0026	−0.0216	−0.0104
	(0.0146)	(0.0085)	(0.0050)	(0.0081)	(0.0294)	(0.0293)

续表

变量名称	普通最小二乘法	条件分位数回归				
		10%分位点	30%分位点	50%分位点	70%分位点	90%分位点
金融资产	0.0095***	0.0011	0.0026*	0.0044*	0.0130**	0.0061
	(0.0036)	(0.0019)	(0.0014)	(0.0025)	(0.0052)	(0.0080)
财产性收入	0.0051***	0.0019*	0.0026***	0.0032*	0.0080**	0.0026
	(0.0019)	(0.0010)	(0.0008)	(0.0016)	(0.0039)	(0.0044)
子女数量	−0.0020	−0.0030	−0.0028	−0.0015	−0.0091	−0.0033
	(0.0050)	(0.0029)	(0.0020)	(0.0030)	(0.0061)	(0.0113)
地区	0.0021	0.0025	0.0018	0.0038	0.0059	−0.0157
	(0.0123)	(0.0064)	(0.0054)	(0.0069)	(0.0208)	(0.0299)
常数项	0.0413	0.0544**	0.0551***	0.0518*	0.0395	0.2192**
	(0.0407)	(0.0230)	(0.0172)	(0.0275)	(0.0578)	(0.0990)
R^2/Pseudo R^2	0.1372	不适用	不适用	不适用	不适用	不适用
N	790	790	790	790	790	790

注：①结果由 Stata 17 软件输出；②普通最小二乘法回归括号中数值为稳健标准误，条件分位数回归括号内数字为标准误；③条件分位数回归使用命令 qrprocess，该命令不作 Pseudo R^2 或者 R^2 汇报

*表示 $p<0.1$，**表示 $p<0.05$，***表示 $p<0.01$

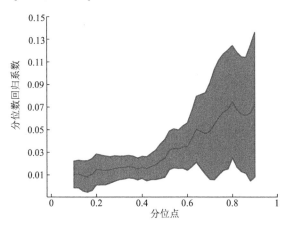

图 5-2　社会支持主体类型对农村随迁老人城市适应条件分位数回归变化趋势图

首先，查看不同分位点的系数及显著性水平，在低分位点（10%）、中低分位点（30%）、中等分位点（50%）、中高分位点（70%）以及高分位点（90%）上，社会支持主体类型对农村随迁老人城市适应的回归系数分别为 0.0104、0.0162、0.0247、0.0487、0.0721，除低分位点为 10%的显著性水平外，其余分位点至少在 5%的显著性水平上显著。其次，结合图 5-2，可以很直观地看出随着

分位点的上升，社会支持主体类型的作用也在增强。在大约 65%分位点达到小顶峰后开始下降，随后在 80%分位点处再次达到顶峰。虽然整体呈上升趋势，社会支持主体类型的作用也是快速增强，但其作用在顶峰过后的分位点上出现了下降趋势。值得注意的现象是城市适应水平越高的农村随迁老人从社会支持主体类型获得的支持作用也越大，而处于低分位点城市适应水平的农村随迁老人遭遇了城市适应水平陷阱，类似于 Banerjee 提出的"贫穷陷阱"，在 40%分位点以下，社会支持主体类型的系数仅仅在 0.01 左右徘徊，而只有超过 40%的点才可以获得社会支持主体类型的提质增效作用。这就要求管理者在制定社会支持政策的时候需要尤其关注处于中低层次城市适应水平的农村随迁老人群体，着重帮助农村随迁老人走出低城市适应水平陷阱。

控制变量中，性别的作用仅体现在 50%分位点上，显示女性获得社会支持后产生的城市适应作用高于男性；在 10%分位点和 30%分位点，虽然系数方向为正，即男性获得社会支持产生的城市适应提高作用高于女性，但没有通过显著性检验。年龄显著抑制了农村随迁老人的城市适应水平，无论在哪个分位点均显示出了负向抑制作用，说明老化本身会抑制个体的社会适应，这是值得注意的，这与陈勃（2008）的研究结论有所不同，说明除了身体健康外，还可能存在其他机制，如研究发现在老年人中，年龄与网络规模、与网络成员的亲密度和非主要群体联系的数量呈负相关（Cornwell et al., 2008），这可能是导致年龄影响城市适应的重要原因之一。文化程度变量按照问卷中原始分类进行回归，发现文化程度显著促进了农村随迁老人城市适应水平[①]，配偶随迁在城市适应水平的低分位点显示出显著的正向促进作用，即配偶随迁会提高农村随迁老人的城市适应水平，但当城市适应水平提高到 50%分位点水平后，配偶随迁的作用消失了，这可能与家庭资源的同质化有关系，高水平的城市适应需要家庭以外的资源的支持。宗教信仰和慢性病数量未体现显著性的作用。是否在城市务工在农村随迁老人城市适应的初期阶段有显著的抑制作用，这可能是因为城市适应初期，农村随迁老人面临物理环境和文化环境双重压力，家庭内外的紧张因素，务工会减少闲暇时间，进一步加深城市生活的不适应感。农村随迁老人个人的财产性收入和金融资产在 70%分位点体现了正向显著作用，说明了农村随迁老人家庭经济因素的促进作用比较明显。

2）社会支持规模与农村随迁老人城市适应

表 5-3 展示了社会支持规模对农村随迁老人城市适应影响的最小二乘法估计结果和 10%（低分位点）、30%（中低分位点）、50%（中等分位点）、70%（中高分位点）、90%（高分位点）五个分位点的回归结果，图 5-3 刻画了社会支持规模在各分位点上城市适应水平的边际贡献和变化趋势。

---

① 为了结论的稳健性，本书同时利用受教育年限进行了估计，所得结果没有太大大变化。

表 5-3　　社会支持规模对农村随迁老人城市适应条件分位数回归结果

变量名称	普通最小二乘法	条件分位数回归				
		10%分位点	30%分位点	50%分位点	70%分位点	90%分位点
社会支持规模	0.0211***	0.0072*	0.0050*	0.0124***	0.0251**	0.0314*
	（0.0069）	（0.0038）	（0.0029）	（0.0037）	（0.0111）	（0.0189）
控制变量	控制	控制	控制	控制	控制	控制
地区固定	控制	控制	控制	控制	控制	控制
常数项	0.0536	0.0566**	0.0740***	0.0593***	0.0506	0.2651***
	（0.0365）	（0.0222）	（0.0155）	（0.0199）	（0.0546）	（0.0829）
R^2/Pseudo R^2	0.1401	不适用	不适用	不适用	不适用	不适用
N	790	790	790	790	790	790

注：①结果由 Stata 17 软件输出；②普通最小二乘法回归括号中数值为稳健标准误，条件分位数回归括号内数字为标准误；③条件分位数回归使用命令 qrprocess，该命令不作 Pseudo R^2 或者 R^2 汇报

*表示 $p<0.1$，**表示 $p<0.05$，***表示 $p<0.01$

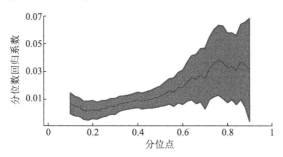

图 5-3　　社会支持规模对农村随迁老人城市适应条件分位数回归变化趋势图

首先，从各分位点的系数方向和显著性水平来看，系数均为正值，且至少在 10%的显著性水平显著，这说明了社会支持规模显著提高了农村随迁老人在 10%（低分位点）、30%（中低分位点）、50%（中等分位点）、70%（中高分位点）、90%（高分位点）五个分位点上的城市适应水平。其次，根据表 5-3 和图 5-3 可以看出估计系数从 10%分位点到 30%分位点处于低水平阶段，30%分位点到 75%分位点左右处于平缓上升阶段，并达到高峰，随后是下降阶段。最后，社会支持规模的不同分位点的作用差异要小很多。社会支持主体类型 10%分位点系数为 0.0104，90%分位点系数为 0.0721，高分位点是低分位点系数的 7 倍，而社会支持规模 10%分位点系数为 0.0072，90%分位点系数为 0.0314，这个比例是 4.36 倍。可能的原因有以下几种。第一，社会支持规模包含不同主体的社会支持内容，存在同质性，如家庭会供给经济支持，政府有养老金支持，因此带来的城市适应提升作用的边际效应是递减的。第二，社会支持供给增

多会扩大农村随迁老人的信息来源，获得更多的城市生活信息，信息来源的多元化有助于农村随迁老人对城市生活的掌控感，提高他们的自信心，减轻不安全感。尤其是医疗保险对未来健康和预期寿命的提高有很强的心理作用，这可能会降低他们对医疗支出的担忧，并促使他们更积极地寻求医疗保健服务，从而提高城市适应水平。

2. 社会支持内容与农村随迁老人城市适应

社会支持对农村随迁老人的城市适应提高作用，归根结底是社会支持内容的作用，不同的社会支持内容通过不同的作用机制发挥不同的作用。因此有必要深入研究社会支持不同内容的作用。社会支持内容包含了政府养老金支持、异地医疗、社区活动支持、补充医疗、医疗保险数量、家庭经济支持和家庭情感支持七个具体内容。本节内容使用普通最小二乘法进行估计，回归结果如表 5-4 所示。社会支持的内容按照内容的性质可以分为经济支持、情感支持、信息支持等。经济支持可以帮助农村随迁老人缓解生活压力，提高他们的生活质量。情感支持可以增强农村随迁老人的自我效能感和自尊心，减轻他们的心理压力，从而提高他们的城市适应能力。农村随迁老人与城市居民的文化相似性更多的是农村文化与城市文化的相似性，显然农村与城市文化差异非常大。如何缩小农村随迁老人与城市居民文化差异呢？居住隔离会影响接触意愿，因为居住隔离会影响接触的时间成本，在该条件不变的情况下，农村随迁老人去社区活动室观看或者逐渐地参与当地人活动，成为缩小文化差距的重要途径。社区的活动支持不仅可以促进农村随迁老人与城市居民之间的交流和互动，增强他们的社交能力和社会网络，还可以提供信息和资源，帮助农村随迁老人更好地适应城市生活。医疗保障支持通过减轻医疗负担、降低生活压力、增强安全预期，有助于提高城市适应水平。

表 5-4　社会支持内容对农村随迁老人城市适应的回归结果

主体类型	社会支持内容	模型（1）	模型（2）	模型（3）	模型（4）	模型（5）	模型（6）	模型（7）
政府	政府养老金支持	0.0029* (0.0017)						
	异地医疗		0.0170*** (0.0051)					
	补充医疗			0.0669** (0.0313)				
	医疗保险数量				0.0501** (0.0220)			

续表

主体类型	社会支持内容	模型（1）	模型（2）	模型（3）	模型（4）	模型（5）	模型（6）	模型（7）
社区	社区活动					0.0549***		
						(0.0162)		
家庭	家庭经济支持						0.0042**	
							(0.0017)	
	家庭情感支持							−0.0001
								(0.0014)
控制变量		控制	控制	控制	控制	控制	控制	控制
N		790	790	790	790	790	790	790
Adj. R^2		0.1048	0.1125	0.1177	0.1170	0.1243	0.1165	0.1094

注：结果由 Stata 17 软件输出，括号中数值为稳健标准误

*表示 $p<0.1$，**表示 $p<0.05$，***表示 $p<0.01$

首先，依据社会支持的主体类型来考察社会支持内容的作用。如表 5-4 所示，除家庭的情感支持对农村随迁老人城市适应的作用不敏感外，政府、社区和家庭提供的其他社会支持内容均显示出显著的正向作用，这与现实情况也较为相符。政府是公共服务和社会保障的提供者，社区是农村随迁老人活动的主要场所和信息支持提供者。家庭主要提供经济支持，而且力度有限。如果子女出于满足农村随迁老人各方面需求的情况下，与其进行频繁交流，那么理应会提高其城市适应水平。如果农村随迁老人对子女的依赖多，则会降低农村随迁老人的心理福利（Lawrence et al.，1992）。老人更注重交流的质量而非数量，子女情感支持质量的作用更大，对于农村随迁老人更是如此，子女与农村随迁老人之间的联系往往是出于义务的惯常交流，并不是情感支持质量的体现，因此不会改善农村随迁老人的心理福利（崔烨和靳小怡，2016），也不会提高城市适应水平。

其次，按社会支持的具体内容考察其对农村随迁老人城市适应的作用。按照社会支持内容的性质划分，经济支持类，政府养老金支持和家庭经济支持均显著提高了农村随迁老人城市适应水平，显著性水平分别是 10%和 5%，政府养老金由于金额额度较低，2018 年最低养老金标准为每月 88 元[①]，对在城市生活的农村随迁老人来说，不足以支撑日常生活开支。医疗保障类，参保医疗保险种类和异地医疗报销均显著提高了城市适应，至少在 5%的显著性水上显著。补充医疗保险又称大病保险，更多的是心理上的保障作用，是为降低遭受大病冲击影响下个体

[①]《城乡居民基础养老金最低标准增至每月 88 元》，https://www.gov.cn/xinwen/2018-05/13/content_5290643. htm[2022-11-12]。

的医疗负担，减少灾难性支出发生率，降低医疗服务的相对价格，促进医疗服务利用（许新鹏和顾海，2022），还可以改善心理状态、提升安全预期（黄家林和傅虹桥，2021），从而有利于提高农村随迁老人城市适应水平。至此，研究假说 H5-1 得证，即社会支持主体类型、社会支持规模和具体的社会支持内容均可以提高农村随迁老人城市适应水平，子女家庭情感支持并不能提高农村随迁老人城市适应水平。

5.3.2　内生性检验

虽然在基准回归模型构建中，本书尽可能地控制了影响农村随迁老人城市适应的变量，但仍然存在影响估计结果准确性和可靠性的内生性问题，在本书中主要存在两种。第一种内生性问题是由遗漏变量问题导致的，在研究模型中未考虑到的一个或多个关键变量，这些未考虑的变量可能同时影响了社会支持和农村随迁老人城市适应，从而导致了估计结果的偏误。因为它们引入了未被控制的混淆因素。这可能导致研究者错误地得出因果关系或低估了变量之间的关系。第二种内生性问题是反向因果关系，这也是社会科学实证研究中非常常见的问题。一方面，社会支持会提高农村随迁老人的城市适应水平；另一方面，城市适应水平会反向影响农村随迁老人对社会支持的获取和使用，具体体现在城市适应水平高的农村随迁老人可能拥有更多的社会支持资源和更高的获取支持性资源的能力，也就是说城市适应水平高的农村随迁老人比城市适应水平低的农村随迁老人更懂得如何使用社会支持，为自己在城市中谋取各项福利，从而出现了高城市适应水平、多社会支持的现象。

针对第一种内生性问题，本书尽可能地控制了多层面的影响城市适应的变量。对于第二种内生性问题，是寻找工具变量，当研究微观经济个体时，解决由反向因果关系引起的内生性问题的一种常见方法是引入适当的工具变量。在选择工具变量时，需要确保它们满足两个关键条件。相关性条件：工具变量必须与模型中的随机解释变量高度相关。这确保工具变量能够有效地影响解释变量。外生性条件：工具变量必须与模型中的随机误差项不相关。这意味着工具变量本身不受内生性问题的影响，它们应当是外生的。一种常见的构建工具变量的方法是选择解释变量上一级层面的均值作为工具变量（Card and Krueger，1996）。这种方法通常能够帮助克服反向因果问题，因为均值通常不受模型中内生性的影响，同时与解释变量高度相关。这确保了工具变量满足相关性和外生性条件，从而提供了有效的因果推断工具。借鉴张兴祥等（2022）的思路，使用省级层面农村随迁老人所获得的社会支持平均水平作为工具变量来缓解互为因果和遗漏变量问题导致的内生性问题。省级社会支持平均值相对于单个农村随迁老人是外生的，省级的文化和经济社会特征会影响农村随迁老人的态度和行为，但对个体的城市适应没有直接影响，理论上满足了工具变量的假设条件。

参照杜凤莲等（2018）的做法，本书使用工具变量两阶段残差介入法进行估计，社会支持与农村随迁老人城市适应的回归结果如表 5-5。

表 5-5　工具变量两阶段残差介入法内生性检验结果

	模型（1）	模型（2）	模型（3）	模型（4）
社会支持主体类型		0.0313^{***}		
		(0.0058)		
社会支持规模				0.0342^{***}
				(0.0055)
第一阶段残差		0.8070^{***}		0.3892^{***}
		(0.0163)		(0.0210)
第一阶段工具变量系数	0.9857^{***}		0.8621^{***}	
	(0.1962)		(0.1290)	
DWH	0.1308		0.5284	
第一阶段最小特征值统计量	25.2505		44.657	
控制变量	控制	控制	控制	控制
R^2	0.1184	0.8085	0.3303	0.4653
N	790	790	790	790

注：结果由 Stata 17 软件输出，括号内数值为稳健标准误

***表示 $p<0.01$

首先，第一阶段残差系数值均显著，表明应拒绝核心解释变量社会支持是外生性的假设，即存在内生性问题，结合模型结果以及理论分析，本书认为采用工具变量两阶段残差介入法进行估计是更有效的方式。其次，第一阶段工具变量系数均在 1%水平上显著为正，表明本书所使用的工具变量和社会支持的相关性较强；DWH（Durbin-Wu-Hausman test，杜宾-吴-豪斯曼检验）统计量大于 0.1，无法拒绝工具变量是外生性的假设，本书选择的工具变量为外生变量。第一阶段最小特征值统计量均大于 10，故不存在弱工具变量（weak instrument）问题。最后，第二阶段显示社会支持变量的系数分别为 0.0313 和 0.0342，且均在 1%水平上显著正相关，与预期相符，相比基准回归系数 0.0377 和 0.0211，有下降有上升，这说明考虑内生性后，社会支持不同维度的作用存在高估和低估的情况。总而言之，利用工具变量两阶段残差介入法处理内生性得到的结果与基准回归结果较为吻合，进一步证实了基准回归结果的稳健性。

5.3.3　稳健性检验

1. 社会支持与农村随迁老人城市适应的稳健性分析

1）基于再中心化影响函数的无条件分位数回归

一般来说，研究使用分位数回归是指条件分位数回归，它可以通过多个分位函数描述整体模型，有时候政策制定者往往更关心某项政策对于群体整个分布在不同分位点上的异质性影响。本书也力求揭示社会支持对不同城市适应水平的农村随迁老人城市适应水平提升作用的异质性影响。然而，条件分位数回归的结果依赖于过多甚至是不必要的个体特征，并且无法提供关于解释变量对被解释变量的一般边际影响的结果，上文提到的回归分析考虑了农村随迁老人存在的个体和家庭层面差异的作用，控制了相关特征变量的影响，这与政策制定者的期望可能存在偏差（Firpo et al.，2009；朱平芳和邸俊鹏，2017）。

为了弥补这些不足，无条件分位数回归（unconditional quantile regression，UQR）应运而生，无条件分位数回归方法通过计算在可观察变量的基础分布上的无条件（边际）效应，可以恢复出平均影响，而无须将其他协变量保持恒定，即其估计结果的条件分位数均值等于其无条件样本总体对应值（席艳乐等，2023）。这种方法能够提供有关解释变量对因变量不同分位点整体影响的重要见解，帮助全面了解整个分布中的关系。这意味着在估计无条件分位数效应时，我们可以考虑变量与其他因素的交互作用和联合影响，更加贴近实际情况（Gray et al.，2023）。在社会支持对农村随迁老人城市适应的研究中，上限定量范围可以分析社会支持对城市适应在不同分位点（如较低、中位点或较高分位点）上的影响差异，这有助于更加细致地了解社会支持对城市适应的影响。

本书使用稳健估计的再中心化影响函数（recentered influence function，RIF）的无条件分位数回归方法，该方法恰恰可以满足条件期望迭代法则，解决了条件分位数期望一般不等于其无条件分位数的困难，其具体步骤有两步，第一步，利用核密度函数估计出城市适应的边际密度函数，再根据再中心化影响函数的函数公式计算得出 RIF 值。第二步，用 RIF 值对自变量社会支持用普通最小二乘法进行回归分析，得出自变量估计值（卢晶亮，2018），系数值是社会支持边际变化对不同分位点上的城市适应的影响，利用无条件分位数和借助 Fernando Rios-Avila 费尔南多·里奥斯-阿维拉开发的 rifhdreg 命令，本书可以全面考察自变量社会支持对农村随迁老人城市适应整个分布的影响。

$$\text{RIF}(\text{Adaptation}_D, \widehat{Q_\pi}) = \eta_D \widehat{\beta}_D \qquad （5\text{-}7）$$

其中，下标 D 为 1_i、0_i 以及 c_i 时，分别为获得社会支持、未获得社会支持的农村随迁老人以及反事实的农村随迁老人；$\mathrm{RIF}(\mathrm{Adaptation}_D, \widehat{Q}_\pi)$ 为 Q_π 分位点上的无条件估计值；$\widehat{\beta}$ 为无条件分位数的边际效应。

如表 5-6 所示，考察城市适应在不同分位点（10%、30%、50%、70%、90%）上的社会支持的作用差异，社会支持主体类型的系数都显示为正值，并且在每个分位点上都具有高度显著性。这表示社会支持主体类型对农村随迁老人的城市适应产生了积极影响。常数项在不同分位点上也都显示为正值，并且在每个分位点上都高度显著。常数项表示在其他变量保持不变的情况下，城市适应的基本水平。在两端分位点上，R^2 值都相对较低，表明模型解释了城市适应变异中的一小部分。社会支持规模在不同分位点其系数也显示为正值，表示社会支持规模对农村随迁老人的城市适应具有积极影响。在某些分位点上，这些系数显示出高度显著性。常数项在不同分位点上显示为正值，并且在每个分位点上都高度显著。

表 5-6　基于 RIF 的城市适应无条件分位数回归结果

变量名称	10%分位点	30%分位点	50%分位点	70%分位点	90%分位点
社会支持主体类型	0.0248***	0.0275***	0.0461***	0.1478***	0.0882**
	(0.0071)	(0.0071)	(0.0091)	(0.0297)	(0.0442)
常数项	0.0783***	0.1122***	0.1347***	0.1917***	0.4885***
	(0.0028)	(0.0028)	(0.0036)	(0.0118)	(0.0175)
R^2	0.0154	0.0187	0.0314	0.0305	0.0050
社会支持规模	0.0094*	0.0034	0.0232**	0.0700**	0.0981**
	(0.0054)	(0.0069)	(0.0095)	(0.0353)	(0.0490)
常数项	0.0814***	0.1130***	0.1332***	0.1861***	0.4824***
	(0.0037)	(0.0042)	(0.0045)	(0.0111)	(0.0247)
R^2	0.0049	0.0005	0.0134	0.0094	0.0085
控制变量	控制	控制	控制	控制	控制
N	790	790	790	790	790

注：结果由 Stata 17 软件输出，括号中数值为标准误

*表示 $p<0.1$，**表示 $p<0.05$，***表示 $p<0.01$

需要指出的是，无条件分位数回归在分析社会支持对农村随迁老人城市适应的异质性影响时，虽然与条件分位数回归和普通最小二乘法回归的结论基本一致，但两者在参数估计值上存在轻微差异。然而，从研究方法的异质性角度看，采用多种分析方法进行异质性分析仍然具有不可或缺的重要性。一方面，无条件分位数方法是目前应用广泛的异质性检验工具，比条件分位数的估计结果更为稳健，因此采用无条件分位数回归方法有助于我们以更科学的方法审视和验证条件

分位数回归和普通最小二乘法研究的结论是否准确和可靠（方超，2022），从而能够更加准确地评估社会支持对提升农村随迁老人在城市中适应水平的实际影响。无论在城市适应的哪个程度分位点上，该方法都可以考察，从而更全面地理解社会支持的作用。另一方面，运用无条件分位数回归进行稳健性检验无须受控制变量的影响，有助于确保研究结果的可信度，为农村随迁老人获取有效社会支持和政府为农村随迁老人供给所需社会支持资源提供可靠的信息支持。这不仅为政策制定者提供更为全面和可信的数据基础，以满足农村随迁老人的需求，同时也有助于他们在城市中获得更好的适应和提升个体福利。

2）倾向得分匹配方法

社会支持影响农村随迁老人城市适应存在一定程度上的自选择偏差（self-section bias），在自选择背景下，估计偏差不是来自样本选择问题，而是个体自我选择。农村随迁老人对社会支持的选择行为存在非随机性，即农村随迁老人获得的社会支持程度高低并非随机分配的结果。农村随迁老人获得社会支持程度受个体特征因素、家庭因素、社区因素等内外因素的影响。即使控制住这些变量，也难以获得社会支持对农村随迁老人城市适应的净效应。而倾向得分匹配的方法可以使非随机试验数据接近于随机试验数据，使得估计结果更加稳健（Heckman et al.，1997），为此本节运用倾向得分匹配方法对社会支持对农村随迁老人城市适应影响进行稳健性检验。由于农村随迁老人未获得社会支持的样本只有1个，不足总样本的1%，因此本节借鉴已有做法，将社会支持变量处理为二元变量，即社会支持程度高和社会支持程度低，农村随迁老人也相应地分为两组，即处理组（社会支持程度高）和控制组（社会支持程度低）。本节运用卡尺匹配、半径匹配、核匹配、局部线性匹配、一对四匹配五种方法将社会支持对农村随迁老人城市适应的影响进行匹配，五种匹配方法均表明处理组有更高的城市适应水平，即社会支持可以显著提高农村随迁老人的城市适应水平，如表5-7所示。传统倾向得分匹配命令提供了丰富的具体匹配方法，但它最大的缺陷则在于其标准误并不正确。基于标准误对于统计推断的重要性，本节还使用处理效应的官方命令teffects psmatch。此官方命令虽然提供的匹配方法不如psmatch2丰富，但最大的优点是给出了由Abadie和Imbens（2016）所提出的正确标准误，该正确标准误称为"AI稳健标准误"，针对普通最小二乘法回归的稳健性检验，本部分使用了稳健M估计，回归结果如表5-8所示。

表 5-7　倾向得分的平均处理效应（第三方命令）

变量名称	卡尺匹配	半径匹配	核匹配	局部线性匹配	一对四匹配
社会支持主体类型	0.0562** (0.0252)	0.0632*** (0.0233)	0.0627*** (0.0223)	0.0633*** (0.0220)	0.0569** (0.0255)

续表

变量名称	卡尺匹配	半径匹配	核匹配	局部线性匹配	一对四匹配
社会支持规模	0.0278*	0.0271*	0.0272*	0.0269*	0.0267*
	(0.0151)	(0.0143)	(0.0150)	(0.0147)	(0.0151)
N	790	790	790	790	790

注：结果由 Stata 17 软件输出，括号中数值为 bootstrap 标准误，系数为 ATT
*表示 $p<0.1$，**表示 $p<0.05$，***表示 $p<0.01$

表 5-8　倾向得分的平均处理效应（官方命令）

变量名称	稳健 M 估计	一对一匹配	一对二匹配	一对三匹配	一对四匹配
社会支持主体类型	0.0474***	0.0557**	0.0550***	0.0597***	0.0563***
	(0.0132)	(0.0228)	(0.0197)	(0.0190)	(0.0184)
社会支持规模	0.0325***	0.0441***	0.0355***	0.0300**	0.0275**
	(0.0088)	(0.0128)	(0.0127)	(0.0129)	(0.0129)
N	790	790	790	790	790

注：结果由 Stata 17 软件输出，稳健 M 估计括号内数值为稳健标准误，不同匹配括号内数值为 AI 稳健标准误，系数为 ATT
表示 $p<0.05$，*表示 $p<0.01$

　　为保证倾向得分匹配的估计质量，在匹配前要进行平衡性检验和共同支撑域检验。社会支持主体类型和社会支持规模的平衡性检验结果如图 5-4 所示，匹配前，处理组和控制组之间差异很大，相对分散；匹配后，农村随迁老人城市适应协变量标准化偏差均明显下降，向 0 靠拢，大多数协变量标准化方差小于 10%，可见，匹配后处理组与对照组的协变量不存在系统性差异（郑风田等，2022；Rosenbaum and Rubin，1985），此外，t 检验结果也拒绝了处理组和控制组无系统性差异的原假设，表明通过了平衡性检验，即处理组与控制组的其他个体特征并无明显差异，农村随迁老人城市适应的差异是由社会支持引起的。

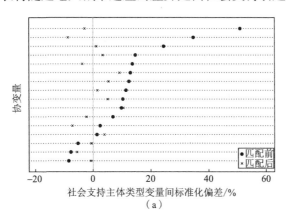

（a）

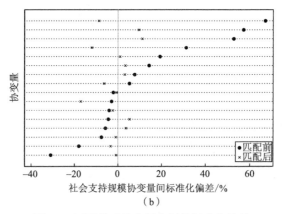

（b）

图 5-4　匹配前后协变量之间的标准化偏差

匹配后共同支撑域检验如图 5-5 所示，如果处理组和对照组的倾向得分有较

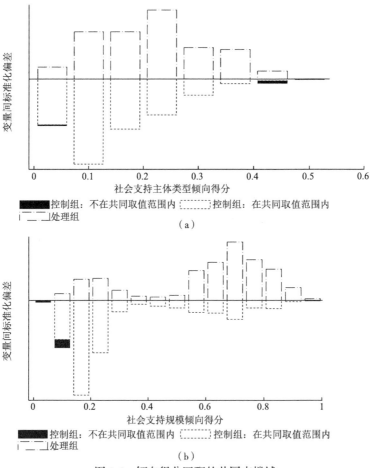

图 5-5　倾向得分匹配的共同支撑域

大的重叠，表明匹配效果良好，满足共同支撑假设。通过画条形图的方式查看倾向得分的共同取值范围，图中显示了大多数观测值都在共同取值范围内，在匹配时仅会损失少量样本。

　　此外，本节还比较了匹配前后的核密度图，最好的结果是匹配之后两条线很相近。图 5-6（b）和图 5-6（d）表示匹配后处理组和控制组倾向得分线接近重合，这便代表"共同支撑集"范围比较大，匹配效果好，表明通过倾向得分匹配，社会支持程度高与社会支持程度低的农村随迁老人的特征差异得到较大程度的消除，从而得到社会支持程度产生的城市适应提高作用的净效应。

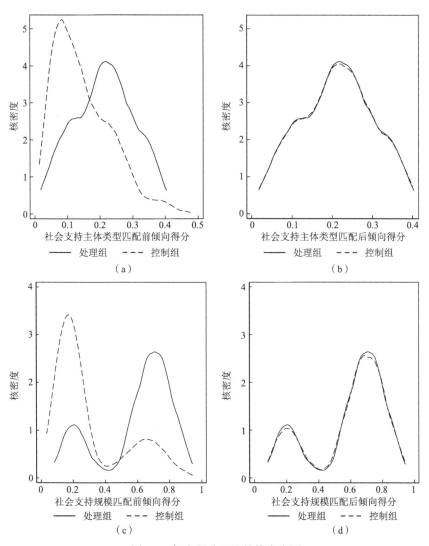

图 5-6　倾向得分匹配的核密度图

针对倾向得分匹配方法可能存在遗漏变量，进而导致估计偏误的问题，本书还使用新方法进行了敏感性检测，这种灵敏度测试植根于机器学习，对不同的协变量子集进行自举（Cerulli，2019），敏感性测试是通过使用不同的匹配协变量来实现的，结果在图 5-7 和图 5-8 中显示，其中图 5-7 为社会支持主体类型变量，图 5-8 为社会支持规模变量。该方法应用留一法（leave-one-covariate-out，LOCO）思路，依赖于图形检查。从图 5-7（a）中可以看出基于 $S=10$ 的模型中，$S=4$ 之后，平均处理效应的估计结果保持稳定。从 $S=3$ 及更小值开始，偏差急剧增加，这表明只有在 S 值较低时，我们才会对基线结果质疑。当忽略（10–4）/10=60%的基线变量时，才会出现这种情况。此外，正如我们所预期的那样，当 S 减小时，数据驱动模拟的平均干预效应估计值方差也会增大，从而得出模型估计值的不确定性也会相应增大的结论。通过以上分析，我们得出结论：我们的模型在很大程度上是稳健的，没有出现严重的不可观测选择偏差。图 5-7（b）是留一法的另一个输出结果，显示了在不同 S 条件下对平均干预效应进行 t 检验显著性检验的模式，结果是 50 次模拟的平均值。可以看出，在 $S=2$ 时，脱离了 1%显著性。这意味着，要推翻基线结果，使社会支持对农村随迁老人城市适应的影响不再显著，就必须接受被忽视变量的高比率，从而使基线结果再次变得高度可靠。

为了衡量可观测选择的敏感性，我们还定义了未删除协变量数与导致 α 失去显著性的基线协变量数之比为 ρ，其中 $\rho = S_{\text{critical'}\alpha} / K$。根据图 5-7（b），$\rho$ 的值为 2/10，即 20%小于 90%，通过了敏感性检验（Wang et al., 2021）。同理，图 5-8 也展示了相同情况，不再赘述。上述结果表明，倾向得分匹配方法对于不可见选择并不高度敏感。这也证实了在本书中使用倾向得分匹配方法的适用性。

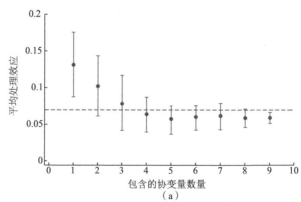

模拟数量：50；平均处理效应参考值：0.07；模型：倾向得分匹配；
基线协变量数量：10；因变量：城市适应

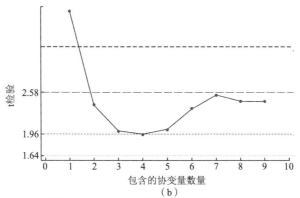

（b）

模拟数量：50；t检验参考值：3.23；模型：倾向得分匹配；
基线协变量数量：10；因变量：城市适应

图 5-7　基于 sensimatch 命令的社会支持主体类型倾向得分匹配敏感性分析

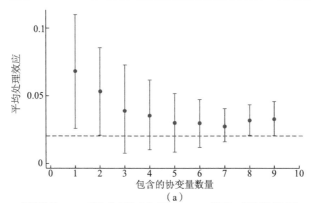

（a）

模拟数量：50；平均处理效应参考值：0.02；模型：倾向得分匹配；
基线协变量数量：10；因变量：城市适应

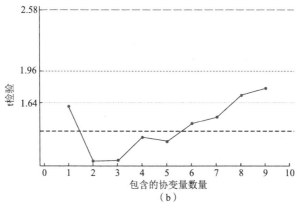

（b）

模拟数量：50；t检验参考值：1.36；模型：倾向得分匹配；
基线协变量数量：10；因变量：城市适应

图 5-8　基于 sensimatch 命令的社会支持规模倾向得分匹配敏感性分析

3）双重去偏机器学习方法

传统的计量方法在处理复杂因果关系时常无法有效处理混淆变量，而双重去偏机器学习方法则是一种机器学习方法，旨在解决这一问题。它通过双重稳健性和机器学习技术的结合，以两个阶段的去偏过程来提高因果效应估计的准确性。在第一阶段去偏中，它使用两个回归模型，一个用于预测结果变量，另一个用于预测干预变量。这帮助了解干预变量对结果的整体影响，并通过调整模型的预测结果和残差来去除干预变量对结果的直接影响。第二阶段去偏在第一阶段的基础上进行，继续使用两个回归模型，一个用于预测混淆变量，另一个用于预测干预变量。通过再次调整模型的残差，去除混淆变量对结果的影响，以提高因果效应估计的准确性。双重去偏机器学习方法通过这种双重去偏过程，旨在从多个角度剔除干预变量和混淆变量的影响，以提供更可靠、更精确的因果效应估计，特别适用于处理农村随迁老人社会支持与城市适应等复杂因果关系问题。

在本节研究中，我们加入监督机器学习和随机森林机器学习，计算出社会支持的净效应。如图 5-9（a）和图 5-9（b）所示，两图分别代表社会支持主体类型程度变

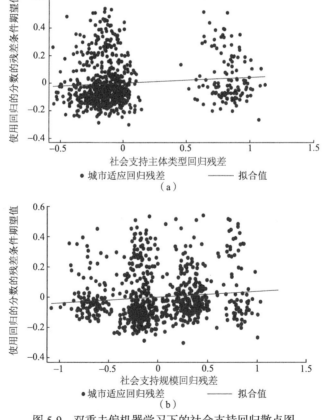

图 5-9　双重去偏机器学习下的社会支持回归散点图

量和社会支持规模程度变量，双重去偏机器学习方法回归的社会支持散点图，带有最佳拟合线。横轴标记为"使用回归的残差条件期望值"，纵轴标记为"使用回归的分数的残差条件期望值"。从两图可以看出两条拟合线均向上倾斜。

表 5-9 分别展示了社会支持主体类型程度二值变量和社会支持规模程度二值变量的系数，分别为 0.0424 和 0.0384，相比较基础回归的参数估计结果 0.0377 和 0.0211，略有提高，这证实了社会支持的城市适应提高作用。机器学习方法在一定程度上能弥补参数估计方法的缺陷。尤其在小样本的情况下，普通参数估计具有一定的劣势，而机器学习会更加精确（史新杰等，2022）。因此使用新的机器学习方法一方面提供了稳健性检验，另一方面有助于政策制定者能够依据更科学的数据为农村随迁老人供给更丰富的社会支持项目和规模。此外也有助于农村随迁老人制订科学的行为计划，提高自身城市适应水平和增加个人福利。

表 5-9　双重去偏机器学习模型回归结果

变量名称	系数	稳健标准误	t 值	p 值
社会支持主体类型	0.0424***	0.0152	2.7800	0.0050
常数项	−0.0006	0.0058	−0.1000	0.9190
社会支持规模	0.0384***	0.0139	2.7600	0.0060
常数项	−0.0008	0.0058	−0.1400	0.8890
N	790			

注：结果由 Stata 17 软件输出

***表示 $p<0.01$

4）进一步加入省级控制变量

本节进一步采取加入省级控制变量的办法进行稳健性分析。在以公共利益优先的价值导向下，社会团体参与城市社区治理是完善社会治理体系的重要内容（李林子，2022），社区服务机构是以社区为依托为特定人服务的非营利组织，以专业化为取向，是优化城市基层治理的重要力量（易艳阳和周沛，2021），因此社会团体和社区服务机构可能会对农村随迁老人获取社会支持的主体类型和社会支持内容产生影响，社会团体和社区服务机构会提供大量的服务供给，推动城市社区基层治理。一个省的社会团体和社区服务机构越多，则表明该省在社会和公民组织方面具有较高的活跃度和多样性，在社会支持、志愿者服务、社区参与等方面可能拥有更丰富的资源和机会，有关弱势群体的服务政策也可能越丰富、越细致。

社会团体和社区服务机构可以为农村随迁老人提供一些服务和活动，比如法律咨询、健康检查、文化娱乐、志愿者陪伴等，这些都可以增加流动老人的社会支持感和生活满意度，还会影响农村随迁老人获取社会支持的使用方式和方便程度，协调跨区跨省市的资源利用，社会团体可以提供志愿者和社交支持，而省级社区组织提供专业服务，这些因素可能会因不同省份而异，因此需要在稳健性分析中进行考虑。省级层面变量均取滞后一期，确保变量之间的因果关系，以及确保省级因素在时间上在其他变量之前发生作用，尽可能提高研究的可信度和准确性。如表 5-10 所示，加入省级社会团体和省级社区组织后的核心解释变量依然显著，表明社会支持的城市适应提高作用是稳健的。

表 5-10　加入省级控制变量后条件分位数回归结果

变量名称	10%分位点	30%分位点	50%分位点	70%分位点	90%分位点
社会支持主体类型	0.0126**	0.0145**	0.0203***	0.0465**	0.0701**
	(0.0064)	(0.0057)	(0.0078)	(0.0220)	(0.0290)
常数项	−0.0489	0.0553	0.1081	0.1382	0.5050*
	(0.0663)	(0.0462)	(0.0731)	(0.1841)	(0.2636)
R^2	不适用	不适用	不适用	不适用	不适用
社会支持规模	0.0063*	0.0050*	0.0114***	0.0280**	0.0308*
	(0.0037)	(0.0029)	(0.0040)	(0.0110)	(0.0169)
常数项	−0.0298	0.0755	0.1124	0.2348	0.6131**
	(0.0741)	(0.0535)	(0.0924)	(0.2008)	(0.2753)
R^2	不适用	不适用	不适用	不适用	不适用
控制变量	控制	控制	控制	控制	控制
社会团体	控制	控制	控制	控制	控制
社区服务机构	控制	控制	控制	控制	控制
N	790	790	790	790	790

注：结果由 Stata 17 软件输出，括号中数值为标准误

*表示 $p<0.1$，**表示 $p<0.05$，***表示 $p<0.01$

2. 社会支持内容与农村随迁老人城市适应的稳健性分析

1）更换模型和更换因变量测量方法

为验证上述回归结果的稳健性，本节分别通过更换模型估计方法（稳健 M 估计）和更换因变量测量方法（熵权 TOPSIS）进行稳健性检验，如表 5-11 和表 5-12 所示。从稳健性检验的结果来看，不同社会支持内容的系数大小略有差异。然而从研究方法的异质性角度看，更换变量处理方法进行异质性分析仍然具有不可或缺的重要性。一方面，更换变量测量方法是常用的异质性检验方法，熵权 TOPSIS 方法是目前应用广泛的降维方法，比改进的熵值法估计结果更为稳健（Chen，2021；王兵等，2023；魏敏和李书昊，2018），因此，通过更换城市适应的测量方法进行回归，以此验证利用改进熵值法测量城市适应的回归结果。另一方面，更换变量处理方法也有助于确保研究结果的可信度，为农村随迁老人获取有效社会支持和政府为农村随迁老人供给所需社会支持资源提供可靠的

信息支持。这不仅为政策制定者提供更为全面和可信的数据基础，也为农村随迁老人行为选择提供依据，有助于农村随迁老人个体效应的提高和家庭整体福利的改善。

表 5-11　社会支持内容对农村随迁老人城市适应的回归结果（更换估计方法）

主体类型	社会支持内容	模型（1）	模型（2）	模型（3）	模型（4）	模型（5）	模型（6）	模型（7）
政府	政府养老金支持	0.0025** (0.0011)						
	异地医疗		0.0131*** (0.0026)					
	补充医疗			0.0680** (0.0333)				
	医疗保险数量				0.0374* (0.0211)			
社区	社区活动					0.0471*** (0.0129)		
家庭	家庭经济支持						0.0037*** (0.0011)	
	家庭情感支持							−0.0004 (0.0009)
	控制变量	控制	控制	控制	控制	控制	控制	控制
	N	790	790	790	790	790	790	790
	Adj. R^2	0.0426	0.0521	0.0541	0.0564	0.0644	0.0590	0.0524

注：结果由 Stata 17 软件输出，括号中数值为稳健标准误
*表示 $p<0.1$，**表示 $p<0.05$，***表示 $p<0.01$

表 5-12　社会支持内容对农村随迁老人城市适应的回归结果（更换因变量测度方法）

主体类型	社会支持内容	模型（1）	模型（2）	模型（3）	模型（4）	模型（5）	模型（6）	模型（7）
政府	政府养老金支持	0.0033** (0.0017)						
	异地医疗		0.0438*** (0.0039)					
	补充医疗			0.0399* (0.0215)				
	医疗保险数量				0.0582*** (0.0180)			
社区	社区活动					0.0365*** (0.0138)		

主体类型	社会支持内容	模型（1）	模型（2）	模型（3）	模型（4）	模型（5）	模型（6）	模型（7）
家庭	家庭经济支持						0.0050***	
							(0.0016)	
	家庭情感支持							−0.0020
								(0.0019)
	控制变量	控制	控制	控制	控制	控制	控制	控制
	N	790	790	790	790	790	790	790
	Adj. R^2	0.0958	0.0734	0.0916	0.0964	0.0868	0.0837	0.0847

注：结果由 Stata 17 软件输出，括号中数值为稳健标准误

*表示 $p<0.1$，**表示 $p<0.05$，***表示 $p<0.01$

2）条件分位数回归

上文分析了不同社会支持内容的城市适应作用，但尚未考察社会支持内容对城市适应的不同分位点的影响。因此本书进一步应用条件分位数回归模型考察不同社会支持内容对农村随迁老人城市适应不同分位点的作用。

从表 5-13 中可以看出，来自政府的社会支持在城市适应的不同分位点展示出明显的差异性，其中政府养老金支持系数在 10%、30%、50%分位点上显著，且系数增加，说明政府养老金支持的城市适应提高作用并没有覆盖农村随迁老人的整个城市适应过程。异地医疗、医疗保险数量和补充医疗系数在高分位点上显著，说明此类社会支持的作用存在一定门槛，偏好城市适应水平高的农村随迁老人群体，对于处于城市适应低分位点的农村随迁老人并没有发挥作用，这可能与农村随迁老人在城市适应初期尚未充分利用医疗类的社会支持资源有关，即农村随迁老人需要时间去了解、学习和使用此类社会支持资源。

值得注意的是社区所提供的社区活动在低分位点（10%）、中低分位点（30%）、中等分位点（50%）、中高分位点（70%）和高分位点（90%）五个分位点上显著，说明此类社会支持的作用是全过程的，对不同城市适应水平的农村随迁老人都有城市适应水平的提高作用，这与社区定位和职能有关，社区是除家庭以外农村随迁老人的第二活动空间，参加社区活动无须支付费用，来去自由，适合农村随迁老人参加。通过社区活动，农村随迁老人可以与城市居民建立联系，扩大交往范围，还可以将其作为信息支持平台，获取更多的城市生活信息。然而，社区活动的作用也不是同质化的，在 70%分位点之前，社区活动的作用是递增的，但在中高分位点（70%）达到最高位的 0.0848 后开始下降，下降至高分位点（90%）的 0.0608，呈现倒"U"形，可能的原因是：城市适应水平高的农村随迁老人已经积累了大量社会资本，他们可以选择更多的路径和依靠更为丰富的社会关系网，来提高自身城市适应水平（王康康和李旻，2023）。家庭经济支持

的作用对中高分位点及以下的分位点显著，但对高分位点不敏感，可能的原因是：家庭经济支持是基础性支持，在满足基本需求和弥补可能存在的资源不足方面发挥基础性作用，但随着时间的推移和农村随迁老人适应过程的进行，其影响可能会逐渐减弱，其作用存在边际效应递减的可能。

表 5-13　社会支持内容对农村随迁老人城市适应的分位数回归结果

主体类型	变量名称	分位数回归				
		10%分位点	30%分位点	50%分位点	70%分位点	90%分位点
政府	政府养老金支持	0.0015*	0.0015**	0.0019**	0.0031	0.0001
		(0.0008)	(0.0007)	(0.0009)	(0.0026)	(0.0058)
	异地医疗	0.0055	0.0087	0.0099	0.0211***	−0.0352
		(0.0096)	(0.0083)	(0.0068)	(0.0059)	(0.2465)
	医疗保险数量	0.0168	0.0147	0.0296	0.042	0.0707**
		(0.0130)	(0.0135)	(0.0192)	(0.0448)	(0.0344)
	补充医疗	−0.0209	0.004	0.0177	0.0793	0.0801*
		(0.0163)	(0.0116)	(0.0454)	(0.0998)	(0.0452)
社区	社区活动	0.0179**	0.0255***	0.0396***	0.0848**	0.0668**
		(0.0087)	(0.0053)	(0.0132)	(0.0416)	(0.0311)
家庭	家庭经济支持	0.0018**	0.0013*	0.0029***	0.0058**	0.0044
		(0.0009)	(0.0007)	(0.0009)	(0.0027)	(0.0044)
	家庭情感支持	0.0002	−0.0005	−0.0004	0.0005	−0.0002
		(0.0006)	(0.0005)	(0.0008)	(0.0030)	(0.0039)
	控制变量	控制	控制	控制	控制	控制
	N	790	790	790	790	790

注：结果由 Stata 17 软件输出，括号中数值为标准误
*表示 $p<0.1$，**表示 $p<0.05$，***表示 $p<0.01$

5.4　异质性分析

不同地区的城市发展水平和社会发育程度不同，文化和价值观不同，这些因素都可能影响社会支持的类型和可用性，因此迁入地区的特征会影响农村随迁老人可获取的社会支持资源的类型和规模。此外农村随迁老人个体特征也会影响社会支持的获取，进而影响其城市适应。性别差异可能受到社会文化、家庭角色、社会角色等多种因素的影响，并在获取社会支持资源方面展示出差异性。不同年龄段、配偶是否随迁的农村随迁老人对社会支持的需求也不同，从而获得不同类型社会支持后产生的城市适应作用也存在差异。本节对不同分组均进行了组间差异检验，地区异质性和农村随迁老人个体特征异质性下的城市适应回归结果如表 5-14 所示。

表 5-14　区域和农村随迁老人特征异质性下的城市适应回归结果

变量名称	中西部地区	东部地区	男性	女性	高龄组	低龄组	配偶随迁	配偶未随迁
社会支持主体类型	0.0483***	0.0075	0.0363*	0.0256	0.0443**	0.0373**	0.0430***	−0.0083
	(0.0167)	(0.0216)	(0.0191)	(0.0185)	(0.0159)	(0.0181)	(0.0159)	(0.0236)
R^2	0.1369	0.2078	0.1464	0.1457	0.1717	0.0962	0.1271	0.2136
社会支持规模	0.0241**	0.0158	0.0128	0.0294***	0.0106	0.0345***	0.0291***	−0.0020
	(0.0094)	(0.0102)	(0.0111)	(0.0086)	(0.0092)	(0.0103)	(0.0085)	(0.0115)
R^2	0.1330	0.2142	0.1396	0.1654	0.1580	0.1119	0.1341	0.2132
控制变量	控制	控制	控制	控制	控制	控制	控制	控制
N	518	272	385	405	380	410	536	254

注：结果由 Stata 17 软件输出，括号中数值为稳健标准误

*表示 $p<0.1$，**表示 $p<0.05$，***表示 $p<0.01$

首先，分析社会支持主体类型在不同区域和不同个体特征差异下的作用差异。在中西部地区，社会支持主体类型的系数为 0.0483，在 1% 显著性水平下显著，这意味着社会支持主体类型越多，中西部地区的农村随迁老人城市适应水平提升越明显。在东部地区，社会支持主体类型的系数为 0.0075，未通过变量的显著性检验，表明社会支持主体类型越多，东部地区农村随迁老人城市适应水平没有显著提升。年龄分组均呈现正向显著性，并通过了似无相关检验（seemingly unrelated estimation，SUEST），因此可以认为高龄组农村随迁老人获得社会支持后产生的城市适应提高作用要高于低龄组，提升率为 18.77%。在性别和随迁状态方面，社会支持主体类型的系数在男性和配偶随迁状态下是显著的，即社会支持主体类型的城市适应提高作用对男性更加明显，有配偶随迁的农村随迁老人可以通过社会支持主体类型的增加而提升城市适应水平。

其次，分析社会支持规模在不同区域和不同个体特征差异下的作用差异。在中西部地区，社会支持规模的系数为 0.0241，具有显著性差异。这表明社会支持规模对中西部地区的城市适应具有显著影响。在东部地区，社会支持规模的系数为 0.0158，不显著。这意味着在东部地区，社会支持规模对农村随迁老人城市适应水平影响不显著。女性获得社会支持内容增加带来的城市适应提高作用显著大于男性，这和社会支持主体类型作用在性别之间的分配正好相反。男性和女性在城市中可能拥有不同类型的社交网络和资源。男性可能更容易建立广泛的社交联系，包括与不同类型的社会支持主体的联系，这可能使他们更容易获得不同类型的支持，从而提高城市适应水平。相反，女性可能更专注于与家庭和子女相关的社交网络，提供和寻求情感支持。这意味着女性可能更容易在亲密关系中表达情感需求，同时也更能够从这些关系中获得情感支持。因此社会支持内容增加对她们的城市适应更为有益。

年龄分组也展示出差异，低龄组的农村随迁老人因社会支持规模增加带来的城市适应提高作用反而大于高龄组。从健康角度分析，高龄组的老人可能更容易受到健康问题的影响，需要更多的社会支持来应对健康挑战。因此，社会支持主体类型对高龄组的城市适应影响可能更大。低龄组的老人可能更健康，因此社会支持规模对他们的城市适应影响较大。从社会支持类型角度分析，高龄组的老人可能更需要来自家庭和社会的实质性支持，因此社会支持主体类型对他们的城市适应更为重要。而低龄组的老人可能更需要社交支持和社会网络来适应城市生活，因此社会支持规模的增加可能对他们的城市适应更有帮助。从适应性能力角度分析，不同年龄组的农村随迁老人可能具有不同的适应能力。低龄组的老人可能更具弹性和适应能力，更容易适应城市生活中的变化，因此社会支持规模的增加对他们的适应性影响更大。相比之下，高龄组的老人可能对城市生活的适应需要更多的时间和支持，因此社会支持主体类型可能对他们的适应性影响更大。

配偶随迁与否下的社会支持规模的城市适应增强作用与社会支持主体类型的城市适应作用方向相同，均验证了配偶随迁对社会支持城市适应提高作用的强化效应，配偶未随迁组的农村随迁老人获得社会支持反而会抑制城市适应水平的提高。这可能是因为在配偶未随迁的情况下，存在其他因素（如孤独感或家庭分离）会影响社会支持的作用，导致社会支持的增加未能如期般有效提升城市适应水平。

5.5　本 章 小 结

本章在理论分析的基础上，使用 2018 年 CHARLS 数据，采用多种实证模型检验了社会支持对农村随迁老人城市适应的影响，主要结论如下。

首先，社会支持的两个维度均显著提高了农村随迁老人城市适应水平，即社会支持主体类型多元化、社会支持内容多样化对农村随迁老人城市适应有显著的提升作用。这一结果得到了普通最小二乘法、条件分位数回归法、两阶段残差介入法、倾向得分匹配、稳健 M 估计和双重去偏机器学习等实证方法的检验。

其次，从不同社会支持内容来考察社会支持对农村随迁老人城市适应的作用。研究发现，社会支持内容中除家庭的情感支持作用不敏感外，政府、社区和家庭提供的其他社会支持内容均显示出对农村随迁老人城市适应的正向促进作用。

最后，异质性分析发现，社会支持作用发挥受地区因素、性别差异、配偶随迁状态、年龄段等因素的影响。社会支持对中西部地区的农村随迁老人的作用效果更大，配偶随迁会显著增强社会支持的城市适应促进作用。性别因素和年龄因素在社会支持的两个维度的作用效果上存在差异，在社会支持主体类型维度，社会支持对男性的城市适应作用效果更明显，对女性不显著，而在社会支持供给类型维度，性别差异的作用刚好相反。从年龄段分组的分析来看，社会支持主体类型对高龄组的作用更大，低龄组不显著，社会支持规模则相反。农村随迁老人群体是异质性非常强的群体，只有了解他们的不同特征，才可以有针对性地提供社会支持，提高他们的城市适应水平。

第6章

社会支持对农村随迁老人城市适应的机制分析

生成论意义上的社会关联形态称为机制分析，一系列事件构成了前后联系的逻辑链条即为社会机制，一个社会事件形成过程中产生的社会关联会在后续的事件中持续发挥作用，重复产生特定的社会后果，孕育着社会事件再次产生相似结果的可能性，而且基于机制的方法要求理论实践的严谨性和实证研究设计的想象力（Hedström and Ylikoski，2010）。机制是理想状态下成立的法则，社会中存在各种高度影响个体对外界事物感知、认识、反应及交往模式的机制。

本章探讨社会支持影响农村随迁老人城市适应的一种机制。社会支持对农村随迁老人城市适应的作用在于社会支持的差异化供给内容增强了农村随迁老人在城市生活的多维可行能力，增加了农村随迁老人探索城市文化、城市环境的机会，从而提高了城市适应水平。首先基于理论分析和文献梳理得出社会支持与收入增加、闲暇时间增加、负向情绪减少、城市生活能力增强、安全预期提高等作用逻辑，提出研究假说；其次对使用的计量模型进行说明；最后运用机制检验模型验证多维城市可行能力各机制变量在不同社会支持内容与城市适应之间的作用机制，并进行稳健性检验。

6.1　分析框架与研究假说

总体来看，社会支持缓冲了入城后压力事件对农村随迁老人造成的压力，增强了农村随迁老人的多维城市可行能力，提高了城市适应水平。由于身体衰退、能力下降和社会适应能力减弱，老年移民面临较高的社会孤立风险（杨菊华，2021），从而难以适应城市社会，长时间生活在农村的农村随迁老人则要承受更大的城市适应压力。社会支持可以帮助流动老年人应对适应新环境所面临的挑战，包括语言障碍、文化差异、孤独和社交隔离等，进而提高流动老年人的生活质量和幸福感（Tong et al.，2022）。

传统社会支持理论对健康的影响机制方面，存在两种模型假设，分别是主效应模型和缓冲效应模型。在此，本节内容使用第 3 章理论逻辑分析部分所提出的社会支持缓冲-助推效应模型，并将其应用范围扩展至农村随迁老人城市适应的研究，即通过社会支持的缓冲和助推作用，增强城市多维可行能力进而提高农村随迁老人城市适应水平。社会支持通过保障支持、经济支持、信息支持和情感支持不仅缓冲了压力事件对个体健康的影响，降低了负向情绪的发生，抵消或者减轻压力事件的破坏作用，发挥缓冲作用，还促进了资源和机会的使用，扩展闲暇时间、增加收入、提高城市生活能力和增强安全预期，发挥助推作用。社会支持在两个关键环节缓解农村随迁老人进入城市后的压力，并在第二阶段促进农村随迁老人多维城市可行能力的增强。

第一阶段，农村随迁老人随子女进入城市，面临很多潜在的适应困难事件，如语言不通，饮食习惯差异，行为模式不同，没有稳定的社会关系，消费观念也相去甚远，这时候来自政府的养老保障和医疗保障的心理安全作用、家庭的情感慰藉作用、社区的扩大社会交往作用就能显现出来，所以社会支持在促进特殊个体的社区融入方面发挥着重要作用（Terry and Townley，2019）。政府、社区、家庭三方面的支持可在一定程度上预防农村随迁老人产生应激心理，避免其将潜在的适应困难事件明确化。

第二阶段，农村随迁老人已经将潜在压力事件评估为压力事件，即已经感受到城市社会的各种压力，这时依然可以通过社会支持的保障性支持、情感性支持和经济支持功能促成个人对压力事件的再评估，抑制农村随迁老人应对压力事件的不良反应，缓冲负向情绪的影响，产生积极的调整性反应，从而起到缓冲的作用。同时社会支持为农村随迁老人提供的保障支持、经济支持、信息支持会增加农村随迁老人的活动机会和活动资源，使闲暇时间增多、收入增加、城市生活能力得到提高和安全预期得到增强，发挥助推作用。概括地说，社会支持的缓冲和助推作用通过提高农村随迁老人的多维城市可行能力实现其城市适应水平的提高。

分开来看，社会支持通过增加闲暇时间、增加收入、提高城市生活能力、减少负向情绪和提高安全预期五条路径提高农村随迁老人城市适应水平，见图 6-1。

首先，社会支持通过增加收入和增加闲暇时间，方便农村随迁老人获得独立探索城市的财力和时间，提高其城市适应水平。政府社会支持如城乡居民养老金制度，农村随迁老人户籍所在地政府对符合领取城乡居民养老保险待遇条件的参保人全额支付基础养老金，这有助于增加农村随迁老人的收入，减轻他们在城市生活中的经济压力，提高他们的生活质量。虽然城乡居民基本养老保险制度框架全国统一，但待遇水平存在地区差异，这就意味着可能存在农村随迁老人迁出地养老金待遇较低，而迁入城市生活水平高的情况，尽管如此，城乡居民养老金标准不断提高，从 2012 年的每月 82 元增长到 2021 年的每月 179 元，保障力度逐步增强[①]，政府支持中的

---

　　①《进一步织密社会保障安全网》，http://www.mohrss.gov.cn/SYrlzyhshbzb/dongtaixinwen/buneiyaowen/rsxw/202204/t20220416_443994.html[2022-12-11]。

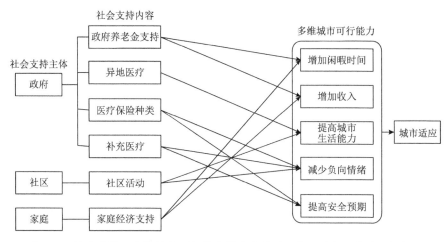

图 6-1　社会支持、多维城市可行能力影响农村随迁老人城市适应分析框架

养老金相当于增加了收入，而异地医疗报销降低了医疗负担（减少了往返城乡的机会成本和交通费），属于省钱机制。政府养老金支持和家庭经济支持会减少劳动时间（郑超等，2023），劳动时间与流动人口城市适应负相关（潘泽泉和林婷婷，2015），劳动时间减少从而增加闲暇时间，农村随迁老人可以将闲暇时间用于活动，熟悉城市生活环境，在被文化赋予不同意愿的城市人际关系中进行具有阐释和创造意义的行动（孙艺璇，2023）。收入的增加可以改善农村随迁老人在城市生活中的物质条件，从而提高他们的城市适应水平。收入增加意味着更好的生活品质，更多的选择和社会参与机会。研究表明，经济条件较好的老年人在城市生活中更容易获得健康保障、优质的医疗资源和文化娱乐体验（周广肃等，2014；齐良书，2006），这些因素都对提高他们的城市适应水平产生重要影响。

经济支持还可以促进农村随迁老人在城市中寻找更多的发展机会。养老金和子女的经济支持增加的收入可以帮助老年人尽可能保持社会角色和社会地位。这种积极的生活态度和参与度有助于他们更好地适应城市的社会环境。经济支持的增加会减少农村随迁老人城市务工时间和农村务农时间，变相增加了闲暇时间，这也是社会支持的重要组成部分。在城市中，农村随迁老人可能面临新的生活方式和社交圈子，适应上的困难需要时间来缓解。通过提供更多的闲暇时间，老年人可以有更多的机会去了解城市文化、参与社交活动和建立新的社交网络。研究表明，积极参与社区活动对老年人的心理健康和社会适应至关重要（王康康和李旻，2023）。消费闲暇时间，通过群际接触缩小流动人口与城市居民的社会距离（王桂新和胡健，2018），促进农村随迁老人在迁入地的心理文化适应。获得社会支持后农村随迁老人可以参加各种兴趣小组、文化交流活动和社区聚会，以帮助他们更好地适应城市生活。此外，闲暇时间的增加也为农村随迁老人提供了探索城市的机会。他们可以去城市社区广场、公园绿地，参与文化活动、参观博物馆等，通过亲身体验来了解城市的历史、文化和社会风貌。这种探索与了解有助于他们更好地适应城市社会、融入城市社会，增强对城市的认同感和归属感。

基于此，本章提出研究假说 H6-1：社会支持可以通过增加收入和闲暇时间提高城市适应水平。

其次，社会支持通过提高城市生活能力和减少负向情绪来提高城市适应水平。农村随迁老人年满 60 周岁可以领取社会养老金，按照城镇职工的说法是退休，可以被视为退出劳动力市场，而退休对健康有负面影响，更容易产生负面情绪（Kuhn et al., 2020）。社区活动支持可以提供农村随迁老人与社区居民互动交流的机会，方便其了解城市生活的各种信息，增强城市生活能力，缓解了其面对差异巨大的城市文化的不适感，减少其产生负向情绪的可能性（王康康和李旻，2023）。构建良好的社会支持系统，可有效降低老年人抑郁情绪出现的概率（Cutrona et al., 1986；姚若松等，2016）。从健康传播视角发现社会支持可以通过三条路径促进健康：健康信息供给、健康行为促进和减少压力（陈梁，2020）。2018 年 CHARLS 数据显示，我国农村老年人的抑郁症状发生率接近51.56%，远高于城市老年人的抑郁症状发生率（27.39%）。随着年龄增大、机能的衰退、慢性病的增多、自理能力降低等，老年人的躯体健康问题也极为严重。同样，我国城乡老年人的自评健康水平也存在显著差异，受医疗保障支出、资源配置不均衡等因素影响，农村老年人的自评健康水平显著低于城市老年人（Liu et al., 2021；Zhao et al., 2020）。进入城市后农村随迁老人在原有的社会关系无法提供及时有效的支持时，在政府的社会保障和医疗保障支持下，家庭、当地社区组织给予的帮助和支持，尤其是来自家庭的情感性支持可有效缓解适应困难带来的压力，对农村随迁老人的身心健康有至关重要的作用。

城市生活能力和负向情绪路径作用的发挥离不开政府、社区两个社会支持主体。这两个社会支持主体可提供的情感资源、物质资源越多，越容易提升农村随迁老人的抗挫折能力和减缓或者消除心理压力感，并增强其城市活动能力。社区提供的信息支持、情感支持可以提高农村随迁老人城市生活能力和减少负向情绪。政府医疗保障既可以减轻医疗负担，还可以提供安全网，从而减少负向情绪。

基于此，本章提出研究假说 H6-2：社会支持通过提高城市生活能力和减少负向情绪来提高城市适应水平。

最后，社会支持可以提高农村随迁老人的安全预期，进而提高其城市适应水平。政府支持中的医疗保险在农村中老年群体中扮演着重要的健康风险保障角色（李亚青等，2022），对于农村随迁老人也会有相同的保障作用。国外移民研究表明，许多老年移民不具备公共医疗保险计划的资格，因此不得不购买个人商业保险，尽管价格较高，但仍有助于减轻医疗费用，为担心医疗服务费用的老年移民提供了安全保障，缺乏医疗保障和医疗负担过重会导致心理负担加重（Fix，2007），进一步减少医疗资源利用，最后导致心理健康问题的恶化（Mitra et al.，2023）。此外，医疗保险也对于返乡国际移民的社会再融入起到了重要作用（Wassink，2018）。医疗保险可以通过提供负担得起的医疗保健服务、促进体检和预防保健利用以及减轻他们的医疗负担，来改善和提高中国城乡移民的社会融入水平，虽然农业户口的城市迁徙者在各个维度上融入城市的程度要比非农城市迁徙者弱，但医疗保险对于农村户籍城市移民的城市适应影响更为显著（Qin et al.，2021），不仅如此，跨区域整合医疗保险也有助于中国内部城乡移民的社会融入以及医疗资源的有效利用（Peng and Ling，2019）。此外，研究发现通过整合针对性的社会和医疗保险，对于移民融入社会具有极大必要性（Liu et al.，2013）。综上可得，无论是国际移民、国内移民，还是返乡移民，医疗保险在提升移民社会融入方面都有着重要作用。

安全预期的提高通过政府的医疗保障支持实现。城乡居民医疗保险和补充医疗保险，为农村随迁老人提供了一种财务、心理双重安全网，使其在面临健康风险和医疗费用时能够获得保障。这不仅是一种省钱机制，可以减轻他们的经济负担，降低因医疗支出而导致的贫困风险，也能提高心理保障，从而有助于提升他们的城市适应水平。这一点在农村随迁老人群体中尤为重要，因为他们面临更大的城乡不同文化的适应压力。医疗保险可以通过提供负担得起的医疗保健服务、促进体检和预防保健利用改善农村随迁老人的健康和福祉，减少由疾病和健康问题而引发的社会隔离风险。健康的农村随迁老人更有可能积极参与社会和经济生活，增加社会融入感。此外，医疗保险可以改善农村随迁老人的心理安全感。知道自己在需要时可以获得医疗照顾，可以减轻他们的焦虑和担忧，有助于提高他们的社会融入水平。

基于此，本章提出研究假说 H6-3：社会支持通过增强农村随迁老人的安全预期来提高城市适应。

6.2　变量说明与模型设定

6.2.1　变量说明

1. 被解释变量

本章的被解释变量为农村随迁老人城市适应，鉴于测量城市适应需要考虑众多指标以及农村随迁老人的特殊性（年龄大、有农村生活经历、受教育程度低等），本书借鉴 Wang 等（2023）的研究，选择由改进型熵值法这一客观赋值和降维方法测量城市适应水平，取值介于[0,1]，接近于 0 表明城市适应水平较低，接近于 1 表明农村随迁老人有了较高的城市适应水平，为了进一步缓解由变量度量而造成的异方差问题，本书对城市适应变量进行了 1%分位点以下和 99%分位点以上缩尾处理。

2. 解释变量

本章的解释变量是社会支持，为考察社会支持对农村随迁老人城市适应的作用机理，本章用社会支持供给的具体内容来衡量社会支持。具体的社会支持内容有政府养老金支持，用养老金对数衡量。异地医疗，即医疗报销比是指农村随迁老人在城市生病产生的医疗费用报销比。补充医疗，指农村随迁老人是否参加补充医疗保险。医疗保险数量，指农村随迁老人参加的医疗保险数量。社区活动支持，指随迁老人所在社区提供的社区活动场所。具体表现为农村随迁老人的社区活动参与。家庭经济支持从最近 12 个月是否从子女处获得经济支持（包括金钱和实物）及支持量，并对支持金额分组，修改成分类变量进行测度。家庭情感支持则由与子女联系（电话、短信等）的频率和与子女见面的频率指标变量作为替代变量来测度。

3. 机制变量

本章的机制变量是城市可行能力，从闲暇时间、收入、负向情绪、城市生活能力、安全预期衡量。闲暇时间使用农村随迁老人在城市生活后减少的农业劳动时间和非农劳动时间的对数来衡量，分别对应闲暇时间 1、闲暇时间 2，劳动时间减少会带来闲暇时间的增加，这对提高城市适应有积极的作用。负向情绪由农村随迁老人通过回答 10 个方面的精神状态问题赋分并加总，看得分是否超过阈值 12，超过赋值 1，否则赋值 0（Zhang and Harper，2022）。城市生活能力具体包括独立做家务、外出购物、打电话等 6 个事项的执行能力，根据事项的完成难易程度，每项赋值 0～3 分（王康康和李旻，2023），城市生活能力越高代表农村随迁老人越能独立探索城市空间，越能够融入城市社区和文化。针对安全预期，本书借鉴已有做法（李亚青等，2022）将问卷中关于对未来态度的题项作为"安全预期"的代理变量，并做了两种处理。一是连续变量，依据选项顺序依次取值为 1、2、3、4；二是哑变量，选项为"大多数时间"时取值为 1，否则为 0。

4. 控制变量

控制变量从个体、家庭和地区特征三个层面衡量，尽可能控制住影响社会支持和城市适应的变量，具体来说包括三类。①农村随迁老人个体特征变量，包括性别、年龄、教育、配偶随迁、患慢性病的数量、工作、宗教信仰等。②农村随迁老人家庭特征，包括金融资产（现金、存款、购买债券）对数、财产性收入（出租土地、宅基地房屋租金）对数、子女数量。③地区层面，指东部地区和中西部地区虚拟变量。

本章所涉及变量的解释和描述性统计见表 6-1。

表 6-1　变量赋值解释及描述性统计

变量名称		变量赋值解释	均值	标准差
解释变量				
社会支持内容	政府养老金支持	农村随迁老人领取养老金金额的对数	2.9593	3.8715
	医疗保险数量	农村随迁老人医疗保险数量	1.0443	0.2967
	异地医疗	农村随迁老人异地医疗报销比例	0.0136	0.0964
	补充医疗	农村随迁老人是否参加补充医疗保险	0.0557	0.2295
	社区活动支持	农村随迁老人对社区活动室的利用与否	0.1785	0.3832
	家庭经济支持	家庭给予的现金和等价物对数	6.1983	3.5910
	家庭情感支持	各个子女联系频率均值	8.4878	4.7020
机制变量				
多维城市可行能力	闲暇时间 1	农业劳动减少的时间的对数	1.1617	2.3789
	闲暇时间 2	非农劳动减少的时间的对数	2.9441	3.6361
	负向情绪	10 个方面的精神状态问题，加总后是否超过阈值	0.2443	0.4299
	城市生活能力	独立做家务、外出购物、打电话等 6 个事项的执行能力	16.9101	3.0506
	安全预期	未来充满希望态度，取值为 1、2、3、4	2.8114	1.2682

资料来源：2018 年 CHARLS 数据

6.2.2　模型设定

1. 机制检验模型

本书主要参考中国人民大学江艇教授的研究成果，他认为中介效应分析是考察解释变量和被解释变量之间因果关系的作用渠道，是因果关系研究的一个扩展，不可过度拔高其重要性，研究解释变量和被解释变量之间的因果关系才是首要的也是最核心的问题，在被解释变量对核心解释变量的回归中加入中介变量后，不论解释变量的系数是否发生变化，该结果都无法使解释变量对被解释变量的因果关系变得更加可信（江艇，2022）。由于传统中介检验模型产生于自然实验中各因素均可有效控制的心理学研究，而在经济学这类社会科学研究中，无法像自然实验那样精准、全面地控制影响结果变量的因素，该方法并不可靠，存在内生性问题，因此越来越多的经济学研究逐步放弃传统三步法，改用江艇建议的方法进行机制检验（Cui et al.，2023；储德银等，2023；刘斌和甄洋，2022；杨肖丽等，2023；闫芷毓等，2023；黄祖辉等，2023）。

温忠麟和叶宝娟（2014）也在其研究中强调了中介效应检验的局限性，即中介效应检验虽然可以揭示变量之间的关系，但并不能确定因果关系。江艇认为中介效应检验不可靠，提出了研究因果关系的作用渠道的建设性意见。一方面他批评了缺乏理论基础的传统中介效应模型，认为把中介变量作为控制变量放入回归中的做法是一种"坏控制"（bad control）（Angrist and Pischke，2009），因为好的控制变量必定是前置变量（pretreatment variable）；另一方面他提出了规范做法，即根据理论选出一个或几个与结果变量在逻辑上和时空关系上因果关系比较直观的中介变量，这样就无须进行正式的因果推断，而是仅看解释变量对中介变量的影响（江艇，2022）。Hayes（2013）批评了完全中介和部分中介的概念。从统计学上发现完全中介并不意味着对解释变量影响被解释变量的路径探究应该终止，部分中介也不是一个有价值的结论，因此本书并不对完全中介和部分中介做出判定。本节建立的中介效应模型基于相关的理论分析，同时参考了发表在《美国经济学杂志：经济政策》上的一篇论文的思想（Liu and Mao，2019），通过观测核心解释变量对机制变量的影响进行机制检验，构建如下模型。

第一步，检验解释变量是否影响被解释变量。

$$\text{Adaption}_i = \tau_0 + \tau_1 \text{SP}_i + \lambda_i \text{Controls}_i + \varepsilon_i \tag{6-1}$$

第二步，根据理论选出机制变量，并检验解释变量是否影响了机制变量

$$\text{Mediator}_i = \alpha_0 + \alpha_1 \text{SP}_i + \lambda_i \text{Controls}_i + \varepsilon_i \tag{6-2}$$

其中，Adaption_i 为被解释变量；SP_i 为解释变量差异化社会支持，由多个社会支持内容变量表示；Mediator_i 为机制变量；Controls_i 为控制变量；τ_0 和 α_0 为模型的截距项；τ_1 和 α_1 为对应的解释变量回归系数；λ_i 为控制变量回归系数；ε_i 为误差项。上述回归步骤中均控制了各层面的控制变量。

2. 稳健性分析模型：Oster 检验

Oster 检验是一种用于评估因果估计对于不可观察选择偏差的稳健性的统计方法，由经济学家 Emily Oster（艾米丽·奥斯特）在 2019 年提出。在实证研究中，常常面临着遗漏变量的潜在影响，而 Oster 检验旨在解决这一问题（Oster，2019）。

该测试的核心理念在于，我们可以通过引入一个额外的扰动变量来模拟外部干扰的影响，从而检验模型的稳健性。具体而言，首先在原有模型基础上引入扰动变量，其次重新估计模型，观察结果是否发生显著变化。如果扰动变量对模型

的估计结果产生重要影响，表明模型在面对外部干扰时表现不稳健。Oster 检验的应用范围广泛，尤其在经济学和社会科学领域得到了广泛关注。它为研究人员提供了一个评估研究结果稳健性的重要工具，帮助他们在面对不可观察的选择偏差时提高研究的可信度和可靠性。

6.3　社会支持对农村随迁老人城市适应影响的作用机制

6.3.1　基准回归结果

基于上文分析，本节使用江艇建议的作用机制研究步骤。

表 6-2 和表 6-3 展示了社会支持（不同社会支持内容）通过增强多维城市可行能力进而提高农村随迁老人城市适应水平，即通过增加闲暇时间、增加收入[①]、减少负向情绪、提高城市生活能力、提高安全预期五条路径提高农村随迁老人的城市适应水平，回归系数至少在10%的显著性水平上显著，说明这五个机制变量均为有效的社会支持作用于城市适应的重要变量。

表 6-2　闲暇时间机制检验（丰富生活机制）

社会支持内容	闲暇时间 1（农业劳动时间）		闲暇时间 2（非农劳动时间）	
	模型（1）	模型（2）	模型（3）	模型（4）
家庭经济支持	−0.0443*		−0.0858***	
	(0.0259)		(0.0295)	
政府养老金支持		0.0327		−0.0562*
		(0.0271)		(0.0325)
常数项	0.8931*	0.7803	1.2878**	1.1097*
	(0.4895)	(0.4843)	(0.5716)	(0.5737)
控制变量	已控制	已控制	已控制	已控制
N	790	790	790	790
Adj./PseduoR^2	0.0384	0.0360	0.4594	0.4550

注：结果由 Stata17 软件输出，括号中数值为稳健标准误
*表示 $p<0.1$，**表示 $p<0.05$，***表示 $p<0.01$

---

① 增加收入渠道并没有采用实证的方法，因为无论是政府的养老金支持还是家庭的经济支持都会增加农村随迁老人的收入。

表 6-3　负向情绪、城市生活能力和安全预期机制检验（生活稳定和健康提升机制）

社会支持内容	负向情绪			城市生活能力		安全预期	
	模型（5）	模型（6）	模型（7）	模型（8）	模型（9）	模型（10）	模型（11）
社区活动	−0.4473*			0.5229***			
	(0.2613)			(0.1663)			
异地医疗					1.5788***		
					(0.1966)		
补充医疗		−1.0938**				0.5235***	
		(0.5249)				(0.1537)	
医疗保险数量			−0.8890**				0.6075***
			(0.3887)				(0.1324)
常数项	−0.1159	−0.1279	0.6961	16.3118***	16.4430***	2.8467***	2.2543***
	(0.5367)	(0.5342)	(0.6340)	(0.5862)	(0.5790)	(0.3047)	(0.3239)
控制变量	已控制	已控制	已控制	已控制	已控制	已控制	已控制
N	790	790	790	790	790	790	790
Adj./PseduoR^2	0.0958	0.0982	0.0999	0.3483	0.3853	0.0201	0.0309

注：结果由 Stata17 软件输出，括号中数值为稳健标准误

*表示 $p<0.1$，**表示 $p<0.05$，***表示 $p<0.01$

首先，第 5 章的理论和实证分析结果已经证实了社会支持内容对农村随迁老人城市适应的正向促进作用，其中有一种社会支持内容未通过对农村随迁老人城市适应影响模型的实证检验，该内容是家庭的情感支持，故在本章不再展示这种社会支持内容对机制变量的影响结果。其次，本章理论分析部分已经分析了社会支持内容对多维城市可行能力五个机制变量的作用，以及这些机制变量对农村随迁老人城市适应的作用。最后，具体来看不同社会支持内容的作用路径差异，其中闲暇时间机制变量又被称为丰富生活机制变量，其余的机制变量可以统称为生活稳定和健康提升机制变量。

丰富生活机制，即闲暇时间机制变量的回归结果见表 6-2，使用劳动时间作为代理变量。对于减少劳动时间这条路径，家庭经济支持作用要大于政府养老金支持，无论是在减少农业劳动时间方面还是减少非农劳动时间方面，这与当前农村户籍老人可领取的养老金较低有关，中国政府网显示，2018 年最新上调的城乡居民基础养老金金额仅为每月 88 元[①]。在减少农业劳动时间方面，政府的养老

①《人力资源社会保障部 财政部关于 2018 年提高全国城乡居民基本养老保险基础养老金最低标准的通知》，https://www.gov.cn/zhengce/zhengceku/2018-12/31/content_5437328.htm[2023-10-03]。

金支持并不显著。这可能跟农村随迁老人心理账户有关系。如果农村随迁老人将养老金收入视为"城市账户"，这会导致他们在决策时未将其纳入考虑，尤其是在考虑是否回乡务农或者务农时间时，可能并不会减少务农时间，因为养老金收入可以在城市领取和消费，而且金额较低，这会导致农村随迁老人更倾向于将其用于城市生活消费，而不是用于减少务农时间。而家庭的经济支持既可以减少农业劳动时间也可以减少在城市里的非农劳动时间。家庭经济支持可能使农村随迁老人不再需要在城市从事非农劳动以维持基本生活水平。这可能会导致他们有更多的自由时间，可以选择减少在城市的工作时间，从而有更多的时间用于其他活动。这有助于农村随迁老人城市适应。

生活稳定和健康提升机制包含的三个机制变量的回归结果见表 6-3，分别是负向情绪、城市生活能力和安全预期。第一，探讨负向情绪机制。负向情绪在农村随迁老人中常常表现为孤独感、焦虑、抑郁等不良情绪状态。本书研究发现，社区活动、补充医疗和医疗保险的数量与负向情绪的发生概率呈负相关。这意味着更多的社区活动、医疗资源和医疗保险可以降低农村随迁老人出现负向情绪的可能性。社区活动不仅仅是为老年人提供娱乐和社交互动的场所，更重要的是提供了社交支持和信息交流的平台，帮助老年人减轻孤独感，改善心理健康。此外，补充医疗和医疗保险的增加也可以提供更好的医疗保障，减轻老年人的医疗负担，进一步减少负向情绪的发生率，从而有利于农村随迁老人城市适应。第二，城市生活能力是另一个重要的研究焦点。城市生活能力指老年人在城市中的独立活动的能力，这取决于社会支持的程度。社区活动和异地医疗在城市生活能力提升中发挥着关键作用。社区活动不仅是活动本身，更是情感支持机制和信息传播机制，为老年人提供了情感慰藉和信息传递的途径，可以帮助农村随迁老人提高城市生活能力，更好地适应城市社会。同时，异地医疗也对老年人的身体健康和医疗负担产生了积极的影响。农村随迁老人可以更容易地获得医疗服务，减轻了他们的身体健康问题，同时降低了医疗开支，为提高其城市生活能力提供了重要的支持。第三，安全预期也是一个关键的机制。老年人的安全感与他们的生活质量密切相关。与医疗相关的社会支持内容对提高老年人的安全预期产生了积极影响。这意味着社会支持体系中的医疗保障和医疗资源的增加，可以增加老年人对未来的信心，减轻他们对生活的担忧，提高了他们的安全感。这对于提高农村随迁老人的城市适应至关重要。

综上所述，通过对闲暇时间、收入、负向情绪、城市生活能力和安全预期等机制的研究，我们深入了解了这些因素对农村随迁老人的影响，这些机制变量均是社会支持影响农村随迁老人城市适应的路径，研究假说 H6-1、H6-2、H6-3 均得到证实。这些研究成果为制定针对性的政策和提供相应的社会支持措施提供了重要的参考依据，也为提升农村随迁老人的福祉和提高城市适应提供了有力支持。

6.3.2 稳健性检验

在排除遗漏变量的问题方面，一个自然的问题是：农村随迁老人的差异化社会支持是否会因其他不可观察的特征而变化？换句话说，是否存在未观察到的家庭和子女特征，而这些特征会影响到农村随迁老人以及他们的多维城市可行能力？为了验证结果不受遗漏变量的影响，本节进行了 Oster（2019）遗漏变量检验，这个方法已经被许多主流经济学文献所采纳（Hill et al., 2021；Madsen and Strulik, 2020），Oster 指出进行稳健性测试有三种方法。①测试 δ 值范围。在给定 R_{max} 的值并计算 $\beta=0$ 的情况下，通常认为当 δ 的值大于或等于 1 时，系数是稳定的。②测试 β 值范围。在给定 R_{max} 和 δ 的值后，计算 β 值的范围，然后将该范围与 0 进行比较。如果区间不包含 0 值，则系数是稳定的。③测试 R_{max} 值范围。在给定 $\beta=0$ 和 $\delta=1$ 的情况下，计算 R_{max} 的值以讨论不可观察变量的解释能力。

本书参考了已有研究，对 δ 的取值进行了测试，以查看是否存在遗漏变量的可能性，如果 δ 大于 1 或小于 0，则可以认为由不可观察变量引起的偏差很小，一个大于 1 的正比率表明，对于完全解释估计的效应，对于未观察到的变量的选择必须比对观察到的变量的选择更大，而在控制了大量协变量的情况下，这种情况不太可能发生；一个负的比率表明估计的效应存在向下偏差，增加更多的控制变量可能会使系数变大（Oster，2019；Zhang et al., 2023a）。如表 6-4 所示，Oster 测试的 δ 比值均大于 1 或者小于 0，测试通过，表明差异化社会支持对多个机制变量的作用受遗漏变量的影响很小，因此基准回归结果具有稳健性，说明差异化社会支持提高农村随迁老人城市适应的作用机制有增加闲暇时间、增加收入、减少负向情绪、提高城市生活能力和增强安全预期等五条路径。

表 6-4 Oster 检验结果

机制变量	解释变量	Oster 检验（δ）	是否通过
农业劳动时间	家庭经济支持	74.4716	通过
非农劳动时间	政府养老金支持	1.7939	通过
	家庭经济支持	2.2480	通过
负向情绪	社区活动	4.7961	通过
	补充医疗	12.0686	通过
城市生活能力	医疗保险种类	19.0126	通过
	社区活动	4.2163	通过
	异地医疗	25.8428	通过

续表

机制变量	解释变量	Oster 检验（δ）	是否通过
安全预期	补充医疗	−546.0281	通过
	医疗保险种类	30.5000	通过
控制变量		控制	
N		790	

注：表格由 Stata17 软件输出

6.4　本 章 小 结

本章在理论分析的基础上，使用 2018 年 CHARLS 数据实证检验了差异化社会支持内容与农村随迁老人城市适应中多维城市可行能力五个维度变量的作用机制，主要结论如下。

闲暇时间增多、收入增加、负向情绪减少、城市生活能力增强、安全预期提高都是有效提高农村随迁老人城市适应水平的机制。在多种社会支持内容的作用下，社会支持发挥了社会支持的缓冲作用。养老金收入和家庭经济支持都可以带来收入的增加，一个稳定的经济来源不仅可以保障农村随迁老人的基本生活需求，也可以提升其在城市中的幸福感和归属感。闲暇时间增多主要是家庭经济支持的作用，这与农村随迁老人迁移的原因有关，从事家庭生产，照料孙辈和做家务，根据社会交换理论，农村随迁老人子女会给予其经济支持。参加补充医疗保险和加入多种医疗保险，这两个社会支持内容更多的是心理上的保障作用，可以为农村随迁老人提供心理上的安全感，减轻其负面情绪；此外社会支持理论和社会活动理论下的社区活动的情感支持也是重要的压力缓冲机制。城市生活能力增强要归功于社区活动的信息提供作用，社区活动不仅促进了社会关系的建立，还发挥了信息传递与交换的功能。安全预期则是通过医疗保障的完善程度提升上来的，政府通过完善医疗保障体系，提高医疗服务的质量和便利性，可以增强农村随迁老人在城市生活中的安全感，使其更加放心地享受城市生活。综上所述，以上机制的有效运作，为农村随迁老人在城市生活中找到了稳定的生活节奏，提升了其生活质量，也为城市化进程中的社区治理、城市发展政策制定者提供了有益的借鉴。

第 7 章

农村随迁老人的社会支持需求分析

前面章节已经分析了社会支持对农村随迁老人城市适应的正向促进作用，但分析所依据的原始数据存在一些不足，即以变量关系为主，忽视了农村随迁老人个体真实需求的问题，因此本章采用 2022 年辽宁省实地调研数据，基于需求视角，针对农村随迁老人个体社会支持需求进行分析。

根据前面的分析，可知不同的社会支持主体会提供不同的社会支持内容，但在社会支持内容上还有很多优化的空间，优先优化哪些社会支持内容要与农村随迁老人群体的需求结合起来，只有这样才能最大化社会支持的效用和农村随迁老人个体福利，农村随迁老人对优化社会支持内容的需求有没有优先序问题？是不是每个农村随迁老人都有相同的社会支持优化需求呢？不同特征的农村随迁老人对社会支持需求是否存在差异？为解答这类问题，本章基于需求视角，分析农村随迁老人对社会支持的需求层次问题，并通过对现有社会支持体系的分析，提出相应的优化策略。希望通过本书能够为改善农村随迁老人的生活状况，促进社会支持体系的完善与创新，为构建一个更加充满关爱、温暖的城市社区共同体贡献一份力量。同时，也希望通过本章的研究，为更好地理解和解决其他特殊群体的社会支持需求问题提供一定的借鉴和启示。

7.1 分 析 框 架

任何负责任的政府都会通过提升自身治理能力尽力提高公民对国家治理的满意度和生活幸福感，但是其能力受限于资源和财力，因此寻找最优的方式分配稀缺资源对提高本国公民满意度至关重要。农村随迁老人的社会支持需求是一个复杂且多层次的问题。一方面，他们需要日常生活的照料与帮助，包括医疗保健、营养供给等方面的支持；另一方面，农村随迁老人在情感上也需要关爱与陪伴，缺乏子女与亲人的陪伴使得他们在心理上更容易感到孤独与无助。同时，经济保障问题也是农村随迁老人面临的一大难题，他们微薄的养老金往往难以满足日常开支，更不用说面对突发疾病或其他不可预见的紧急情况。为了解决农村随迁老人的社会支持问题，社会支持体系的优化显得尤为重要。

目前的社会支持体系在城市化发展的背景下仍存在许多不足，特别是对于农村随迁老人的需求尚未得到充分关注与满足。因此，我们需要深入研究农村随迁老人的实际需求，倾听他们的心声，探索建立更加全面、多元的社会支持网络，包括政府、社区、家庭等各方的积极参与和合作。社会支持内容部分属于公共产品，而中国政府面向老年群体提供公共产品存在一定的"盲目性"（张鹏，2017），流动人口需求和政府响应之间也存在供需不匹配的现象（Guo and Liang，2017），农村随迁老人作为城市社区公共产品的消费者，有时是被动地接受，这种"自上而下"的供给模式，较少关注农村随迁老人对社会支持需求的策略性满足，对策的适用性较难保证，不仅不能满足供给对象的需求，也会造成公共资源的浪费。

福利经济学是西方研究社会经济福利的经济学理论，以实现社会福利最大化为根本目标。它由英国经济学家 Hobson（霍布森）和 Pigou 于 20 世纪 20 年代创立，主张使用基数效用进行定量分析，后被批判和质疑，认为效用作为人的主观感受是不可以在人与人之间比较的，此后新福利经济学诞生，以序数效用论为分析工具。经典的"帕累托标准"（Pareto criterion），即至少一个人福利更高，而同时没有带来其他人效用减少，由于可以回避价值判断问题，不需要进行效用的人际比较，从而很好地迎合了新福利经济学偏好，但对现阶段的中国经济社会协调发展、共同富裕的目标缺乏解释力，对分析农村随迁老人获取社会支持不太契合。

新福利经济学主张经济学研究不涉及价值判断，主张效率优于公平，以帕累托标准为最优状态，强调过程的公平，这符合中国改革开放初期到中国共产党十九大召开这一时期的经济发展思路，即效率第一，是"让一部分人先富起来"的帕累托改进，但是当中国特色社会主义进入新时代，即便是完全市场经济下，帕累托最优状态也会存在突出的公平问题，一些经济问题涉及伦理、社会公平，难以完全忽略价值判断。习近平总书记强调"全面深化改革必须以促进社会公平正义、增进人民福祉为出发点和落脚点。这是坚持我们党全心全意为人民服务根本宗旨的必然要求。全面深化改革必须着眼创造更加公平正义的社会环境，不断克服各种有违公平正义的现象，使改革发展成果更多更公平惠及全体人民。如果不能给老百姓带来实实在在的利益，如果不能创造更加公平的社会环境，甚至导致更多不公平，改革就失去意义，也不可能持续。"①，这充分说明了新时代中国特

①《切实把思想统一到党的十八届三中全会精神上来》，https://www.gov.cn/govweb/ldhd/2013-12/31/content_2557965.htm[2022-01-12]。

色社会主义建设阶段对公平问题的重视，若继续效率优先必将导致极端的社会不公平，更可能引起社会的不稳定。经济发展必须更加关注社会的整体平衡和人民的幸福感，而不仅仅是经济指标的提升。基于此，新福利经济学所倡导的帕累托最优缺乏对中国现状的解释力，这也与中国当前和谐社会建设、共同富裕原则不契合。

然而，用 Pigou 的福利经济学关注和分析农村随迁老人社会支持需求有助于福利经济学在中国的具体应用，为造福弱势群体提供理论支撑。旧福利经济学的基本价值观体现在对弱势群体关怀的强调方面。Pigou 认为福利经济学应当研究如何增加世界或者一个国家的经济福利，要求增加对弱势群体的关注。Pigou 反对通过最低工资法增加收入，因为每个劳动者有着不同需求，还可能增加老人、无技术工作者的失业率，主张最低生活标准可以产出更有效的经济效果。由于收入分配自由竞争模式假设与现实情况存在差距，市场机制的自由运转并不必然出现社会福利最大化的完美结果，因此国家干预非常重要。

Pigou 主张收入均等化是理性的经济政策。他认为货币收入存在边际递减效应，把收入由富人转移至穷人，如果国民所得总量不变，总效用就会增加，这样会使弱势群体更多的迫切需求得到满足，也就是说弱势群体效用的增加会带来整体社会福利的改善，可以最大化社会福利（埃斯兰贝格等，2008）。这个观点也符合中国政府追求共同富裕的政策目标。共同富裕是中国特色社会主义的根本原则，包括物质富裕和精神富裕，其中精神富裕指每个人达到高度富裕水平后，带来更大的获得感、满足感和幸福感（李实，2021）。Pigou 主张的强制转移支付与中国政府现阶段正在实施的三次分配政策有很大的相似性，不同之处是中国政府转移支付是由高收入人群在自愿基础上，以募集、捐赠和资助等方式对社会资源和社会财富进行再次分配，两者政策目标是一致的，都是缩小社会差距。通过第三次分配，我们所关注的农村随迁老人这类弱势群体，可获得更多的个人福利，从而有利于社会整体福利的增加，从根本上看也是福利经济学追求公平、实现福利最大化的途径之一。

根据福利经济学效用理论和新兴的非福利主义，每个人都是他们个人福利（individual welfare）的最佳的、唯一的判断者，个人福利可以量化并比较，并力图使自己的个体效用最大化，除此之外，非福利主义还认为社会福利不仅应考虑个人福利还要纳入个人特定的价值观，即福利标准的多重性和多样性，这种多样性在政策制定时需要考虑到不同群体的需求，以实现更全面的社会福利，而且研究发现在一些简单的环境中，在有利于少数群体的规范下，社会整体效用实际上是最大化的，如果没有关于个人效用的信息，就不能根据功利主义（utilitarianism）论点来拒绝或推广与少数群体有关的政策（Harel and Segal，2014），这更强化了对农村随迁老人这一少数群体增加福利的观点。

在福利经济学中，效用通常等同于福利，个人福利通常被表示为个人的平安、健康、主观幸福等。个人福利可以看作个人的主观幸福感，如何将收入在消费商品、服务和闲暇时间进行分配，以实现满足感最大化。研究农村随迁老人的社会支持需求层次的选择实际包含了两个福利最大化目标，第一个目标是要实现农村随迁老人个体通过不同社会支持组合排序获得的效用最大化。农村随迁老人群体有较强的异质性，属于理性个体，在判断不同社会支持内容时会根据自身的健康状况、收入状况、年龄大小、居住类型、个人性格等因素结合自身需求进行选择，以效用最大化为原则，对各种社会支持内容进行评价，这遵循了自身能力原则和市场原则，可实现社会支持供给效率的提升，保证社会支持效果。农村随迁老人个体对社会支持需求的选择和评价体现了对个体效用最大化的追求，体现了福利经济学的第一个目标：效率。福利经济学的第二个目标是公平，即实现农村随迁老人整体的福利最大化，弱势群体会受到社会经济地位和制度的约束，即农村随迁老人城市可行能力是受到限制的，也可能难以选择增加个人效用的社会支持类型，因此农村随迁老人追求个人效用最大化的过程并不一定导致整个社会福利走向优化。因此政府干预的作用就体现出来了，政府可以通过差异化的社会支持给他们带来福利的增加，进而带来社会福利的增加。

7.2　模型介绍和问卷设计

7.2.1　Kano 模型介绍

如何高效地获取顾客需求偏好信息进而提供或者优化面向顾客差异化需求的产品，是管理学领域，尤其是市场营销学的热点问题。Kano 模型是一种广泛用于产品开发和客户满意度分析的技术。它是日本学者 Noriaki Kano 教授受双因素理论①启发在 20 世纪 80 年代开发出来的，他认为产品特性和顾客满意度并不是线性关系，并非产品的每一个属性的提供（或者不提供）都可以提升（或者降低）顾客对产品的满意度。Kano 模型的主要目的是根据客户对特定产品属性或特征的满意程度和不满程度，理解并确定客户需求的优先级（Kano et al.，1984；Ullah and Tamaki，2011）。

① 双因素理论（two factor theory）由 Fredrick Herzberg 于 20 世纪 50 年代提出，是一个关于工作动机和满意度的心理学理论，双因素理论的核心思想是，动机因素（motivational factors）可以激发员工的积极性和工作满意度，而卫生因素（hygiene factors）属于底层需求，它的满足并不会产生激励效果，只会导致不满意感的消失。因此，要提高员工的工作动机和满意度，不仅需要改善工作环境和外部条件（卫生因素），还需要关注工作本身的挑战和内在价值（动机因素）。

Kano 模型应用于中国企业和学术界的时间并不长，最初应用于企业管理中产品设计的顾客需求层次分析。此后，越来越多的关于图书馆服务提升与用户需求分析、儿童照顾政策需求层次分析、公民养老需求分析、城乡公共产品与公共服务需求层次分析与评估的研究开始使用 Kano 模型（侯冰，2018；刘昌宇等，2019；刘蕾，2015；易明等，2020；杨雪燕等，2021；王建云和钟仁耀，2019；陈璟浩和陶荣根，2021），研究表明分析中国公共产品供求及优先序问题，Kano 模型也展现出了良好的适用性。Kano 模型有两大优势，一是结构化问卷便于真实数据的收集；二是该模型可以有效识别不同的需求属性，处理多个需求优先级排序，方便政策制定者有序地提供针对性的政策。

因此，本书认为使用 Kano 模型分析农村随迁老人对差异化社会支持的需求层次，可以有效弥补传统政策需求测量方法（假定政策供给和需求接受者满意度线性相关）的局限性，通过对农村随迁老人使用 Kano 模型进行调查和分析，社会支持服务的提供者可以更好地理解他们的需求，在财政预算有限的情况下，通过 Kano 模型识别和分析服务需求，以制定优先级，从而提供更加符合期望的支持和关怀。Kano 模型的分析步骤如下。

（1）通过文献梳理和实地访谈明确农村随迁老人的社会支持需求。

（2）在问卷中为农村随迁老人设计社会支持需求"提供"与"不提供"每项社会支持内容的情境，农村随迁老人在正反两方面情境下做出态度选择。

（3）整理农村随迁老人对每项社会支持内容的选择结果，使用 Kano 模型需求属性判定表识别农村随迁老人社会支持内容的需求属性。

（4）识别各项社会支持内容的属性后，根据 Better-Worse 系数评价农村随迁老人对不同社会支持内容的整体满意度，判断农村随迁老人对社会支持内容的需求优先级。

7.2.2　研究思路及 Kano 问卷设计

理解客户的需求对于产品开发极其重要（Kano et al.，1984；Mikulić and Prebežac，2011）。在设计问卷时，提问方式对调查对象的理解与选择至关重要。考虑到实际社会支持与理想状态之间可能存在差异，本书特别关注农村随迁老人可能因期望与实际之间的差距而产生的心理不满，这可能影响他们对社会支持需求的真实表达。为了避免这一问题，我们采用了"社会支持内容与功能"转化表述的方法，这种方法允许我们通过 Kano 模型，针对客户需求问题进行正反两方面的双向提问。这不仅能够更全面地收集农村随迁老人在不同情况下的态度，而且还能更合理地引导他们给出真实的回答。Kano 模型的优势在于，它能够帮助我们识别和分析不同层次的客户需求，从而更有效地满足农村随迁老人的社会支持需求。通过这种双向提问的方式，我们能够更准确地理解他们的真实需求，进而提供更加贴合期望的服务。相反，仅仅使用需求询问或者所谓的"需求率"调查个体需求特征可能会导致被访者对所需服务的期望过高，而且难以体现需求的层次性和优先级，因此可能会被理解为服务质量过于理想化（Mikulić and Prebežac，2011；Ozbekler and Ozturkoglu，2020）。

农村随迁老人的社会支持需求指一定时期内、一定社会条件下农村随迁老人可使用的社会支持资源的总和。依据前文社会支持的定义，考虑社会支持提供者的类型和社会支持内容与功能，结合农村随迁老人在城市社区的生活状况与困难，本书在已有的政府支持、社区支持和家庭支持三种分类不变的基础上，对社会支持的具体内容进行了优化和完善，具体的社会支持内容和功能如表 7-1 所示。

表 7-1　社会支持内容与功能

类型	社会支持内容	具体内容	功能
政府支持	增加政府养老金	政府定期提供额外的养老金，提高农村随迁老人的养老金待遇	提高农村随迁老人生活质量，缓解经济压力
	便捷的异地医疗报销	简化医疗报销手续，提高异地医疗费用的报销比例	促进农村随迁老人异地就医，降低医疗成本
	居家养老补贴	提供经济补贴，帮助农村随迁老人改善生活条件	改善居家养老条件，增加生活保障
社区支持	社区适老职业指导及介绍	为农村随迁老人提供职业指导、介绍适合他们的兼职或创业机会	帮助农村随迁老人就业或创业，增加自我价值感
	社区组织更多的活动	定期组织健康讲座、文艺演出、户外活动等，鼓励农村随迁老人积极参与	丰富农村随迁老人的生活，促进社交和交流
	社区给予城市适应指导	提供关于城市生活的常识、规则和习惯等指导	帮助农村随迁老人适应城市生活环境
家庭支持	子女给予更多的经济支持	子女定期提供经济援助，帮助农村随迁老人支付生活费用	缓解农村随迁老人经济负担，增加生活品质
	子女提供更多的情感支持	子女经常与农村随迁老人联系，陪伴和关心他们	减轻农村随迁老人的孤独感，增进家庭凝聚力

Kano 模型中问卷回答选项有日本版本和美国版本两类，如表 7-2 所示，瑞典学者 Nilsson-Witell 和 Fundin 通过实证对比与分析认为，Kano 模型在日本版本的表述方式上更加有效，可疑属性的比例由 6% 下降至 2%，下降程度达 67%（Nilsson-Witell and Fundin，2005）。这可能意味着不同地区或文化背景下，人们对需求的理解和表述方式可能存在差异，从而影响了对 Kano 模型的应用和分析结果。本书借鉴已有做法，使用以上两个版本分别对 20 人进行调查测试发现，日本

版本结果更能展示社会支持需求层次的差异性，这与已有研究结果相同（侯冰，2018），这可能与美国版本不同选项之间缺乏明显的区分标准，日本和中国同属东亚地区，日本版本的回答选项更符合中国人的习俗有关，中国农村随迁老人使用日本版本也更容易从不同回答选项中做出选择，因此本书使用日本版本进行调研和分析，问卷的具体问题和问题选项如表 7-3 所示。根据问卷问题的回答对照 Kano 模型需求属性判定表（表 7-4），可以计算出所评估社会支持内容的需求属性百分比。

表 7-2　Kano 模型问卷的两种回答选项

问卷回答选项（美国版本）	问卷回答选项（日本版本）
1. 我享受那样　I enjoy it that way	1. 满意　I like it that way
2. 我期待那样　I expect it that way	2. 理应如此　It must be that way
3. 我无所谓　I am neutral	3. 无所谓　I am neutral
4. 我可以接受　I can accept it	4. 勉强接受　I can live with it
5. 我不喜欢那样　I dislike it that way	5. 不满意　I dislike it that way

注：表中内容根据 Nilsson-Witell 和 Fundin 2005 年的研究论文整理和翻译得出

表 7-3　农村随迁老人社会支持需求 Kano 问卷

题序号		问题选项	题序号		问题选项
1	正向	如果增加政府养老金，您觉得如何？ 满意　理应如此　无所谓　勉强接受　不满意	5	正向	如果社区给予城市适应指导，您觉得如何？ 满意　理应如此　无所谓　勉强接受　不满意
	反向	如果不增加政府养老金，您觉得如何？ 满意　理应如此　无所谓　勉强接受　不满意		反向	如果社区不给予城市适应指导，您觉得如何？ 满意　理应如此　无所谓　勉强接受　不满意
2	正向	如果提供便捷的异地医疗报销服务，您觉得如何？ 满意　理应如此　无所谓　勉强接受　不满意	6	正向	如果社区给予居家养老补贴，您觉得如何？ 满意　理应如此　无所谓　勉强接受　不满意
	反向	如果不提供便捷的异地医疗报销服务，您觉得如何？ 满意　理应如此　无所谓　勉强接受　不满意		反向	如果社区不给予居家养老补贴，您觉得如何？ 满意　理应如此　无所谓　勉强接受　不满意
3	正向	如果社区提供适老职业指导及介绍，您觉得如何？ 满意　理应如此　无所谓　勉强接受　不满意	7	正向	如果子女给您更多的经济支持，您觉得如何？ 满意　理应如此　无所谓　勉强接受　不满意
	反向	如果社区不提供适老职业指导及介绍，您觉得如何？ 满意　理应如此　无所谓　勉强接受　不满意		反向	如果子女没有给您更多的经济支持，您觉得如何？ 满意　理应如此　无所谓　勉强接受　不满意
4	正向	如果社区组织更多的活动，您觉得如何？ 满意　理应如此　无所谓　勉强接受　不满意	8	正向	如果子女给您更多的情感支持，您觉得如何？ 满意　理应如此　无所谓　勉强接受　不满意
	反向	如果社区不组织更多的活动，您觉得如何？ 满意　理应如此　无所谓　勉强接受　不满意		反向	如果子女没有给您更多的情感支持，您觉得如何？ 满意　理应如此　无所谓　勉强接受　不满意

注：表中内容为作者实际调研问卷的部分内容

表 7-4　Kano 模型需求属性判定

问题选项		不提供该需求				
		满意	理应如此	无所谓	勉强接受	不满意
提供该需求	满意	Q 可疑	A 魅力	A 魅力	A 魅力	O 期望
	理应如此	R 反向	I 无差异	I 无差异	I 无差异	M 必备
	无所谓	R 反向	I 无差异	I 无差异	I 无差异	M 必备
	勉强接受	R 反向	I 无差异	I 无差异	I 无差异	M 必备
	不满意	R 反向	R 反向	R 反向	R 反向	Q 可疑

注：根据 Matzler 和 Hinterhuber 1998 年的文章整理得到

　　由于目标群体是农村随迁老人，因此需要结合农村随迁老人自身特征及其在城市里可能遇到的普遍性困难，使用 Kano 模型来调查和分析他们对社会支持的需求。通过标准化问卷，收集农村随迁老人的反馈意见，然后根据他们的回答将社会支持的因素属性归类为不同类型的 Kano 模型社会支持需求属性，分别为魅力（attractive，A）属性、期望（one-dimensional，O）属性、必备（must-be，M）属性、无差异（indifferent，I）属性、反向（reverse，R）属性和可疑（questionable，Q）属性等六种需求属性。在识别每个农村随迁老人对各项社会支持内容的需求类型或属性后，采用必备型和期望型社会支持内容的总数来衡量农村随迁老人对社会支持供给的需求强度，因为当这两种属性的社会支持不提供时，农村随迁老人会表现出明显不满意，而当具有其他类型的社会支持缺失时，受访者还能勉强接受（张露等，2017）。所以本书将每项社会支持内容的必备属性与期望属性百分比加总，将其视为对该政策有迫切需求的人数比例。

　　魅力属性：农村随迁老人尚未意识到的、潜在的，但可能对他们产生积极影响的需求。为老年人提供丰富多样的文化娱乐活动，满足他们的兴趣爱好和社交需求。同时，了解老年人的个性化需求，提供定制化的服务，让他们感受到被尊重和关爱。这些潜在需求的满足，将为农村随迁老人带来更多的幸福感和满足感。期望属性：了解农村随迁老人普遍期望的需求。期望需求是农村随迁老人在社会支持体系中希望得到的，但不是必需的需求，满意度与需求的满足程度成正比。必备属性：确定农村随迁老人的最基本需求，如果未被满足，会导致极度不满，是农村随迁老人生存所必需的，例如健康和医疗保障、养老金和社会福利等。无差异属性：确认农村随迁老人对某些属性是否感到无所谓，无论是否满足这些需求，都不会明显影响满意度。反向属性：发现可能会导致农村随迁老人不满的需求，然后着重避免或最小化这些问题。可疑属性：对于一些属性，农村随迁老人的态度可能不一致，需要进一步研究以确认其对满意度的影响。

上文基于 Kano 模型识别出不同社会支持需求属性的百分比，由于单纯层次划分存在量化不足的局限，为保证各项服务需求对比和排序的连续性，本书将结合 Berger 等（1993）提出的 Better-Worse 系数进一步分析，该系数由满意度系数（satisfaction index，SI）和不满意度系数（dissatisfaction index，DSI）组成，对各项服务需求及其所体现的"依赖性"和"期待性"进行比较，更为全面地把握各项服务之间的需求层次差异，其中，SI 是指服务提供时的满意度提升程度，表现为对服务的期待性，DSI 是指服务无法提供时的满意度下降程度，体现出服务的依赖性或重要性。SI 和 DSI 的绝对值取值区间为[0,1]，越接近 1 表明影响越大。

如果有该功能，用户满意度增加的指数

$$Better/SI=（A+O）/（A+O+M+I）$$

$$Better/SI=（魅力+期望）/（魅力+期望+必备+无差异）$$

如果无该功能，用户满意度降低的指数

$$Worse/DSI=1\times（M+O）/（A+O+M+I）$$

$$Worse/DSI=1\times（必备+期望）/（魅力+期望+必备+无差异）$$

优先序：必备属性>期望属性>魅力属性>无差异属性。

7.3　数据来源及样本特征

7.3.1　数据来源

本章数据来源于沈阳农业大学和大连民族大学的"农村随迁老人社会支持需求层次及结构优化"课题组。调研范围为辽宁省沈阳市、大连市和盘锦市。为保证调查质量，调研小组在沈阳市沈河区马官桥街道进行了一次小范围的预调查，并根据调查情况对问卷进行反复修改。调研区域的选择主要基于以下几个方面的原因。第一，选择沈阳市、大连市的原因是沈阳市和大连市为辽宁省仅有的两个人口净流入城市，其他城市均为人口净流出，盘锦市属于随机选取的调研城市。根据第七次全国人口普查数据可得，2020 年沈阳市全市常住人口 907.01 万人，其中流动人口 238.68 万人[①]。大连市数据显示，全市常住人口 745.08 万人，其中

---

①《沈阳市第七次全国人口普查公报》，http://www.shenyang.gov.cn/zwgk/fdzdgknr/tjxx/tjgb/202201/t20220123_2653146.html[2022-12-11]。

流动人口为 242.06 万人①。盘锦市数据显示，全市常住人口 138.97 万人，流动人口 30.06 万人②。辽宁省全省 2010～2020 年共减少 115.49 万人③，沈阳市和大连市相比第六次全国人口普查人数，人口分别增加 96.39 万人和 76.04 万人，属于人口净流入城市，而盘锦市则减少 0.28 万人。第二，调研团队在样本选择地有比较密切的社会关系，有较强的关系嵌入，嵌入质量较高，这些关系能够增强调研农村随迁老人的信任感和安全感，有助于保障调研数据的真实性。

正式调研在 2022 年 7 月至 8 月，选择此段时间有两方面考虑。一方面辽宁地区夏季不算太热，农村随迁老人喜欢白天出来散步，公园里乘凉，或者去小区附近的商业广场活动，他们有充足的闲暇时间，而且农村随迁老人一般会带孙辈一起出行，辨识度比较高，活动时间一般在上午的 8 点以后和下午的 4 点以后，在此时间段内进行访谈，农村随迁老人乐于与调研员交谈，围绕孙辈话题展开访谈，农村随迁老人在心理上和时间上都有保障，问卷质量有保证。另一方面，因为处于暑假期间，调研员有充足时间，便于安排和协调调研工作。

沈阳市调研区域包含沈河区、皇姑区、和平区、苏家屯区以及铁西区共 5 个区，大连市调研区域包含了甘井子区、金州区和普兰店区 3 个区，盘锦市调研了大洼区。本章调查与前文保持一致，没有按照人口调查中对流动老人常用的 60 周岁作为农村随迁老人的限制条件，仍然将其界定为 50 周岁及以上、农村户籍、离开户籍地与入城子女共同生活 6 个月以上的老人。调研以农村随迁老人个体为单位，调查内容以社会支持需求为主，调查内容主要包含两个方面：一是农村随迁老人个体的基本情况，包括年龄、受教育程度、配偶是否随迁等；二是农村随迁老人对社会支持需求情况。

虽然调研团队有较多优势，但由于实地寻找作为"都市隐形人"的农村随迁老人相比于在农村地区寻找农户难度更大，很多社区并没有对农村随迁老人做登记，导致难以获取准确的抽样框。前期，调研团队先后联系沈阳市沈河区马官桥街道派出所、农大社区居委会协助调研，农大社区居委会给予了不少帮助，但为了最大限度抽取三个城市的各类农村随迁老人样本，本次调研采用了多种抽样方法。第一，根据流动人口比例采用等比例抽样与便利抽样相结合的方法，由调研

---

① 《大连市第七次全国人口普查公报》，https://stats.dl.gov.cn/art/2021/6/11/art_3812_700674.html[2022-12-11]。

② 《盘锦市第七次全国人口普查公报》，https://tjj.panjin.gov.cn/2021_06/10_08/content-326970.html[2022-12-11]。

③ 《辽宁省第七次全国人口普查公报（第一号）：全省人口情况》，https://tjj.ln.gov.cn/tjj/tjxx/pcsj/people/pczl/zk/html/fu0301.pdf[2022-12-11]。

员对社区活动室、小区绿地、公园广场实地填写问卷。第二，通过联系街道工作人员获取流动人口子女就读较多的幼儿园位置，并在幼儿园老师的帮助下，尽可能对幼儿园进行整群抽样，鉴于幼儿园 7 月上旬到中旬陆续放假，因此安排足够人员在此时间段内到幼儿园附近调研。第三，以上两种方法结合非概率抽样滚雪球方式。为保障数据质量，在调研执行和数据处理环节均采取了相应措施。第四，对回收的调研问卷由专人进行审核、更正与复访（含电话回访）。第五，进行数据录入质量控制与逻辑检错。本次共发放问卷 219 份，收回 219 份，回收率 100%，由于老年人精力与理解能力有限，经过检查后剔除无效问卷 16 份，其中有效问卷 203 份，有效率 93%。调研样本量与研究农村随迁老人著名学者的调研样本量接近，如靳小怡和刘妍珺（2019）在深圳市的调研，与史凯旋和张敏（2021）在南京市的样本量相似，其中沈阳市 120 份，占比 59.11%，大连市 75 份占比 36.95%，盘锦市 8 份，占比 3.94%。

7.3.2　样本特征

本节从农村随迁老人个体特征，如文化程度、年龄、性别、迁移类型、配偶随迁等对样本进行刻画，以明晰农村随迁老人基本禀赋特征，为后续分析不同类型农村随迁老人社会支持需求差异提供分类标准和依据，农村随迁老人个体样本特征描述如表 7-5 所示。

表 7-5　农村随迁老人样本特征描述统计

指标	组别	频数/人	比例	指标	组别	频数/人	比例
性别	男性	93	45.81%	文化程度分组	低	171	84.24%
	女性	110	54.19%		高	32	15.76%
年龄	50~59 岁	92	45.32%	宗教信仰	没有	176	86.70%
	60~69 岁	87	42.86%		有	27	13.30%
	70 岁及以上	24	11.82%	城市居留时间	1 年及以下	27	13.30%
健康状况	不好	96	47.29%		1~5 年	93	45.81%
	好	107	52.71%		5 年以上	83	40.89%
迁移类型	市内迁移	39	19.21%	配偶随迁	随迁	110	54.19%
	省内迁移	46	22.66%		未随迁	76	37.44%
	跨省迁移	118	58.13%		离异或丧偶	17	8.37%

注：结果源自对调研数据的统计

7.4　模型识别结果

7.4.1　农村随迁老人社会支持需求层次分析

表 7-6 和图 7-1 展示了八项社会支持内容的 Kano 模型需求属性判定结果。根据前文提到的计算方法，本书将每项社会支持内容的必备属性与期望属性百分比加总，将其视为对该政策有迫切需求的人数比例，其中便捷的医疗报销迫切需求人数占比最高（47.78%），其次为子女更多的情感支持（33.01%）、居家养老补贴（30.05%）、增加养老金（29.07%）、社区给予城市适应指导（20.20%）、社区适老职业指导及介绍（19.21%）、子女更多的经济支持（17.24%）、社区组织更多的活动（15.76%）。

表 7-6　农村随迁老人对社会支持的需求识别

社会支持内容	魅力型 A	期望型 O	必备型 M	无差异型 I	反向型 R	可疑型 Q	迫切需求占比
A 增加养老金	34.98%	10.84%	18.23%	33.99%	0.00%	1.97%	29.07%
B 便捷的医疗报销	17.73%	9.85%	37.93%	34.48%	0.00%	0.00%	47.78%
C 社区适老职业指导及介绍	23.65%	8.37%	10.84%	56.16%	0.99%	0.00%	19.21%
D 社区组织更多的活动	33.00%	5.91%	9.85%	51.23%	0.00%	0.00%	15.76%
E 社区给予城市适应指导	37.93%	8.87%	11.33%	41.87%	0.00%	0.00%	20.20%
F 居家养老补贴	33.00%	12.81%	17.24%	36.95%	0.00%	0.00%	30.05%
G 子女更多的经济支持	40.39%	7.88%	9.36%	41.87%	0.49%	0.00%	17.24%
H 子女更多的情感支持	32.02%	16.75%	16.26%	33.50%	0.00%	1.48%	33.01%

如图 7-1 所示，我们使用 Better-Worse 系数来评估农村随迁老人对不同社会支持内容的需求态度。Better 系数表示增加或改善某个社会支持内容会让农村随迁老人更满意的程度，Worse 系数表示减少或降低某个社会支持内容会让农村随迁老人更不满意的程度。从整体上看，四象限图中，必备属性只有一个，期望属性有三个，魅力属性有四个。没有无差异属性的社会支持。

第一层次是必备属性，只有一个社会支持内容。B 便捷的医疗报销对农村随迁老人来说，属于必备属性，是农村随迁老人在城市生活所必须拥有的社会支持内容，它们的 Better 系数比较低，Worse 系数比较高，说明它们是农村随迁老人的基本需求，是生计所必需的，如果没有或不够会让农村随迁老人非常不满意，但是如果有或多了也不会让农村随迁老人更满意。农村随迁老人将 B 便捷的医疗报销视为必备属性，与中国政府近年来加快推进全国范围内异地医疗结算这一工作方向相一致，说明了政府的社会支持内容与农村随迁老人的社会支持需求相符。

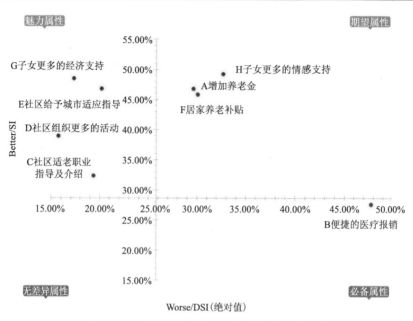

图 7-1　农村随迁老人社会支持需求层次散点图

农村随迁老人属于流动老人，他们的特点是社会关系网小、医疗保障缺乏、医疗服务利用不足等（池上新，2023）。农村随迁老人移居城市后，面临的常态化难题就是看病难、报销难。

看病报销是指医疗保险制度下，居民在发生医疗费用后，向保险机构申请按照规定比例支付的一种待遇。根据中国国家医疗政策，流动人口如果要享受看病报销，需要满足以下条件。他们必须在原参保地或者现居住地参加了城乡居民基本医疗保险，并且缴费不间断。他们必须在原参保地或者现居住地备案登记了异地就医信息，并且选择了定点医院和药店。而且他们就诊和购药都有严格的限制，需要去定点医院和药店，并且使用实体社保卡或者电子社保卡结算。虽然国家对异地医疗报销政策一再优化，但正如前文所分析，中国幅员辽阔，不同省、自治区和直辖市之间财政实力、医疗资源、结算标准等有巨大差异，报销方便程度和报销比例难以达到全国统一，而且即使异地医疗得到全国范围内优化，这对于陷入"数字鸿沟"的农村随迁老人来说仍然存在很多困难，为此中国政府也给予了重视，国务院为解决老年人运用智能技术困难印发了实施方案，围绕老年人出行、就医等高频事项和服务场景，为老年人提供更周全、更贴心、更直接的便利化服务①。因此，他们需要专门的指导和支持，以确保他们的医疗保险资格得

---

①《国务院办公厅印发关于切实解决老年人运用智能技术困难实施方案的通知》，https://www.gov.cn/zhengce/content/2020-11/24/content_5563804.htm [2021-11-09]。

到有效利用，并且能够及时获得所需的医疗服务。这种支持可以包括社会工作者或社区卫生服务站工作人员提供的指导，以帮助他们理解政策要求并顺利享受医疗保障。政府和社会组织也可以提供培训和信息宣传，以帮助农村随迁老人更好地了解和利用医疗保险制度。这将有助于提高老年人的医疗保障水平，减轻他们的医疗费用负担，增强他们的安全预期。

第二层次是期望属性。我们可以看出：A 增加养老金、F 居家养老补贴和 H 子女更多的情感支持是期望属性，它们的 Better 系数和 Worse 系数都比较高，说明对农村随迁老人满意度有正比例的影响，即越多越好，越少越差。对不同社会支持主体期待不同的社会支持内容，说明农村随迁老人对政府和子女提供的社会支持内容的需求存在差异，期待政府的养老保障力度更大一些，同时希望得到子女更多的情感慰藉。这也符合社会支持主体的性质与职能，一方面，根据社会交换理论和利他主义思想，政府作为公共服务和公共产品的主要供给者，担负着维护全体公民合法权益、提高广大人民群众利益的责任。而公民在享受权利的同时，也对政府的合法性提供了支持。依据政府责任伦理，养老服务政策要满足所有老年人都获得国家社会保障的平等权利和养老服务满足不同老年群体多元化需求。另一方面，家庭作为最基本的社会单元，为农村随迁老人提供情感支持也符合社会交换理论，农村随迁老人养育子女，子女在成人后赡养父母，为农村随迁老人提供情感支持，缓解其城市适应压力。也就是说，政府提供养老支持、子女提供情感支持符合社会交换理论和利他主义思想，农村随迁老人需要养老支持和情感支持不仅仅是个体主观感受，也有其正当性和充分的理论基础。

第三层次是魅力属性。符合魅力属性的社会支持内容最多，有四个，分别是：C 社区适老职业指导与介绍、D 社区组织更多的活动、E 社区给予城市适应指导和 G 子女更多的经济支持。它们的 Better 系数比较高，Worse 系数比较低，说明它们是农村随迁老人的潜在需求，如果有或增加支持量会让农村随迁老人非常满意，但是如果没有或内容一般也不会让农村随迁老人不满意。这一层次的社会支持需求属于政府、社区和家庭最后考虑的社会支持内容。C 社区适老职业指导与介绍、D 社区组织更多的活动、E 社区给予城市适应指导是缓解农村随迁老人生活压力的途径，但这类社会支持内容属于理想化程度比较高的项目，因为目前社区甚至没有实现农村随迁老人登记制度完备化。

7.4.2　不同受教育程度群体社会支持需求差异

1. 低文化程度群体的社会支持需求

如图 7-2 所示，B 便捷的医疗报销属于必备属性，C 社区适老职业指导及介绍、D 社区组织更多的活动、E 社区给予城市适应指导和 G 子女更多的经济支持出现在魅力属性象限图中。

这说明提供 C 社区适老职业指导及介绍、D 社区组织更多的活动、E 社区给予城市适应指导和子女更多的经济支持会提高农村随迁老人的满意度，对农村随迁老人有一定程度的吸引力，但不提供或不增加也不会带来满意度的大幅下降，说明其并不是农村随迁老人群体所主要关注的，或者说农村随迁老人对其并没有报以很高的期望。A 增加养老金、F 居家养老补贴和 H 子女更多的情感支持均属于低文化程度农村随迁老人的期望属性，期望属性的特征是增加会带来满意度提升，减少或没有会带来一定程度的不满。

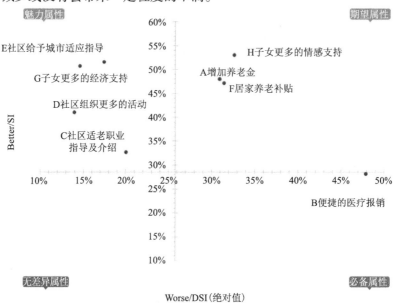

图 7-2　农村随迁老人社会支持需求层次散点图（低文化程度）

2. 高文化程度群体的社会支持需求

文化程度高的个体通常具有更多的知识、技能和机会，他们更容易参与社会、政治等活动，具体如图 7-3 所示。因此，他们在许多方面具有更高的可行能力。高文化程度的农村随迁老人表现出了与整体不同的社会支持需求层次，B 便捷的医疗报销仍然属于必备属性，E 社区给予城市适应指导也属于必备属性，这有可能与高文化程度的农村随迁老人更懂得争取自己的权利，懂得利用周围的资源有关。G 子女更多的经济支持和 H 子女更多的情感支持均在期望属性象限中。A 增加养老金、C 社区适老职业指导及介绍、F 居家养老补贴在魅力属性的象限中，说明提供 A 增加养老金、C 社区适老职业指导及介绍、F 居家养老补贴会提高高文化程度农村随迁老人的满意度，但不提供或不增加也不会带来满意度的大幅下降，说明这些并不是农村随迁老人群体所关注的，或者说农村随迁老人对这些并没有报以很高的期望。在无差别属性象限中，出现了 D 社区组织更多的活动，这可能跟高文化程度农村随迁老人的可行能力强有关系，可以通过自己实现社会关系的建立和拓展。

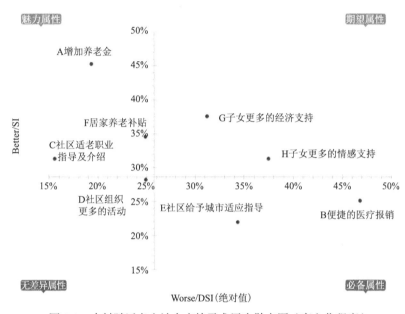

图 7-3 农村随迁老人社会支持需求层次散点图（高文化程度）

7.4.3 不同迁移类型群体的社会支持需求差异

1. 跨省迁移的农村随迁老人

从图 7-4 中可以看出，必备属性包含 B 便捷的医疗报销，由此可见，调研样本中的农村随迁老人群体普遍将优化医疗保障视为社会支持需求的第一位。跨省迁移的农村随迁老人期望属性包含三个支持内容，A 增加养老金、H 子女更多的情感支持和 F 居家养老补贴，其中 F 居家养老补贴的 Better 值和 Worse 值均大幅小于另外两种支持。A 增加养老金带来的满意度大约是 48%。H 子女更多的情感支持的 Worse 值大约处于 37.5% 的位置，表示子女不给予更多的情感支持产生的不满意程度。这与他们长距离迁移、迁入地区文化与迁出地差异大有关系。长距离迁移通常涉及更大的文化差异，包括语言、风俗习惯等方面。这可能会增加适应的困难程度，对于离开家乡和亲人的想念可能会在长距离迁移中更为强烈，因为距离较远，探访家人的成本和难度也更大。

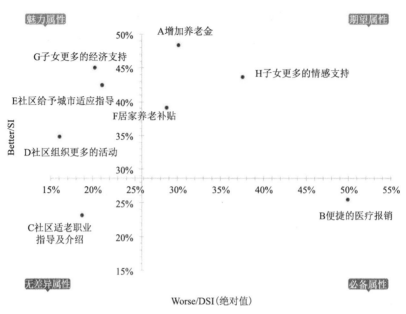

图 7-4　农村随迁老人社会支持需求层次散点图（跨省）

2. 省内迁移的农村随迁老人

如图 7-5 所示，此类型的农村随迁老人虽然没有把 B 便捷的医疗报销识别为必备属性，但 B 便捷的医疗报销也属于被强烈需要的社会支持内容。省内迁移子女提供更多情感支持的不满意度约为 27.5%，跨省迁移的约为 37.5%，两者相差 10%，跨省迁移的农村随迁老人更需要子女的情感支持。省内迁移一般不伴随地区文化和风俗习惯的较大变化，即农村随迁老人迁入地的文化习俗并没有发生大的改变，这意味着相较于跨省迁移的农村随迁老人，省内迁移的农村随迁老人要花更少的时间和精力去适应迁入地的文化和习俗，这有助于农村随迁老人的城市适应，而且客观上减少了农村随迁老人对子女的情感依赖。省内外增加养老金带来的满意增加度分别为 45% 和 48%，相差不大，说明增加老金收入也是不同迁移类型农村随迁老人群体所期待的社会支持需求。省内迁移的农村随迁老人把 F 居家养老补贴视为期望属性，是对未来养老模式的一种计划，老人偏好居家养老，根据现有政策，沈阳市和大连市民政局网站显示，调研样本所在城市沈阳、大连的居家养老补贴申请均要求申请补贴者除符合评估等级要求外，还必须有本地户籍[1]，这不符合公共服务均等

---

[1] 沈阳关于居家养老补贴要求户籍的信息来源，《政府购买居家养老服务》，https://www.shenyang.gov.cn/zwgk/fdzdgknr/zdlyxxgk/sbfw/wyb/ylfw/gazhfw/202312/t20231204_4566886.html[2024-02-16]；大连关于居家养老补贴要求户籍的信息来源，《有补贴！"家庭养老床位"来了》，https://baijiahao.baidu.com/s?id=1736697709869508849&wfr=spider&for=pc[2023-10-16]。

化的原则，是对农村随迁老人基本养老权利的限制，笔者发现也有个别城市推行了养老基本服务普惠化，不再做户籍上的限制，只要求居住半年以上，年龄和评估达标即可，如广东省佛山市南海区[①]。

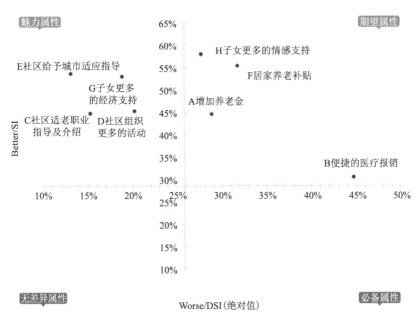

图 7-5　农村随迁老人社会支持需求层次散点图（省内）

7.5　进一步分析

上文分析了农村随迁老人的社会支持需求层次，对社会支持进行了比较和排序。那么农村随迁老人社会支持内容需求的比例结构是什么样的？现有方法中什么方法可以进行分析呢？根据已有研究可知，社会科学领域有两种主流量化方法，分别是以变量为中心的方法（variable-centered）和以个体为中心的方法（person-centered）。以变量为中心的方法探讨变量之间的关系，以被研究群体特征相同为假设条件，通过抽样推断总体特征，如相关分析和回归分析。以个体为中心的方法，有聚类分析和潜在类别分析（latent class analysis，LCA），两者重点考虑研究对象的异质性，将个体进行分类，侧重对个体差异性的研究。聚类分析是根据距离度量空间位置进行分类，而潜在类别分析将对象依据个体特征分成若干子群体后探讨其共性特征，可以减少误差，因此适合分析农村随迁老人社会支持需求。

---

① 《广东省佛山市南海区：以标准化推进基本养老服务均等化》，https://www.mca.gov.cn/n152/n166/c1662004 999979994648/content.html[2023-10-21]。

7.5.1 模型设定

本节内容使用潜在类别分析方法进一步探讨农村随迁老人社会支持内容的需求比例结构。由该方法构建的潜在类别模型是 20 世纪 60 年代由 Lazarsfeld（拉扎斯菲尔德）和 Henry（亨利）发展出来的可以探讨潜在变量模型化的分析工具，它的原理是用潜在类别变量解释和分析外显变量之间的关联，通过个体对问题的回答反推个体所属类别，以个体为中心的分析视角，可以根据个体在多个政策需求外显变量上的联合概率分布进行参数估计，从而识别个体对政策需求的潜在特征分类（Bardazzi et al.，2023；曾旭晖和李奕丰，2020；温忠麟等，2023），进而得出多种社会支持需求的潜在特征类别人数的占比，在一定程度上弥补传统分析以需求变量为中心的局限性。

鉴于此，本书利用 Mplus 8.2 统计软件，使用潜在类别模型来分析农村随迁老人社会支持内容需求的比例结构。根据 Kano 模型识别的各项农村随迁老人社会支持内容迫切需求人数情况，将上文八个社会支持内容，处理为二分类变量，具体做法是将社会支持内容中属于迫切需求属性的赋值为 1，其他赋值为 0，分布记为 A、B、C、D、E、F、G、H，并构建以下潜在类别模型

$$\pi_{ijklmnop}^{ABCDEFGH} = \sum_{t}^{T} \pi_t^X \pi_{it}^{A|X} \pi_{jt}^{B|X} \pi_{kt}^{C|X} \pi_{li}^{D|X} \pi_{mt}^{E|X} \pi_{nt}^{F|X} \pi_{ot}^{G|X} \pi_{pt}^{H|X} \qquad (7\text{-}1)$$

其中，$\pi_{ijklmnop}^{ABCDEFGH}$ 为外显变量的联合分布概率；A、B、C、D、E、F、G、H 为外显变量，分别代表增加养老金、便捷的医疗报销、社区适老职业指导及介绍、社区组织更多的活动、社区给予城市适应指导、居家养老补贴、子女更多的经济支持、子女更多的情感支持；i、j、k、l、m、n、o、p 分别为八个外显变量的取值；π_t^X 为观测数据归属于某一潜在类别变量（latent class variable）X 的特定类别 t 的概率，$t=1,2,3,\cdots,T$；$\pi_{it}^{A|X}$ 为在潜在变量 X 的基础上，属于第 t 个潜在类别（latent class）的农村随迁老人个体在外显变量 A 上的反映为 i 的条件概率，其他依次类推。

7.5.2 潜在类别分析

本书分别估计了潜在类别数目 1~3 时的模型参数，当 AIC（Akaike information criterion，赤池信息量准则）、BIC（Bayesian information criterion，贝叶斯信息量准则）最小时表示拟合的类别为最优模型（杨红燕等，2020），如表 7-7 所示，依照 AIC 标准，3 个类别优于其他类别，依照 BIC 标准 1 个类别优于其他类别，

Bootstrap LRT 检验表明 3 个类别和 2 个类别项目要优于 1 个类别，而且考虑本次调研样本量数量少的局限性，过多分类不利于分析的准确性和可靠性，因此选择 2 个类别模型划分。

表 7-7　农村随迁老人社会支持需求的潜在类别分析模型适配检验结果

潜在类别数目	样本量	AIC	BIC	Bootstrap LRT
1 个类别	203	1813.852	1840.357	
2 个类别	203	1793.658	1849.983	***
3 个类别	203	1783.163	1869.307	***

注：由 Mplus 8.2 计算所得，数据来源于作者调研
***表示 $p<0.01$

在确定最优潜在类别数目后，可计算得出不同潜在类别的概率和在该类别上的外显变量的条件概率，并画出条件概率折线图，如图 7-6 所示。据此对 2 个潜在类别的特征进行归纳，从而确定农村随迁老人对社会支持内容需求的潜在类别并命名。此处是针对各类别数目，分别命名为类别 1 和类别 2，类别 1 在便捷的医疗报销、居家养老补贴和子女更多的情感支持 3 个方面的需求得分概率比较高，可命名为养老偏好型农村随迁老人；类别 2 在便捷的医疗报销和子女更多的情感支持 2 个方面需求得分比较高，可以命名为健康偏好型农村随迁老人。

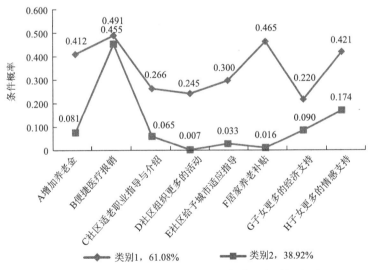

图 7-6　农村随迁老人社会支持需求潜在类别折线图

因此，在制定农村随迁老人社会支持需求政策和优化社会支持结构时，可以根据划分出来的两类农村随迁老人群体，有针对性地采取差异化的社会支持措

施。针对养老偏好型的农村随迁老人，做好医疗报销、居家养老和子女家庭方面的工作，重点优化医疗报销的使用方式和使用内容，以适老化为原则，简化报销过程，提高农村随迁老人的医疗服务有效利用率；居家养老政策方面，需要省级政府优化省级中层设计，可以放宽户籍限制，扩大居家养老补贴的受益群体范围，提高公共服务均等化水平；家庭情感支持方面，可以看出，养老偏好型农村随迁老人对子女情感支持需求比较大，习近平总书记强调，"家庭是社会的基本细胞，是人生的第一所学校。不论时代发生多大变化，不论生活格局发生多大变化，我们都要重视家庭建设，注重家庭、注重家教、注重家风"①，主张家庭在社会中的基础性地位，正如市场在资源配置中的基础性作用，优良家风有利于增加家庭成员的亲密关系，这就需要提倡家风建设，树立马克思主义家庭观，对父母与子女相互义务进行再确认，发挥好家风对熏陶家庭成员思想、行为方式的作用（顾保国，2020），此外家风是社会教化的源头，作为文化软实力的基础，在基层治理中有独特作用（杨菊华，2022）。

针对健康偏好型农村随迁老人，健康是其考虑的首要因素，因此首先要把医疗报销的易用性放在首位，进一步简化报销手续，提高报销比例，减轻医疗负担。其次，目前中国处于老龄社会阶段，且老龄化速度加快，在这样的背景下，解决农村随迁老人在城市中的适应问题和养老问题至关重要，因此要引导其积极融入城市社会，由于该类农村随迁老人对其他社会支持内容没有强烈需求，社区可以采取主动开展工作的方式，一方面帮助其适应城市多元化价值观和城市居民现代行为方式，最直接的方法是以活动形式接触城市环境和城市居民，不仅要拉近与城市居民的空间距离，更要拉近与城市居民的心理距离；另一方面，形成"子女家就是自己家"的认识，帮助此类农村随迁老人形成城市家庭观念，让农村随迁老人把子女家当成自己家。当今中国社会的一个现状：父母的家永远是子女的家，子女去父母家称为"回家"，而父母到子女家，却如同走亲戚，农村随迁老人由主变客，客随主便。这种心理的形成与农村随迁老人根深蒂固的观念有关，在农村，父母通常被视为家庭的领导者，而子女则被认为是依赖父母的一部分，当子女成人在城市组建家庭后，农村随迁老人的地位发生转变，不再是领导者，而是子女的依赖者。角色的转变影响了农村随迁老人的话语权，因此可以让农村随迁老人参与家庭的决策制定，让他们感到自己的声音和看法都被重视，同时给予其一定的个人空间和时间，让他们适应新的环境和生活方式，追求自己的兴趣爱好。

---

① 《习近平：不论时代发生多大变化都要重视家庭建设》，http://politics.people.com.cn/n/2015/0217/c70731-26580958.html[2024-05-14]。

7.6　本章小结

本章在理论分析的基础上，基于需求视角，利用调研数据和 Kano 模型及潜在类别分析模型分析了农村随迁老人的社会支持需求层次，主要结论如下。

首先，比较全样本农村随迁老人的社会支持需求。农村随迁老人的社会支持需求存在多样性特征，对不同的社会支持内容表现出了不同的需求态度，产生了不同的需求属性。政府支持排第一位，家庭支持排第二位，社区支持排第三位。从具体社会支持需求进行考察，发现便捷的医疗报销处于第一层次。增加养老金、居家养老补贴和子女更多的情感支持处于第二层次。社区适老职业指导及介绍、社区组织更多的活动、社区给予城市适应指导和子女更多的经济支持处于第三层次。

其次，按照文化程度和迁移距离划分农村随迁老人群体，并比较社会支持需求，发现不同群体之间存在差异，对社会支持需求各有侧重。但确定的一点是，考虑了文化程度和迁移距离后，政府支持依然处于第一层次，具体来说是便捷的异地医疗报销被赋予了高度关注，这也说明了农村随迁老人对自身健康的关注和对未来生活的期待。文化程度高的农村随迁老人更加关注社区支持，对社区活动支持的需求大于其他社会支持需求。他们更加关注社区提供的服务，对自身权利有清楚的认识，注重通过社区提高自己城市适应水平这一关键路径。文化程度低的农村随迁老人缺乏对自己权利的关注，处于保守状态，这也提示了我们在提供社会支持增强主动性和提高医疗保障服务便利性方面的重要性。

最后，按照潜在类别分析模型将农村随迁老人划分为养老偏好型农村随迁老人和健康偏好型农村随迁老人两类，并依据其特征分别提出了对策建议，养老偏好型群体要重点优化与养老有关的社会支持内容，而对于健康偏好型群体以健康相关的社会支持内容优化为首要任务，同时注重引导此类群体积极融入城市生活。

第 8 章

研究结论、对策建议与研究展望

本章将对研究的主要结论进行梳理，并根据研究结论进一步讨论提高农村随迁老人城市适应水平的现实可行路径，提出对策建议。同时，针对本书未尽事宜提出下一步研究的内容与方向。

8.1 研 究 结 论

在新型城镇化和老龄化背景下，本书基于身份理论、外部性思想和社会支持理论，从外部社会支持和多维城市可行能力视角研究了农村随迁老人城市适应的内在逻辑，剖析了社会支持对农村随迁老人城市适应的内在机理，不仅丰富了社会支持与城市适应的现实解释，还为优化社会支持体系、促进城乡融合提供了少许经验依据。本书首先基于社会支持理论、社会适应理论、家庭生活和闲暇经济理论、社会交换理论和利他主义思想、福利经济学效用理论与可行能力理论构建了社会支持通过多维城市可行能力提高农村随迁老人城市适应水平的理论框架；其次基于社会适应理论，根据现有文献和方法构建了农村随迁老人城市适应指标体系，对社会支持、多维城市可行能力各变量和城市适应变量等核心变量进行量化分析和描述；再次通过计量模型实证分析社会支持对城市适应的影响和差异化社会支持对城市适应的作用机理；最后依据 Kano 模型和潜在类别分析模型分析农村随迁老人的社会支持需求层次，并进行排序，提出了社会支持优化的方向。具体研究结论有以下四个方面。

第一，农村随迁老人社会支持、多维城市可行能力与城市适应水平特征。首先，农村随迁老人获取社会支持种类方面，从社会支持主体类型的种类来看，农村随迁老人平均获得两种社会支持主体类型，从社会支持规模来看，该群体平均获得三种社会支持内容。其次，农村随迁老人获取社会支持存在地区和个体特征差异，中西部地区的农村随迁老人获得的社会支持主体类型和社会支持规模多于东部地区，男性农村随迁老人获取的社会支持主体类型和规模均优于女性农村随迁老人。有配偶随迁的农村随迁老人获取的社会支持主体类型要多于配偶未随迁的农村随迁老人，但在获取社会支持规模方面，该因素未体现出差异。农村随迁老人随年龄增加获取的社会支持主体类型和社会支持规模未表现出一致特征。再次，多维城市可行能力方面，闲暇时间（农业劳动时间）、闲暇时间（非农劳动时间）、城市生活能力和安全预期均表现出较高水平，负向情绪水平相对较低。最后，城市适应水平方面，城市适应总体水平很低，中西部地区的城市适应水平以极微小优势高于东部地区。不同特征的农村随迁老人也表现出不同的城市适应水平。

第二，增强社会支持能够提升农村随迁老人城市适应水平。社会支持主体类型的多样性和社会支持规模的扩大都能显著提高农村随迁老人城市适应水平。社会支持主体类型的提质增效作用体现在 40%分位点以后，要最大化发挥社会支持主体类型的作用就需要跨越低城市适应水平陷阱。社会支持主体类型对生活在中西部地区的农村随迁老人的城市适应作用大于东部地区的样本。高龄组农村随迁老人受社会支持主体类型丰富化的城市适应水平提高作用优于低龄组样本，但社会支持规模表现不一致。配偶随迁组的农村随迁老人无论是在社会支持类型增多还是社会支持规模扩大作用下，产生的城市适应水平提高效应均大于未随迁组的样本。除家庭情感支持作用不敏感外，其余不同社会支持内容均能显著提高农村随迁老人城市适应水平。

第三，社会支持可以提高农村随迁老人多维城市可行能力。首先，政府养老金支持和家庭经济支持可以显著减少非农劳动时间，从而增加闲暇时间。家庭经济支持还可以减少农业劳动时间。其次，社区活动和补充医疗可以减少负向情绪的发生。再次，社区活动和异地医疗可以增强农村随迁老人城市生活能力。最后，补充医疗和医疗保险数量可以增强农村随迁老人的安全预期。社会支持通过增加闲暇时间、增加收入、减少负向情绪、增强城市生活能力、提高安全预期五种城市可行能力的增强来提高农村随迁老人城市适应。

第四，农村随迁老人社会支持需求层次分析与结构优化。首先基于 Kano 模型得出了社会支持需求分类结果和 Better-Worse 系数测算结果，分析了辽宁省农村随迁老人社会支持需求层次和社会支持需求的优先序，发现政府支持是第一层次需求，家庭支持排第二位，社区支持排第三位。从具体社会支持需求进行考察，发现政府支持中便捷的医疗报销处于第一层次。政府支持中的增加养老金、居家养老补贴和家庭支持中的子女更多的情感支持处于第二层次。社区支持中的社区适老职业指导及介绍、社区组织更多的活动、社区给予城市适应指导和家庭支持中的子女更多的经济支持处于第三层次。其次，对社会支持优化方向提出了一些思路。

8.2　对策建议

农村随迁老人身份属性和其自身特征决定了提高农村随迁老人城市适应水平需要从外部的社会支持和农村随迁老人自身出发进行考虑。农村随迁老人是中国城乡二元结构下形成的一类特殊弱势群体，伴随着城镇化的推进，农村转移人口家庭结构由"核心化"向"扩展化"转变，农村随迁老人群体将进一步扩大，农村随迁老人普遍面临城市适应难题，成为城市乃至整个经济社会协调发展的不利影响因素，在推进人口城镇化、促进农村转移人口市民化、加快城乡一体化发展进程中，政府必须更加关注农村随迁老人这一群体。

政府、社区和家庭在促进农村随迁老人的城市适应过程中扮演着各自独特的角色。政府负责优化顶层制度设计，为社会支持体系的完善提供宏观指导和政策支持。社区则积极发挥其能动作用，通过获取政府的支持与帮助，以社区为中心，组织和协调资源，增强社区活动的针对性和实效性。社区活动应差异化开展，以满足不同老人的具体需求。同时，家庭作为情感和经济支持的基础，为农村随迁老人提供必要的生活保障和情感慰藉。三者共同协作，形成合力，共同促进农村随迁老人在城市中的顺利适应和生活质量的提升。提升农村随迁老人城市适应水平须从不同社会支持主体层面同时着手。首先，发挥中央政府顶层设计统领全局的作用，发挥政府基础性的养老医疗保障作用。同时，地方政府可提供专项资金资助社区，用于农村随迁老人社区活动发展，特别是活动场所的修建和完善、社区工作人才队伍建设等。其次，发挥社区能动作用，减少社区行政干预，降低社区活动门槛，开展差异化社区活动。社区管理者和工作者在组织活动中发挥好组织、协调作用，让更多的农村随迁老人参与到社区活动中去，增加农村随迁老人与本地居民的交往和互动机会，推动构建农村随迁老人的本地社会交往生活圈。此外，根据农村随迁老人城市适应的不同特征，实行差异化的活动安排。同时社区还应丰富活动内容和形式，加强城市社区间的协作。再次，注重家庭的情感和经济配合。农村随迁老人参与社区活动离不开子女的支持和配合，子女应给予农村随迁老人更多的情感支持和鼓励，并对其参与社区各类活动提供经济上的适当支持。最后，农村随迁老人应努力提升内在能力、克服畏难情绪，积极使用社区支持，努力融入社区关系网中，不断提高自身城市适应水平。

本书认为城市适应是衡量农村随迁老人城市生活状态的合理指标，是农村随迁老人内部状态的外现，农村随迁老人观念和行为模式的转变依赖于城市可行能力的提高，这就需要国家公民、社区居民、家庭成员身份属性下的外部社会支持依照各自职责为农村随迁老人提供支持资源。依据理论分析、实证检验和研究结论，结合农村随迁老人城市适应困境，本书从社会支持和城市可行能力视角提出以下具体政策建议。

第一，社会支持方面，根据农村随迁老人社会支持需求层次的差异，持续完善社会支持体系，根据农村随迁老人需求特征分门别类地优化其支持内容。充分重视农村随迁老人入城后的需求，比如乘坐公共交通工具的需求，可以为他们增开老年人公交卡办理爱心窗口，耐心给予指导。异地医疗报销是有慢性病的农村随迁老人首要关心的问题，2023 年 1 月 1 日起，跨省异地就医直接结算正式实施[①]，流动人口遵从先备案、选定点、持码卡就医的顺序便可以就近到定点医院就医并直接结算[②]，但这对"数字鸿沟"下的农村随迁老人而言仍然是一个挑战，因此可以以社区为中心，开展政策宣传。

第二，多维城市可行能力方面，充分重视城市可行能力在社会支持影响城市适应的关键路径作用。根据 Sen 的可行能力理论，提高个体的可行能力才是从根本上解决贫困问题和提升福利的路径，个体的能力和机会对于消除贫困和提高人类福祉具有关键作用。根据这一理论，贫困问题不仅仅是缺乏物质资源，还包括个体缺乏获得闲暇时间、社会参与等方面的能力和机会。同理，农村随迁老人城市适应问题更要从多维城市可行能力着手，农村随迁老人多维城市可行能力的提升是解决其城市适应问题的关键。可行能力理论强调，要关注个体是否有能力选择和实现自己的目标，以获得真正的自由和福祉。农村随迁老人的多维城市可行能力分为闲暇时间的增多、收入的增加、负向情绪的减少、城市生活能力的提高和安全预期的提高。因此从这几个方面提出对策建议。

（1）闲暇时间和收入增加方面。闲暇时间的增加为农村随迁老人提供了探索城市空间的时间保障。因此为农村随迁老人创造出更多的闲暇时间十分重要和必要。政府可以通过增加农村随迁老人的养老金和社会福利待遇提供经济支持，以提高他们的可行能力为中心，提供专项资金，用于农村随迁老人福利提升，确保他们有足够的经济来源，以减轻财务压力，从而有更多的时间用于休闲和娱乐活动。降低医疗费用，提供医疗保险或补助医疗费用，让老人更容易获得医疗服务，以减轻医疗支出。

（2）负向情绪减少方面。社区活动空间和社区活动内容通过提供情感支持和信息支持减少负向情绪。在城市，社区不仅仅是城市物理空间范畴，更是城市文化价值观重塑的地方和信息资源传播与交换、情感支持集中供给的空间。社区有社区居委会自治组织，为农村随迁老人提供正式的信息支持和情感支持，其中情

---

①《国家医保局 财政部关于进一步做好基本医疗保险跨省异地就医直接结算工作的通知》https://www.gov. cn/zhengce/zhengceku/2022-07/26/content_5702881.htm[2023-10-11]。

②《国家医保局 财政部关于进一步做好基本医疗保险跨省异地就医直接结算工作的通知》政策解读， https://www.gov.cn/zhengce/2022-07/28/content_5703224.htm[2023-10-11]。

感支持主要指社区心理咨询。政府和社会可以采取以下措施。①心理健康支持：建立老年人心理健康支持机制，提供心理咨询和支持，帮助他们更好地应对城市生活带来的情绪压力。②创建多样化的社交平台：完善老年人社区活动中心，社区定期组织文化、娱乐、体育等活动，为农村随迁老人提供丰富的社交选择，增加他们的社会互动。③鼓励社区邻里互助，营造尊老爱老、爱小区的每一个人的和谐环境，农村随迁老人不仅仅是社区居民、小区住户，更是社区的一份子，要积极参与到社区建设中去。④丰富的文化娱乐活动：在社区内设立老年人文化娱乐中心，开设舞蹈、音乐、手工艺等兴趣班，为农村随迁老人提供学习和娱乐的机会，使其充分利用闲暇时间。⑤引入数字化服务：推广数字技能培训，让农村随迁老人能够使用智能手机、电脑等设备，真正走出"数字鸿沟"，享受线上社交、学习和娱乐的便利，增加其闲暇时间的活动多样性。

（3）城市生活能力和安全预期的提高方面，可以考虑以下建议。①生活技能培训。提供针对农村随迁老人的生活技能培训，如购物、交通、金融管理等，帮助他们更熟练地处理日常生活事务。②定制化支持。针对农村随迁老人的特殊需求，社区可以提供定制化的支持服务，如送餐、家政等，减轻他们的生活负担，增强其城市生活能力。③邻里互助。鼓励邻里互助，农村随迁老人可以互相帮助，共同解决生活中的问题，提升自身的城市生活能力。④完善医疗保健系统。完善医疗报销流程，扩大医疗保险报销比例以及大病覆盖范围，增强医疗保障"安全网"的作用，对城市医疗系统和医疗设施进行适老化改造，提高农村随迁老人对医疗保健系统的利用水平。

综上所述，提升农村随迁老人的多维城市可行能力需要全社会的关注和努力。通过强化心理健康支持、创建多样化的社交平台、提供生活技能培训等方式，可以帮助农村随迁老人更好地应对城市生活的挑战，增加闲暇时间的利用，提升城市生活能力，减少负向情绪，从而在城市中过上更加充实、幸福的生活。因此，在促进城市适应过程中，我们应当重视社会支持的作用，通过建立和加强社会支持网络，为农村随迁老人提供更好的适应支持，让城市成为每个农村随迁老人的幸福栖息地。

8.3　研究展望

本书探究并实证检验了农村随迁老人城市适应的差异化社会支持作用机制，但关于农村随迁老人的问题还有很多拓展空间，未来研究可以从以下几个方面开展。

第一，研究内容的拓展。从微观层面来看，农村随迁老人有了更好的生活环境、更优质的医疗卫生服务、更便捷的交通，同时也面临更多的家庭、社会问题，如由隔代教育问题带来的代际冲突，因随迁到城市而导致耕地荒废的问题等。尤其是隔代教育问题，这是引起家庭冲突的突出和高发问题，会严重影响农村随迁老人的城市适应状态，根本原因是代际的教育观念差异。以家庭教育观念为重点，探索改变农村随迁老人教育观念的培训方法，有望为缓解家庭冲突、提升农村随迁老人的城市适应能力提供实质性的帮助。

第二，研究数据的拓展。本书数据主要来自北京大学的 2018 年 CHARLS 数据，虽然该数据质量好，但是并非针对农村随迁老人所设计和调研，虽然尽可能多地控制了多层面的变量，但由于农村随迁老人个体差异较大，存在个体分化，也存在影响研究结果的不可观测的地域性文化和习俗因素，这都会造成本书研究结论存在一定程度的偏差。未来，笔者计划以工作所在地的省份（浙江省、安徽省）为调研范围，获取更加全面的农村随迁老人信息，建立固定观测点，追踪真实个体的变化，构造面板数据消除随时间而变的因素造成的偏差。

第三，研究方法的拓展。对于农村随迁老人城市适应的研究，需要更多的社会学和管理学方法，下一步可以开展案例研究和随机干预实验。案例研究可以深入探索农村随迁老人的信息，可以揭示一些成功适应城市生活的个案，从中得到一些实用的经验和策略，可以作为其他农村随迁老人参考的范例。随机干预实验可以选择现代教育理念，城市适应生活培训，也可以是代际关系培训。

参 考 文 献

保罗·A. 萨缪尔森, 威廉·D. 诺德豪斯. 1996. 经济学[M]. 14 版. 胡代光, 译. 北京: 北京经济学院出版社.

蔡鹏飞. 2020. 人力资本与社会资本的增值转换: 加拿大华人新移民的社会融入[J]. 中南民族大学学报 (人文社会科学版), 40 (2): 78-81.

曹鑫志, 谭晓婷. 2022. 城乡居民医保整合与农村中老年人健康: 基于 CHARLS 数据的经验研究[J]. 农业技术经济, (12): 56-70.

陈勃. 2008. 人口老龄化背景下城市老年人的社会适应问题研究[J]. 社会科学, (6): 89-94, 191.

陈诚. 2023. 中国随迁老人的健康状况及其影响因素[J]. 中国社会科学院大学学报, 43 (4): 46-65, 165.

陈成文, 潘泽泉. 2000. 论社会支持的社会学意义[J]. 湖南师范大学社会科学学报, (6): 25-31.

陈典, 郑晓冬, 上官霜月, 等. 2021. 社会网络对流动人口社会融入的影响: 基于中国劳动力动态调查的实证分析[J]. 南方人口, 36 (6): 16-30.

陈华帅, 曾毅. 2013. "新农保" 使谁受益: 老人还是子女?[J]. 经济研究, 48 (8): 55-67, 160.

陈璟浩, 陶荣根. 2021. 我国公民养老服务需求与政策供给匹配研究: 基于百度知道、知乎问答平台数据[J]. 信息资源管理学报, 11 (6): 51-62.

陈梁. 2020. 健康传播: 理论、方法与实证研究[M]. 北京: 知识产权出版社.

陈宁, 石人炳. 2017. 流动老人健康差异的实证研究[J]. 重庆社会科学, (7): 53-60.

陈盛淦. 2015. 随迁老人城市适应影响因素的实证研究[J]. 福建农林大学学报 (哲学社会科学版), 18 (6): 70-73, 83.

陈盛淦, 吴宏洛. 2016. 二孩政策背景下随迁老人城市居留意愿研究: 基于责任伦理视角[J]. 东南学术, (3): 62-67.

陈卫, 杜夏. 2002. 中国高龄老人养老与生活状况的影响因素: 对子女数量和性别作用的检验[J]. 中国人口科学, (6): 49-55.

程令国, 张晔, 刘志彪. 2013. "新农保" 改变了中国农村居民的养老模式吗?[J]. 经济研究, 48 (8): 42-54.

池上新. 2021. 文化适应对随迁老人身心健康的影响[J]. 中国人口科学, (3): 112-125, 128.

池上新. 2023. 中国随迁老人的医疗服务利用及其影响因素: 基于 Andersen 理论框架的分析[J]. 中国社会科学院大学学报, 43 (4): 66-82, 166.

储德银, 李媛, 张同斌. 2023. 产业关联视角下增值税行业税负差异的成因研究[J]. 经济研究, 58 (7): 174-190.

崔烨, 靳小怡. 2016. 家庭代际关系对农村随迁父母心理福利的影响探析[J]. 中国农村经济, (6):

15-29.

代红娟, 赵文龙. 2020. 故乡眷恋、城市适应与农村流动人口生活满意度[J]. 华中农业大学学报 (社会科学版), (2): 109-117, 167.

邓大松, 胡宏伟. 2007. 流动、剥夺、排斥与融合: 社会融合与保障权获得[J]. 中国人口科学, (6): 14-24, 95.

邓宏图, 马太超. 2023. 三元经济结构与中国经济转型: 一个政治经济学考察[J]. 东北师大学报 (哲学社会科学版), (2): 92-103.

董博, 张丽娟, 宋艳丽, 等. 2019. 城市社区随迁老人应对方式、社会支持与主观幸福感的关系 研究[J]. 护理研究, 33(5): 766-769.

董金秋, 刘爽. 2014. 进城农民工:社会支持与城市融合[J]. 华南农业大学学报(社会科学版), 13(2): 41-48.

杜凤莲, 张胤钰, 董晓媛. 2018. 儿童照料方式对中国城镇女性劳动参与率的影响[J]. 世界经济 文汇, (3): 1-19.

杜旻. 2017. 社会支持对老年人心理健康的影响研究[J]. 人口与社会, 33(4): 12-19.

方超. 2022. 信息技术利用能否促进义务教育结果公平?——基于无条件分位数回归及其分解的 异质性检验[J]. 苏州大学学报(教育科学版), 10(1): 104-118.

方黎明. 2016. 社会支持与农村老年人的主观幸福感[J]. 华中师范大学学报(人文社会科学版), 55(1): 54-63.

方曙光. 2013. 社会支持理论视域下失独老人的社会生活重建[J]. 国家行政学院学报, (4): 104- 108.

风笑天. 2004. "落地生根"?——三峡农村移民的社会适应[J]. 社会学研究, (5): 19-27.

冯伟林, 李树茁. 2016. 人力资本还是社会资本?——移民社会适应的影响因素研究[J]. 人口与 发展, 22(4): 2-9.

顾保国. 2020. 论习近平新时代家风建设重要论述的理论逻辑与实践价值[J]. 马克思主义研究, (2): 34-44.

郭静, 薛莉萍, 范慧. 2017. 流动老年人口自评健康状况及影响因素有序 logistic 回归分析[J]. 中国公共卫生, 33(12): 1697-1700.

郭于华. 2001. 代际关系中的公平逻辑及其变迁: 对河北农村养老事件的分析[J]. 中国学术, 3(4): 221-254.

韩俊强. 2013. 农民工住房与城市融合: 来自武汉市的调查[J]. 中国人口科学, (2): 118-125, 128.

韩俊强. 2017. 农民工养老保险参保行为与城市融合[J]. 中国人口·资源与环境, 27(2): 135-142.

何惠亭. 2014. 代际关系视角下老漂族的城市适应研究[J]. 前沿, (17): 157-161.

何军. 2011. 代际差异视角下农民工城市融入的影响因素分析: 基于分位数回归方法[J]. 中国农 村经济, (6): 15-25.

贺寨平. 2002. 社会经济地位、社会支持网与农村老年人身心状况[J]. 中国社会科学, (3): 135- 148, 207.

侯冰. 2018. 城市老年人社区居家养老服务需求层次及其满足策略研究[D]. 上海: 华东师范大学.

胡雅萍, 刘越, 王承宽. 2018. 流动老人社会融合影响因素研究[J]. 人口与经济, (6): 77-88.

黄宏伟, 胡浩钰. 2018. "新农保"养老金制度与农村家庭生存型消费效应: 来自中国健康与养 老追踪调查的经验证据[J]. 农业经济问题, (5): 18-26.

黄家林, 傅虹桥. 2021. 补充医疗保险对老年人死亡率的影响: 以大病保险为例[J]. 世界经济, 44 (10): 179-200.

黄丽, 姜乾金, 任蔚红. 1996. 应对方式、社会支持与癌症病人心身症状的相关性研究[J]. 中国心理卫生杂志, (4): 160-161.

黄倩, 李宽, 熊德平. 2020. 家庭社会经济地位与居民健康: 基于生活方式和社会支持双重视角的研究[J]. 云南财经大学学报, 36 (7): 66-80.

黄祖辉, 宋文豪, 叶春辉. 2023. 数字普惠金融对新型农业经营主体创立的影响与机理: 来自中国 1845 个县域的经验证据[J]. 金融研究, (4): 92-110.

江立华. 2003. 城市性与农民工的城市适应[J]. 社会科学研究, (5): 92-96.

江艇. 2022. 因果推断经验研究中的中介效应与调节效应[J]. 中国工业经济, (5): 100-120.

靳小怡, 刘妍珺. 2019. 农村随迁老人的社会融入研究[J]. 西安交通大学学报 (社会科学版), 39 (2): 90-100.

靳永爱, 赵梦晗. 2019. 互联网使用与中国老年人的积极老龄化: 基于 2016 年中国老年社会追踪调查数据的分析[J]. 人口学刊, 41 (6): 44-55.

雷晓燕, 周月刚. 2010. 中国家庭的资产组合选择: 健康状况与风险偏好[J]. 金融研究, (1): 31-45.

李含伟. 2020. 老年流动人口群体差异及异地生活感知研究[J]. 中国人口科学, (3): 115-125, 128.

李辉, 韩慧连, 张铭轩. 2023. 家庭化流动人口城市融入的影响机制与实现路径[J]. 学习与探索, (3): 17-26.

李建新. 2007. 老年人口生活质量与社会支持的关系研究[J]. 人口研究, (3): 50-60.

李克强. 1991. 论我国经济的三元结构[J]. 中国社会科学, (3): 65-82.

李林子. 2022. 社会组织参与城市社区治理的制度嵌入性分析: 基于社会工作机构的跨案例研究[J]. 城市发展研究, 29 (6): 22-26.

李梦娜. 2017. 随迁老人城市适应现状及影响因素研究[D]. 济南: 济南大学.

李旻, 迟美灵, 谭晓婷. 2020. 农村随迁老人福利的测度及差异分析[J]. 农业技术经济, (7): 117-130.

李敏芳. 2014. 随迁老人社会适应研究述评[J]. 老龄科学研究, 2 (6): 20-27.

李敏芳. 2020. 随迁老人城市融入的困境与破解方法[J]. 中国国情国力, (3): 29-31.

李培林, 田丰. 2012. 中国农民工社会融入的代际比较[J]. 社会, 32 (5): 1-24.

李强. 1998. 社会支持与个体心理健康[J]. 天津社会科学, (1): 66-69.

李强, 李凌. 2014. 农民工的现代性与城市适应: 文化适应的视角[J]. 南开学报 (哲学社会科学版), (3): 129-139.

李珊. 2011a. 农村移居老年人的社会适应及其影响因素探析[J]. 安徽农业科学, 39 (13): 8107-8108.

李珊. 2011b. 影响移居老年人社会适应因素的研究[J]. 中国老年学杂志, 31 (12): 2301-2303.

李珊. 2014. 移居与适应: 我国老年人的异地养老问题[M]. 北京: 知识产权出版社.

李升, 黄造玉. 2018. 超大城市流动老人的主观健康状况及其影响因素[J]. 深圳大学学报 (人文社会科学版), 35 (5): 98-104.

李实. 2021. 共同富裕的目标和实现路径选择[J]. 经济研究, 56 (11): 4-13.

李亚青, 王子龙, 向彦霖. 2022. 医疗保险对农村中老年人精神健康的影响: 基于 CHARLS 数据的实证分析[J]. 财经科学, (1): 87-100.

李媛媛, 李晋轩, 曾鹏. 2022. 基于适老化社区支持体系的社区更新实施路径初探[J]. 现代城市研究, (1): 15-23.

刘斌, 甄洋. 2022. 数字贸易规则与研发要素跨境流动[J]. 中国工业经济, (7): 65-83.

刘昌宇, 孙继琼, 彭兰凌. 2019. 西部民族地区农村公共产品需求类型及优先序识别: 基于 Kano 模型的实证[J]. 财经科学, (11): 121-132.

刘成斌, 巩娜鑫. 2020. 老漂族的城市居留意愿和代际观念[J]. 中国人口科学, (1): 102-112, 128.

刘传江, 周玲. 2004. 社会资本与农民工的城市融合[J]. 人口研究, (5): 12-18.

刘蕾. 2015. 基于 KANO 模型的农村公共服务需求分类与供给优先序研究[J]. 财贸研究, 26(6): 39-46.

刘庆. 2012. "老漂族"的城市社会适应问题研究: 社会工作介入的策略[J]. 西北人口, 33(4): 23-26, 31.

刘庆, 陈世海. 2015. 随迁老人精神健康状况及影响因素分析: 基于深圳市的调查[J]. 中州学刊, (11): 73-77.

刘守英, 王一鸽. 2018. 从乡土中国到城乡中国: 中国转型的乡村变迁视角[J]. 管理世界, 34(10): 128-146, 232.

刘涛, 韦长传, 仝德. 2020. 人力资本、社会支持与流动人口社会融入: 以北京市为例[J]. 人口与发展, 26(2): 11-22.

刘燕舞. 2016. 农村家庭养老之殇: 农村老年人自杀的视角[J]. 武汉大学学报(人文科学版), 69(4): 13-16.

刘钰曦, 冯晓晴, 万崇华, 等. 2020. 广东省东莞市随迁老人主观幸福感分析[J]. 中国健康教育, 36(3): 230-233.

刘钰曦, 林倍娇, 张利周, 等. 2022. 东莞市随迁老年人生命质量影响因素研究[J]. 中国社会医学杂志, 39(6): 649-653.

刘子兰, 郑茜文, 周成. 2019. 养老保险对劳动供给和退休决策的影响[J]. 经济研究, 54(6): 151-167.

卢海阳, 郑逸芳, 钱文荣. 2016. 农民工融入城市行为分析: 基于 1632 个农民工的调查数据[J]. 农业技术经济, (1): 26-36.

卢晶亮. 2018. 城镇劳动者工资不平等的演化: 1995—2013[J]. 经济学(季刊), 17(4): 1305-1328.

芦恒, 郑超月. 2016. "流动的公共性"视角下老年流动群体的类型与精准治理: 以城市"老漂族"为中心[J]. 江海学刊, (2): 227-233.

陆学艺, 张厚义, 张其仔. 1992. 转型时期农民的阶层分化: 对大寨、刘庄、华西等 13 个村庄的实证研究[J]. 中国社会科学, (4): 137-151.

孟向京, 姜向群, 宋健, 等. 2004. 北京市流动老年人口特征及成因分析[J]. 人口研究, (6): 53-59.

纳哈德·埃斯兰贝格, 何玉长, 汪晨. 2008. 庇古的《福利经济学》及其学术影响[J]. 上海财经大学学报, (5): 89-96.

聂建亮, 陈博晗, 吴玉锋. 2022. 居住安排、居住条件与农村老人主观幸福感[J]. 兰州学刊, (1): 145-160.

潘泽泉, 林婷婷. 2015. 劳动时间、社会交往与农民工的社会融入研究: 基于湖南省农民工"三融入"调查的分析[J]. 中国人口科学, (3): 108-115, 128.

彭大松. 2020. 家庭化流动背景下老年流动人口的城市融入研究[J]. 深圳大学学报(人文社会科学版), 37(6): 105-114.

彭大松, 资源. 2022. 农村流动人口社会交往内卷化[J]. 华南农业大学学报(社会科学版), 21(1):

130-140.

彭灵灵, 林蕾. 2022. 社会组织、社会资本与流动人口的社会融入: 一项经验研究[J]. 南京农业大学学报(社会科学版), 22(2): 43-52.

齐良书. 2006. 收入、收入不均与健康: 城乡差异和职业地位的影响[J]. 经济研究, (11): 16-26.

瞿红霞. 2012. 随迁老人的社会融入状况及其影响因素探析: 基于对现居于华中科技大学社区25位随迁老人的访谈[D]. 武汉: 华中科技大学.

瞿小敏. 2016. 社会支持对老年人生活满意度的影响机制: 基于躯体健康、心理健康的中介效应分析[J]. 人口学刊, 38(2): 49-60.

任远, 邬民乐. 2006. 城市流动人口的社会融合: 文献述评[J]. 人口研究, (3): 87-94.

史凯旋, 张敏. 2021. 社区环境对"老漂族"休闲活动模式的影响机制: 基于南京市典型社区的实证研究[J]. 城市问题, (10): 85-94.

史诗悦. 2021. 社会资本视角下少数民族流动人口城市融入研究: 基于义乌的考察[J]. 回族研究, 31(4): 94-100.

史新杰, 李实, 陈天之, 等. 2022. 机会公平视角的共同富裕: 来自低收入群体的实证研究[J]. 经济研究, 57(9): 99-115.

宋健. 2023. 不忧不惧: 理性面对中国人口发展新形势[J]. 人民论坛, (15): 12-16.

宋晓星, 辛自强. 2019. 随迁老人和本地老人的群际接触与其幸福感的关系[J]. 心理发展与教育, 35(5): 615-623.

孙慧波, 赵霞. 2018. 居住条件对城市老年人健康的影响[J]. 大连理工大学学报(社会科学版), 39(2): 121-128.

孙金明. 2015. 农村随迁老人城市适应问题的社会工作介入: 基于"积极老龄化"视角[J]. 人民论坛, (36): 152-154.

孙丽, 包先康. 2019. 随迁老人城市适应状况及社会工作介入研究: 以"城市性"兴起为背景[J]. 广西社会科学, (7): 67-72.

孙丽, 包先康. 2020. 场域理论下随迁老人城市适应问题成因分析及对策[J]. 南京航空航天大学学报(社会科学版), 22(1): 82-86.

孙立平, 王汉生, 王思斌, 等. 1994. 改革以来中国社会结构的变迁[J]. 中国社会科学, (2): 47-62.

孙艺璇. 2023. 关系与经济行动: 两种路径及其比较[J]. 社会学评论, 11(4): 234-256.

谭世君, 刘文武, 明磊, 等. 2023. 体育促进随迁老人城市社会融入的质性研究[J]. 中国体育科技, 59(4): 101-108.

唐高洁, 闫东艺, 冯帅章. 2023. 走向共同富裕: 再分配政策对收入分布的影响分析[J]. 经济研究, 58(3): 23-39.

陶巍巍, 王跃, 张玉林, 等. 2018. 随迁老人自我接纳能力及孤独感对其社会适应水平的影响[J]. 中国护理管理, 18(8): 1051-1056.

陶裕春, 申昱. 2014. 社会支持对农村老年人身心健康的影响[J]. 人口与经济, (3): 3-14.

田旭. 2022. 隐性壁垒、城市融入与农业户籍流动人口落户[J]. 农业经济问题, (12): 45-58.

王兵, 刘志彪, 孔令池. 2023. 中国省域营商环境的测度、评估与区域分异[J]. 经济地理, 43(4): 1-9.

王桂新, 胡健. 2018. 城乡—区域双重分割下的城市流动人口社会距离研究[J]. 中国人口科学, (6): 43-54, 127.

王建平, 叶锦涛. 2018. 大都市老漂族生存和社会适应现状初探: 一项来自上海的实证研究[J]. 华中科技大学学报(社会科学版), 32(2): 8-15.

王建云, 钟仁耀. 2019. 基于年龄分类的社区居家养老服务需求层次及供给优先序研究: 以上海市 J 街道为例[J]. 东北大学学报(社会科学版), 21(6): 607-615.

王康康, 李旻. 2023. 社区活动对农村随迁老人城市适应的影响效应与机制[J]. 云南民族大学学报(哲学社会科学版), 40(3): 78-88.

王青, 刘烁. 2020. 进城农民工多维贫困测度及不平等程度分析: 基于社会融合视角[J]. 数量经济技术经济研究, 37(1): 83-101.

王汕珊, 罗雅之, 宁红彤, 等. 2023. 城市隔代抚养老人抚养情况、知觉压力、社会支持及其对生活质量的影响[J]. 中国老年学杂志, 43(3): 743-747.

王焱, 王艺桥, 霍京京. 2023. 医疗保障对于流动人口居留意愿的影响: 医疗服务利用和健康水平的链式中介效应[J]. 中国卫生政策研究, 16(5): 41-46.

王玉泽, 罗能生. 2020. 空气污染、健康折旧与医疗成本: 基于生理、心理及社会适应能力三重视角的研究[J]. 经济研究, 55(12): 80-97.

魏敏, 李书昊. 2018. 新时代中国经济高质量发展水平的测度研究[J]. 数量经济技术经济研究, 35(11): 3-20.

魏强, 苏寒云, 吕静, 等. 2020. 家庭规模、社会支持、健康状况对农村老年女性主观幸福感的影响研究[J]. 西北人口, 41(5): 106-115.

魏翔, 虞义华. 2011. 闲暇效应对经济产出和技术效率的影响[J]. 中国工业经济, (1): 130-139.

温兴祥. 2014. 城镇化进程中外来居民和本地居民的收入差距问题[J]. 人口研究, 38(2): 61-70.

温忠麟, 叶宝娟. 2014. 中介效应分析: 方法和模型发展[J]. 心理科学进展, 22(5): 731-745.

温忠麟, 谢晋艳, 王惠惠. 2023. 潜在类别模型的原理、步骤及程序[J]. 华东师范大学学报(教育科学版), 41(1): 1-15.

吴淑琴, 曹娜, 王岑, 等. 2022. 家庭支持对流动人口生活满意度的影响: 社会参与和社会融合的中介作用[J]. 中国健康心理学杂志, 30(10): 1501-1505.

吴香雪, 李诗韩, 左瑞雪, 等. 2021. "老漂族"城市适应困境与帮扶对策研究[J]. 重庆工商大学学报(社会科学版), 38(4): 108-121.

吴晓萍, 刘辉武. 2020. 易地扶贫搬迁移民经济适应的影响因素: 基于西南民族地区的调查[J]. 贵州社会科学, (2): 122-129.

席艳乐, 吴承骏, 黄威. 2023. 制造业数字化扩大了企业间工资收入差距吗: 来自中国制造业企业的经验证据[J]. 宏观经济研究, (4): 27-52.

向运华, 姚虹. 2016. 城乡老年人社会支持的差异以及对健康状况和生活满意度的影响[J]. 华中农业大学学报(社会科学版), (6): 85-92, 145.

肖倩. 2011. 农民工城市经济适应过程中的剥夺问题与城市安全[J]. 晋阳学刊, (4): 38-41.

肖水源. 1994. 《社会支持评定量表》的理论基础与研究应用[J]. 临床精神医学杂志, (2): 98-100.

肖水源, 杨德森. 1987. 社会支持对身心健康的影响[J]. 中国心理卫生杂志, (4): 183-187.

谢立黎, 王飞, 胡康. 2021. 中国老年人社会参与模式及其对社会适应的影响[J]. 人口研究, 45(5): 49-63.

谢贞发, 杨思雨. 2022. 城乡居民基本养老保险一体化改革对居民主观福利的影响: 基于CHARLS 数据的实证分析[J]. 中国人口科学, (6): 85-96, 127-128.

熊慧, 钟玉鑫. 2020. 策略性"报忧"与"孝"伦理重构: 知识型新移民的家庭支持寻求机制及其文化内涵[J]. 中国青年研究, (3): 16-22.

徐京波. 2017. 农村劳动力外流背景下的家庭离散与老人自杀问题透视[J]. 西北农林科技大学学报(社会科学版), 17(2): 66-72.

许世存. 2015. 城市适应对流动人口主观幸福感的影响分析: 以黑龙江省为例[J]. 人口学刊, 37(4): 36-47.

许新鹏, 顾海. 2022. 大病保险对中老年居民医疗利用及健康的影响: 基于 CHARLS 数据的实证检验[J]. 人口与发展, 28(1): 16-29.

闫芷毓, 袁宇菲, 薛熠. 2023. "挤入"还是"挤出": 基础设施投资对居民消费的影响[J]. 世界经济, 46(7): 116-139.

杨爱水. 2018. 代际关系视角下随迁老人的社会适应研究: 以昆明市 H 社区为例[D]. 昆明: 云南大学.

杨芳, 张佩琪. 2015. "老漂族"面临的政策瓶颈与突破路径: 基于广州 H 社区的实证分析[J]. 社会保障研究, (3): 10-14.

杨红燕, 陈鑫, 宛林, 等. 2020. 老年人心理健康的潜在类别与影响因素[J]. 社会保障研究, (2): 20-28.

杨菊华. 2009. 从隔离、选择融入到融合: 流动人口社会融入问题的理论思考[J]. 人口研究, 33(1): 17-29.

杨菊华. 2015. 中国流动人口的社会融入研究[J]. 中国社会科学, (2): 61-79, 203-204.

杨菊华. 2017. 新型城镇化背景下户籍制度的"双二属性"与流动人口的社会融合[J]. 中国人民大学学报, 31(4): 119-128.

杨菊华. 2018. 流动时代中的流动世代: 老年流动人口的多维特征分析[J]. 人口学刊, 40(4): 43-58.

杨菊华. 2021. 空间理论视角下老年流动人口的社会适应[J]. 社会学研究, 36(3): 180-203, 229-230.

杨菊华. 2022. 家庭转变与基层社会治理关系研究[J]. 社会发展研究, 9(2): 33-46, 243.

杨肖丽, 赵涵, 牟恩东. 2023. 数字经济对农产品流通效率的影响: 基于省域面板数据的实证分析[J]. 中国流通经济, 37(8): 28-38.

杨秀君, 韩晓月. 2021. 多维感知社会支持量表中文版在中小学生群体的信度和效度[J]. 中国临床心理学杂志, 29(5): 952-955.

杨绪松, 靳小怡, 肖群鹰, 等. 2006. 农民工社会支持与社会融合的现状及政策研究: 以深圳市为例[J]. 中国软科学, (12): 18-26.

杨雪燕, 高琛卓, 井文. 2021. 低生育率时代儿童照顾政策的需求层次与结构: 基于西安市育龄人群调查数据的实证分析[J]. 人口研究, 45(1): 19-35.

姚若松, 蔡晓惠, 蒋海鹰. 2016. 社会支持、自尊对老年人心理弹性和健康的影响[J]. 心理学探新, 36(3): 239-244.

姚兆余, 王鑫. 2010. 城市随迁老人的精神生活与社区融入[J]. 社会工作(下半月), (9): 43-45.

易丹, 薛中华. 2017. 重庆市随迁老人社区融入调查研究[J]. 中国老年学杂志, 37(17): 4382-4384.

易明, 宋进之, 李梓奇. 2020. 基于 Kano 模型的高校智慧图书馆功能需求研究[J]. 图书情报工作, 64(14): 45-53.

易艳阳, 周沛. 2021. 社区服务机构运行逻辑与基层政社关系: 以江苏省"残疾人之家"为例[J].

学习与实践, (1): 105-113.

于大川, 李培祥, 李佳. 2020. 社会支持如何影响老年人的身心健康?——基于 CLHLS 2018 年数据的实证分析[J]. 老龄科学研究, 8(12): 33-47.

俞玉洪. 2017. 社会工作介入随迁老人城市生活适应研究: 以深圳市 a 社区为例[D]. 咸阳: 西北农林科技大学.

袁方. 1990. 社会学百科辞典[M]. 北京: 中国广播电视出版社.

曾旭晖, 李奕丰. 2020. 变迁与延续: 中国家庭代际关系的类型学研究[J]. 社会, 40(5): 190-212.

翟振武, 冯阳. 2023. 当今随迁老人家庭融入中的矛盾冲突及应对[J]. 中州学刊, (2): 91-96.

张晨, 马彪, 仇焕广. 2022. 信息通信技术使用可以促进易地扶贫搬迁户的社会融入吗?[J]. 中国农村经济, (2): 56-75.

张川川, Giles J, 赵耀辉. 2015. 新型农村社会养老保险政策效果评估: 收入、贫困、消费、主观福利和劳动供给[J]. 经济学(季刊), 14(1): 203-230.

张海波, 童星. 2006. 我国城市化进程中失地农民的社会适应[J]. 社会科学研究, (1): 128-134.

张红阳, 赵煌. 2022. 农村随迁老人家庭再嵌入的动力与张力[J]. 西北农林科技大学学报(社会科学版), 22(3): 105-111.

张慧玲, 李雅微. 2018. 社会支持理论视角下随迁老人城市适应问题研究: 以山西省临汾市为例[J]. 山西师大学报(社会科学版), 45(2): 34-39.

张静, 王金云. 2014. "交互决定论"下新生代农民工社会适应能力及其培养[J]. 华南师范大学学报(社会科学版), (1): 127-130, 159-160.

张李越, 梅林. 2020. 代际支持视角下随迁老年人长期居留意愿研究[J]. 老龄科学研究, 8(7): 17-28.

张露, 郭晴, 张俊飚, 等. 2017. 农户对气候灾害响应型生产性公共服务的需求及其影响因素分析: 基于湖北省十县(区、市)百组千户的调查[J]. 中国农村观察, (3): 102-116.

张鹏. 2017. 智慧社区公共服务治理模式、发展阻碍及整体性治理策略[J]. 江淮论坛, (4): 70-76.

张瑞. 2015. 随迁老人城市社区生活适应性研究[D]. 西安: 西北大学.

张文宏, 雷开春. 2008. 城市新移民社会融合的结构、现状与影响因素分析[J]. 社会学研究, (5): 117-141, 244-245.

张文宏, 阮丹青. 1999. 城乡居民的社会支持网[J]. 社会学研究, (3): 14-19, 22-26.

张新文, 杜春林, 赵婕. 2014. 城市社区中随迁老人的融入问题研究: 基于社会记忆与社区融入的二维分析框架[J]. 青海社会科学, (6): 88-95.

张兴祥, 史九领, 庄雅娟. 2022. 子女健康对父母劳动力供给的影响: 基于 CFPS 数据的实证研究[J]. 经济学动态, (3): 71-87.

张岳然, 张文武, 李如如. 2021. 代际扶持、迁移跨度与中国随迁父母的城市融入: 基于 CGSS2015 数据的分析[J]. 江海学刊, (2): 137-143.

张在冉, 杨俊青. 2020. 居住条件、子女就学与农民工城市定居意愿: 基于 2017 年流动人口动态监测数据的实证分析[J]. 现代财经(天津财经大学学报), 40(3): 84-98.

赵丽, 杨轶男. 2021-10-12. 那些为照顾孩子背井离乡的老人们[N]. 法治日报, (4).

赵清军, 何军. 2023. 文化差异会影响农业转移人口城市融入吗?——基于多层线性模型的实证研究[J]. 南京农业大学学报(社会科学版), 23(2): 155-167.

郑超, 孙强, 吕红. 2023. 新农保政策、农村老年人劳动供给与养老模式[J]. 山东大学学报(哲学社会科学版），(2)：61-76.

郑凤田，崔梦怡，郭宇桥，等. 2022. 家庭农场领办合作社对农场绩效的影响:基于全国 556 个家庭农场两期追踪调查数据的实证分析[J]. 中国农村观察，(5)：80-103.

郑杭生. 1996. 转型中的中国社会和中国社会的转型[M]. 北京：首都师范大学出版社.

郑雄飞. 2016. 身份识别、契约优化与利益共享：我国养老保险的制度变迁与路径探索[J]. 社会学研究，31(1)：98-122, 244.

郑玉. 2012. 社会资本视角下进城老人的城市适应研究：以重庆市 S 社区的个案为例[D]. 长春：东北师范大学.

郑梓桢，刘凤至，马凯. 2011. 新生代外来务工人员城市适应性：个人因素与制度因素的比较：基于中山市的实证研究[J]. 人口研究，35(3)：76-83.

钟霞，姜乾金，吴志霞，等. 2004. 生活事件社会支持压力反应对医务人员应对方式的影响[J]. 中国行为医学科学，(5)：560-562.

周广肃，樊纲，申广军. 2014. 收入差距、社会资本与健康水平：基于中国家庭追踪调查(CFPS)的实证分析[J]. 管理世界，(7)：12-21, 51, 187.

周红云，胡浩钰. 2017. 社会支持对流动老人社会融合的影响：基于武汉和深圳的调查数据[J]. 西北人口，38(4)：24-32.

周建华，张丽芳. 2020. 自雇佣是否促进农民工城市融合：基于 2013 年全国流动人口动态监测调查数据[J]. 世界农业，(4)：112-119, 143.

周静，高颖. 2021. 基本公共服务供给对流动人口家庭化迁移的影响：基于流出与流入视角[J]. 城市发展研究，28(12)：37-44.

周云波，曹荣荣. 2017. 新农保对农村中老年人劳动供给行为的影响：基于 PSM-DID 方法的研究[J]. 人口与经济，(5)：95-107.

朱静辉. 2013. 当代中国家庭代际伦理危机与价值重建[J]. 中州学刊，(12)：107-112.

朱力. 2002. 论农民工阶层的城市适应[J]. 江海学刊，(6)：82-88, 206.

朱力. 2010. 中外移民社会适应的差异性与共同性[J]. 南京社会科学，(10)：87-93.

朱平芳，邸俊鹏. 2017. 无条件分位数处理效应方法及其应用[J]. 数量经济技术经济研究，34(2)：139-155.

朱诗慧，苏章杰. 2023. 方言距离、城市包容性与流动人口的社会融入[J]. 南京审计大学学报，20(1)：101-111.

朱喜安，魏国栋. 2015. 熵值法中无量纲化方法优良标准的探讨[J]. 统计与决策，(2)：12-15.

Abadie A, Imbens G W. 2016. Matching on the estimated propensity score[J]. Econometrica, 84(2): 781-807.

Abraído-Lanza A F, Dohrenwend B P, Ng-Mak D S, et al. 1999. The Latino mortality paradox: a test of the "salmon bias" and healthy migrant hypotheses[J]. American Journal of Public Health, 89(10): 1543-1548.

Angrist J D, Pischke J S. 2009. Mostly harmless econometrics: An Empiricist's Companion[M]. Princeton: Princeton University Press.

Arrow K J. 2014. The origins of the impossibility theorem[C]//Maskin K, Sen A. The Arrow Impossibility Theorem. New York: Columbia University Press: 154-159.

Bandura A. 2001. Social cognitive theory: an agentic perspective[J]. Annual Review of Psychology,

52(1): 1-26.

Banerjee A V, Duflo E. 2019. Good Economics for Hard Times[M]. New York: PublicAffairs.

Bardazzi R, Charlier D, Legendre B, et al. 2023. Energy vulnerability in Mediterranean countries: a latent class analysis approach[J]. Energy Economics, 126: 106883.

Becchetti L, Ricca E G, Pelloni A. 2012. The relationship between social leisure and life satisfaction: causality and policy implications[J]. Social Indicators Research, 108(3): 453-490.

Becker G S. 1976. The Economic Approach to Human Behavior[M]. Chicago: The University of Chicago Press.

Berkman L F, Glass T, Brissette I, et al. 2000. From social integration to health: Durkheim in the new millennium[J]. Social Science & Medicine, 51(6): 843-857.

Birgit J. 2007. Migrant integration in rural and urban areas of new settlement countries: thematic introduction[J]. International Journal on Multicultural Societies, 9(1): 3-14.

Brown C, Calvi R, Penglase J. 2021. Sharing the pie: an analysis of undernutrition and individual consumption in Bangladesh[J]. Journal of Public Economics, 200: 104460.

Caliendo M, Kopeinig S. 2008. Some practical guidance for the implementation of propensity score matching[J]. Journal of Economic Surveys, 22(1): 31-72.

Callaghan P, Morrissey J. 1993. Social support and health: a review[J]. Journal of Advanced Nursing, 18(2): 203-210.

Caplan G. 1974. Support Systems and Community Mental Health: Lectures on Concept Development [M]. New York: Behavioral Publications.

Card D, Krueger A B. 1996. School resources and student outcomes: an overview of the literature and new evidence from north and south Carolina[J]. Journal of Economic Perspectives, 10(4): 31-50.

Cassar L, Meier S. 2018. Nonmonetary incentives and the implications of work as a source of meaning[J]. Journal of Economic Perspectives, 32(3): 215-238.

Cassel J. 1976. The contribution of the social environment to host resistance: the fourth wade hampton frost lecture[J]. American Journal of Epidemiology, 104(2): 107-123.

Cerulli G. 2019. Data-driven sensitivity analysis for matching estimators[J]. Economics Letters, 185: 108749.

Charles B, Robert B, David B. 1993. Kano's methods for understanding customer-defined quality[J]. Center for Quality Management Journal, (2): 3-36.

Chen P Y. 2021. Effects of the entropy weight on TOPSIS[J]. Expert Systems with Applications, 168: 114186.

Chernozhukov V, Chetverikov D, Demirer M, et al. 2018. Double/debiased machine learning for treatment and structural parameters[J]. The Econometrics Journal, 21(1): C1-C68.

Chernozhukov V, Fernández-Val I, Melly B. 2022. Fast algorithms for the quantile regression process[J]. Empirical Economics, 62(1): 7-33.

Choi Y J, Matz-Costa C. 2018. Perceived neighborhood safety, social cohesion, and psychological health of older adults[J]. The Gerontologist, 58(1): 196-206.

Chou K L. 2000. Assessing Chinese adolescents' social support: the multidimensional scale of perceived social support[J]. Personality and Individual Differences, 28(2): 299-307.

Cobb S. 1976. Social support as a moderator of life stress[J]. Psychosomatic Medicine, 38 (5): 300-314.

Cohen S, Mermelstein R, Kamarck T, et al. 1985. Measuring the functional components of social support[C]//Sarason I G, Sarason B R. Social Support: Theory, Research and Applications. Dordrecht: Springer: 73-94.

Cornwell B, Laumann E O, Schumm L P. 2008. The social connectedness of older adults: a national profile[J]. American Sociological Review, 73 (2): 185-203.

Cui X H, Xu N, Yan X W, et al. 2023. How does social credit system constructions affect corporate carbon emissions? Empirical evidence from Chinese listed companies[J]. Economics Letters, 231: 111309.

Cutrona C, Russell D, Rose J. 1986. Social support and adaptation to stress by the elderly[J]. Psychology and Aging, 1 (1): 47-54.

de Menezes D Q F, Prata D M, Secchi A R, et al. 2021. A review on robust M-estimators for regression analysis[J]. Computers & Chemical Engineering, 147: 107254.

de Palo D, Faini R, Venturini Λ. 2006. The social assimilation of immigrants[R]//IZA Institute of Labor Economics, 2439.

Díaz I. 2020. Machine learning in the estimation of causal effects: targeted minimum loss-based estimation and double/debiased machine learning[J]. Biostatistics, 21 (2): 353-358.

Dou X L, Liu Y J. 2017. Elderly migration in China: types, patterns, and determinants[J]. Journal of Applied Gerontology, 36 (6): 751-771.

Doyal L, Gough I. 1984. A theory of human needs[J]. Critical Social Policy, 4 (10): 6-38.

Dustmann C. 1996. Return migration: the European experience[J]. Economic Policy, 11 (22): 213-250.

Entzinger H, Biezeveld R. 2003. Benchmarking in immigrant integration[M]. Rotterdam: European Research Centre on Migration and Ethnic Relations (ERCOMER).

Fang M, Njangang H, Padhan H, et al. 2023. Social media and energy justice: a global evidence[J]. Energy Economics, 125: 106886.

Firpo S, Fortin N M, Lemieux T. 2009. Unconditional quantile regressions[J]. econometrica, 77 (3): 953-973.

Fix M. 2007. Securing the Future: US Immigrant Integration Policy: A Reader[M]. Washington DC: Migration Policy Institute.

Frey B S, Stutzer A. 2002. What can economists learn from happiness research?[J]. Journal of Economic Literature, 40 (2): 402-435.

Gershuny J. 2013. National utility: measuring the enjoyment of activities[J]. European Sociological Review, 29 (5): 996-1009.

Gordon M M. 1964. Assimilation in American Life: The Role of Race, Religion and National Origins[M]. New York: Oxford University Press.

Granovetter M. 2018. Economic action and social structure: the problem of embeddedness[C]// Granovetter M, Swedberg R. The Sociology of Economic Life. 3rd ed. New York: Routledge: 22-45.

Gray C, Leive A, Prager E, et al. 2023. Employed in a SNAP? The impact of work requirements on program participation and labor supply[J]. American Economic Journal: Economic Policy, 15 (1):

306-341.

Gronau R. 1977. Leisure, home production, and work: the theory of the allocation of time revisited[J]. Journal of Political Economy, 85 (6): 1099-1123.

Gu H Y, Lin Y H, Shen T Y. 2022. Do you feel accepted? Perceived acceptance and its spatially varying determinants of migrant workers among Chinese cities[J]. Cities, 125: 103626.

Guo Z H, Liang T. 2017. Differentiating citizenship in urban China: a case study of Dongguan City[J]. Citizenship Studies, 21 (7): 773-791.

Harel A, Segal U. 2014. Utilitarianism and discrimination[J]. Social Choice and Welfare, 42 (2): 367-380.

Hayek F A. 1991. The Fatal Conceit: The Errors of Socialism[M]. Chicago: The University of Chicago Press.

Hayes A F. 2013. Introduction to mediation, moderation, and conditional process analysis: a regression-based approach[M]. New York: The Guilford Press.

He Y X, Jiao Z, Yang J. 2018. Comprehensive evaluation of global clean energy development index based on the improved entropy method[J]. Ecological Indicators, 88: 305-321.

Heckman J J, Ichimura H, Todd P E. 1997. Matching as an econometric evaluation estimator: evidence from evaluating a job training programme[J]. The Review of Economic Studies, 64 (4): 605-654.

Hedström P, Ylikoski P. 2010. Causal mechanisms in the social sciences[J]. Annual Review of Sociology, 36: 49-67.

Hertel G, Neuhof J, Theuer T, et al. 2000. Mood effects on cooperation in small groups: does positive mood simply lead to more cooperation?[J]. Cognition and Emotion, 14 (4): 441-472.

Hill A D, Johnson S G, Greco L M, et al. 2021. Endogeneity: a review and agenda for the methodology-practice divide affecting micro and macro research[J]. Journal of Management, 47 (1): 105-143.

Homans G C. 1958. Social behavior as exchange[J]. American Journal of Sociology, 63 (6): 597-606.

House J S, Landis K R, Umberson D. 1988. Social relationships and health[J]. Science, 241 (4865): 540-545.

Huber P J. 1973. Robust regression: asymptotics, conjectures and Monte Carlo[J]. The Annals of Statistics, 1 (5): 799-821.

Hurdle D E. 2002. Native Hawaiian traditional healing: culturally based interventions for social work practice[J]. Social Work, 47 (2): 183-192.

Jacobs D, Tillie J. 2004. Introduction: social capital and political integration of migrants[J]. Journal of Ethnic and Migration Studies, 30 (3): 419-427.

Junger-Tas J. 1997. Ethnic minorities and criminal justice in the Netherlands[J]. Crime and Justice, 21: 257-310.

Junger-Tas J. 2001. Ethnic minorities, social integration and crime[J]. European Journal on Criminal Policy and Research, 9 (1): 5-29.

Kang X, Du M X, Wang S Q, et al. 2022. Exploring the effect of health on migrants' social integration in China[J]. International Journal of Environmental Research and Public Health, 19 (8): 4729.

Kano N, Seraku N, Takahashi F, et al. 1984. Attractive quality and must-be quality[J]. Journal of The

Japanese Society for Quality Control, 14 (2): 147-156.

Kaplan B H, Cassel J C, Gore S. 1977. Social support and health[J]. Medical Care, 15 (5): 47-58.

Kessler R C, Price R H, Wortman C B. 1985. Social factors in psychopathology: stress, social support, and coping processes[J]. Annual Review of Psychology, 36: 531-572.

Kuhn A, Staubli S, Wuellrich J P, et al. 2020. Fatal attraction? Extended unemployment benefits, labor force exits, and mortality[J]. Journal of Public Economics, 191: 104087.

Lawrence R H, Bennett J M, Markides K S. 1992. Perceived intergenerational solidarity and psychological distress among older Mexican Americans[J]. Journal of Gerontology, 47 (2): S55-S65.

Leavy R L. 1983. Social support and psychological disorder: a review[J]. Journal of Community Psychology, 11 (1): 3-21.

Lechner M. 2009. Long-Run labour market and health effects of individual sports activities[J]. Journal of Health Economics, 28 (4): 839-854.

Lee Y J, Xiao Z Y. 1998. Children's support for elderly parents in urban and rural China: results from a national survey[J]. Journal of Cross-Cultural Gerontology, 13 (1): 39-62.

Lehallier B, Gate D, Schaum N, et al. 2019. Undulating changes in human plasma proteome profiles across the lifespan[J]. Nature Medicine, 25 (12): 1843-1850.

Lewin-Epstein N, Semyonov M, Kogan I, et al. 2003. Institutional structure and immigrant integration: a comparative study of immigrants' labor market attainment in Canada and Israel[J]. International Migration Review, 37 (2): 389-420.

Lin N, Dean A, Ensel W M. 1986. Social Support, Life Events, and Depression[M]. Orlando: Academic Press.

Liu H X, Fan X J, Luo H Y, et al. 2021. Comparison of depressive symptoms and its influencing factors among the elderly in urban and rural areas: evidence from the China health and retirement longitudinal study (CHARLS)[J]. International Journal of Environmental Research and Public Health, 18 (8): 3886.

Liu S, Hu C X J, Mak S. 2013. Comparison of health status and health care services utilization between migrants and natives of the same ethnic origin: the case of Hong Kong[J]. International Journal of Environmental Research and Public Health, 10 (2): 606-622.

Liu Y Z, Mao J. 2019. How do tax incentives affect investment and productivity? Firm-level evidence from China[J]. American Economic Journal: Economic Policy, 11 (3): 261-291.

Luthans F, Youssef-Morgan C M. 2017. Psychological capital: an evidence-based positive approach[J]. Annual Review of Organizational Psychology and Organizational Behavior, 4: 339-366.

Madsen J, Strulik H. 2020. Technological change and inequality in the very long run[J]. European Economic Review, 129: 103532.

Markides K S, Eschbach K. 2005. Aging, migration, and mortality: current status of research on the hispanic paradox[J]. The Journals of Gerontology: Series B, 60 (Special_Issue_2): S68-S75.

Maslow A H. 1943. A theory of human motivation[J]. Psychological Review, 50 (4): 370-396.

Matzler K, Hinterhuber H H. 1998. How to make product development projects more successful by integrating Kano's model of customer satisfaction into quality function deployment[J]. Technovation, 18 (1): 25-38.

Mikulić J, Prebežac D. 2011. A critical review of techniques for classifying quality attributes in the Kano model[J]. Managing Service Quality: An International Journal, 21 (1): 46-66.

Mitra P, Kim K, Popeo D. 2023. Undocumented aging immigrants and impact on mental health care[J]. The American Journal of Geriatric Psychiatry, 31 (3): S16.

Newbold K B. 1996. Determinants of elderly interstate migration in the United States, 1985-1990[J]. Research on Aging, 18 (4): 451-476.

Nilsson-Witell L, Fundin A. 2005. Dynamics of service attributes: a test of Kano's theory of attractive quality[J]. International Journal of Service Industry Management, 16 (2): 152-168.

Norlander T, Dahlin A, Archer T. 2000. Health of women: associations among life events, social support, and personality for selected patient groups[J]. Psychological Reports, 86 (1): 76-78.

Oberg K. 1960. Cultural shock: adjustment to new cultural environments[J]. Practical Anthropology, 7 (4): 177-182.

Oster E. 2019. Unobservable selection and coefficient stability: theory and evidence[J]. Journal of Business & Economic Statistics, 37 (2): 187-204.

Ozbekler T M, Ozturkoglu Y. 2020. Analysing the importance of sustainability-oriented service quality in competition environment[J]. Business Strategy and the Environment, 29 (3): 1504-1516.

Pang M L, Wang J R, Tian T T, et al. 2022. The mediating effect of social support on the association between socioeconomic status and self-reported oral health status among the migrant elderly following children in Weifang, China: a cross-sectional study[J]. BMC Oral Health, 22 (1): 619.

Parsons T. 1951. The Social System[M]. New York: Free Press.

Peng B L, Ling L. 2019. Association between rural-to-urban migrants' social medical insurance, social integration and their medical return in China: a nationally representative cross-sectional data analysis[J]. BMC Public Health, 19 (1): 86.

Pigou A C. 1951. Some aspects of welfare economics[J]. The American Economic Review, 41 (3): 287-302.

Platt L, Polavieja J, Radl J. 2022. Which integration policies work? The heterogeneous impact of national institutions on immigrants' labor market attainment in Europe[J]. International Migration Review, 56 (2): 344-375.

Putnam R D. 1995. Bowling alone: America's declining social capital[J]. Journal of Democracy, 6 (1): 65-78.

Qin L J, Chen C P, Wang W, et al. 2021. How migrants get integrated in urban China: the impact of health insurance[J]. Social Science & Medicine, 272: 113700.

Rios-Avila F. 2019. Recentered influence functions in Stata: methods for analyzing the determinants of poverty and inequality[J]. Working Paper, 927.

Robbins L. 2007. An Essay on the Nature and Significance of Economic Science[M]. Auburn: Ludwig von Mises Institute.

Rosenbaum P R, Rubin D B. 1985. Constructing a control group using multivariate matched sampling methods that incorporate the propensity score[J]. The American Statistician, 39 (1): 33-38.

Sarason B R, Pierce G R, Shearin E N, et al. 1991. Perceived social support and working models of self and actual others[J]. Journal of Personality and Social Psychology, 60(2): 273-287.

Sarason I G, Sarason B R. 1985. Social Support: Theory, Research and Applications[M]. Dordrecht: Springer.

Sass J S, Mattson M. 1999. When social support is uncomfortable: the communicative accomplishment of support as a cultural term in a youth intervention program[J]. Management Communication Quarterly, 12(4): 511-543.

Schaffar A, Dimou M, Mouhoud E M. 2019. The determinants of elderly migration in France[J]. Papers in Regional Science, 98(2): 951-973.

Schwarzer R, Leppin A. 1991. Social support and health: a theoretical and empirical overview[J]. Journal of Social and Personal Relationships, 8(1): 99-127.

Sen A. 1999. Development as Freedom[M]. New York: Alfred Knopf.

Shaffer L F, Shoben E J, Jr. 1956. The Psychology of Adjustment[M]. 2nd ed. Boston: Houghton Mifflin Company.

Silverstein M, Bengtson V L. 1991. Do close parent-child relations reduce the mortality risk of older parents?[J]. Journal of Health and Social Behavior, 32(4): 382-395.

Spencer H. 1873. The Study of Sociology[M]. London: Henry S. King.

Spencer H. 1898. The Principles of Sociology[M]. New York: D. Appleton and Company.

Standing G, Goldscheider C. 1984. Urban migrants in developing nations: patterns and problems of adjustment[J]. Population Studies, 38(3): 515.

Stiglitz J E, Sen A, Fitoussi J P. 2009. Report by the Commission on the Measurement of Economic Performance and Social Progress[M]. Paris: The Commission Paris.

Tahara Y. 2016. Cardiopulmonary resuscitation in a super-aging society: is there an age limit for cardiopulmonary resuscitation?[J]. Circulation Journal, 80(5): 1102-1103.

Taylor S E, Sherman D K, Kim H S, et al.2004. Culture and social support: who seeks it and why?[J]. Journal of Personality and Social Psychology, 87(3): 354-362.

Terry R, Townley G. 2019. Exploring the role of social support in promoting community integration: an integrated literature review[J]. American Journal of Community Psychology, 64(3/4): 509-527.

Terza J V, Basu A, Rathouz P J. 2008. Two-stage residual inclusion estimation: addressing endogeneity in health econometric modeling[J]. Journal of Health Economics, 27(3): 531-543.

Thoits P A. 1982. Conceptual, methodological, and theoretical problems in studying social support as a buffer against life stress[J]. Journal of Health and Social Behavior, 23(2): 145-159.

Thoits P A. 2011. Mechanisms linking social ties and support to physical and mental health[J]. Journal of Health and Social Behavior, 52(2): 145-161.

Tong H M, Walsh C A, Bouchard N, et al. 2022. Social inclusion and immigrant older adults[C]//Liamputtong P. Handbook of Social Inclusion. Cham: Springer International Publishing: 769-790.

Turner R J. 1983. Direct, indirect, and moderating effects of social support on psychological distress and associated conditions[C]//Kaplan H B. Psychosocial Stress. Washington DC: Academic Press: 105-155.

Uchino B N. 2006. Social support and health: a review of physiological processes potentially underlying links to disease outcomes[J]. Journal of Behavioral Medicine, 29 (4) : 377-387.

Ullah A M M S, Tamaki J. 2011. Analysis of Kano-model-based customer needs for product development[J]. Systems Engineering, 14 (2) : 154-172.

Vigdor J L. 2013. Measuring immigrant assimilation in post-recession America[J]. Civic Report, 76.

Wang A B, He K, Zhang J B, et al. 2021. Green production technologies and technical efficiency of rice farmers in China: a case study of straw-derived biochar[J]. International Association of Agricultural Economists.

Wang K K, Li M, Lyu J. 2023. The effect of health status on urban adaptation of the rural elderly after migration[J]. Healthcare, 11 (12) : 1761.

Wassink J. 2018. Uninsured migrants: health insurance coverage and access to care among Mexican return migrants[J]. Demographic Research, 38: 17.

Wieviorka M. 2004. The making of differences[J]. International Sociology, 19 (3) : 281-297.

Wong A K C, Bayuo J, Wong F K Y. 2022. Investigating predictors of self-care behavior among homebound older adults: the role of self-efficacy, eHealth literacy, and perceived social support[J]. Journal of Nursing Scholarship, 54 (3) : 278-285.

Zhang H, Wu D L. 2022. The impact of transport infrastructure on rural industrial integration: spatial spillover effects and spatio-temporal heterogeneity[J]. Land, 11 (7) : 1116.

Zhang L, Xie L Y, Zheng X Y. 2023a. Across a few prohibitive miles: the impact of the anti-poverty relocation program in China[J]. Journal of Development Economics, 160: 102945.

Zhang W W, Luo L, Gu L L. 2023b. An empirical study on urban integration of Chinese elderly individuals with migration in periods of economic transformation: internal mechanism and economic effects[J]. International Review of Economics & Finance, 86: 170-181.

Zhang Y N, Harper S. 2022. The impact of son or daughter care on Chinese older adults' mental health[J]. Social Science & Medicine, 306: 115104.

Zhao Y H, Strauss J, Chen X, et al. 2020. China health and retirement longitudinal study wave 4 user's guide[J]. National School of Development, Peking University.

Zhao Y H, Strauss J, Yang G H, et al. 2013. China health and retirement longitudinal study–2011-2012 national baseline users' guide[J]. National School of Development, Peking University.

Zimet G D, Dahlem N W, Zimet S G, et al. 1988. The multidimensional scale of perceived social support[J]. Journal of Personality Assessment, 52 (1) : 30-41.